재난관리 법과 예산 · 기금구조

– 원칙과 실상 –

이 호 동
문 현 철
이 종 열
위 평 량

도서출판 대영문화사

머리말

지금까지 인류의 모든 노력은 사회 번영을 위해 집중되어 왔다. 그 결과 풍요로움과 편리함이 사회의 우선순위를 차지하는 가치가 되었다. 그러나 문명의 발달과 더불어 저변에서 꿈틀대던 위험이 조금씩 표면에 등장하게 되었고, 이에 대응하기 위한 노력을 기울이기도 했으나 시간이 경과함에 따라 위기에 대한 관심이 경시되거나 기억에서 사라지는 것이 보통이었다.

우리나라는 사계절의 변화 속에서 풍요로운 자연과 아름다운 국토에서 다양한 혜택을 받고 있는 반면, 다양한 재난과 동거하면서 삶을 영위해 왔다. 수해로 집이 떠내려가고 토지를 잃어도 국토를 지키고 과학기술을 신뢰하면서 재난과 공생할 수 있는 길을 모색해 왔다.

그러나 최근 자연재난이나 사건, 사고, 더욱이 다양한 범죄 등 예상을 뛰어넘는 재난에 직면하면서 이제야 많은 사람들이 체계적으로 위기에 대응해야 한다는 과제에 대해 생각하게 되었다. 아울러 정보통신기술의 발달로 지구촌 구석구석에서 발생한 다양한 재난에 대해 심각하게 공감하기에 이르렀다. 이제 인류 사회에 대한 위험은 한정된 영토 내에서만의 문제가 아니라는 점과 위기관리에 체계적으로 대응해야 할 필요성이 커지고 있다는 점에 대해 모두가 공감하기에 이르렀다.

우리나라는 근대화를 목표로 경제발전이라는 최우선 기조에 따라 숨가쁘게 전진해 왔다. 그 결과 우리 사회 내에 잠재되어 있는 위기나 위험을 그대로 잠재운 채 조금씩 키워 왔다. 2000년대에 들어 그동안 잠재되어 왔던 위험요소들이 드러나기 시작했고, 다양한 유형의 재난을 경험하였다. 이러한 인식 하에 다양한 사건, 사고, 그리고 자연재난의 영향이 점점 더 심각해짐으로써 체계적으로 대응하고 관리해야 할 필요성이 제기되었다. 자국 영토뿐만 아니라 국제사회로부터의 위험에도 대처해야 하기 때문에 좀더 포괄적인 관점에서 대응해야 한다는 점을 인식하게 되었다.

2003년 참여정부 이후 다양한 유형의 재난이 빈발하게 되었고, 이것이 국가재난으로 확대될 수 있다는 점에서 이에 대한 체계적 대응을 위해 재난 및 안전관리 기본법을 제정하고, 소방방재청과 행정자치부에 안전정책관실을 신설하는 등 국가 전체를 포괄할 수 있는 재난관리시스템의 체계화에 노력을 기울여 왔다.

이 책은 이상과 같은 인식 하에 우리나라 재난관리체계의 핵심인 재난관리 관련 법률과 재난관련 법적 · 제도적 장치의 효율적 운영을 위한 예산 및 재난관리기금에 대해 살펴보고 안전사회 구축을 위한 정책적 대안을 모색하고자 했다. 이 책은 국내 유일의 민간싱크탱크로 부상한 (재)희망제작소의 안전사회 구축을 위한 아이디어에 힘입어 탄생한 재난관리연구소의 다양한 분야의 학자와 전문가, 실무자들의 협력을 통해 기탄없는 의견교환과 현장 중심의 실천적 과제를 수행하는 과정에서 출간하게 되었다. 이 책을 통해 우리나라의 재난관리 선진화에 도움이 되고 안전사회 정착에 보탬이 되기를 바란다.

2009년 1월
공저자를 대신하여
이호동 씀

차 례

제 2 편 재난관리 예산과 관리기금 운용

표 | 차 례

[제1편]

[제2편]

그림 | 차례

제1편

재난관리 법률체계와 운영

제1장

재난관리와 법치행정

제 1 절 안전사회에 대한 논의

1. 재난의 증가 추세

21세기 시작부터 전 세계 모든 국가의 국민들을 걱정하도록 하였던 Y2K 문제가 별다른 문제를 발생시키지 않고 수습되자마자 2001년에 발생한 9·11테러는 2000년부터 현재까지 전 세계 모든 국가의 국민들에게 가장 큰 충격을 준 사회적 재난의 대표적인 사례다. 9·11테러는 약 2,850여 명의 사망자와 약 21조원(21억달러)의 시설피해, 약 250억~500억파운드의 보험피해, 사건발생 후 일년간 고용손실 1.8백만인, 약 1경1천조원(11조달러)의 전 세계 경제피해를 발생시켜 허리케인 카트리나가 발생하기 전까지 지난 100년 동안 미국이 경험한 가장 피해가 큰 재난으로 기록되었다.

그러나 9·11테러의 피해는 단지 인명·시설 피해에 한정되지 않았다. 미국 보험정보연구원에 의하면 2001년 뉴욕 9·11테러의 인명·시설 피해와 항공기 보강사업이 차지하는 비중은 총 산업피해 37.8조원(402억달러) 중 약 ⅓인 32%이었다. 반면 기업활동 중단, 고용자 보상, 행사취소 등으로 인한 비시설적 손실은 34%를, 보험손실은 34%를 점유하여 무형적 피해가 유형적 피해의 두 배에 이르렀다. 이러한 9·11테러의 직간접 피해비중은 우리나라의 웜바이러스 인터넷대란, 야후 홈페이지 해킹, 뉴욕시·서울시 지하철 파업 등에서도 유사할 것으로 추정된다. 따라서 우리나라도 지식기반 신경제체제로 진화할수록 재난으로 인한 초기의 인명손실과 시설피해, 사회혼란이 관련 산업 부문으로의 파급이 가속화되면서 재난피해 규모는 더욱 확대될 것으로 예상된다. 현재 우리나라는 2018년 사회의 역동성이 감소하게 될 인구 고령사회가 도래하게 될 것으로 예상하고 있다. 따라서 앞으로 10년 정도 남은 기간동안 선진국을 향한 경제성장의 최일선에서 경제허브 역할을 수행해야 할 우리나라 대도시들에서 발생할 수 있는 사회적 재난은 단지 도시경제의 수준이 아니라 국가경제의 차원에서 중요하게 다루어져야 할 문제가 되고 있다.

21세기 들어 지구촌 경제가 지식기반 경제체제로 전환되고 육상·항공·해양교통수단의 발달로 네트워크사회가 구현되면서, 전 세계적으로 테러, 불법시위, 불법폭동, 국가기반시설의 불법점거, SARS·조류독감·구제역·광우병 등의 전파가 국가경제나 사회안정을 위협하는 수준이 과거보다 더 높아지게 되었다. 그러나 정부의 행정력은 과거의 재난관리시스템에 머물게 되자 선진 각국은 21세기에도 자국민의 생명과 자국 경제의 안정을 보장하기 위해 국가기반체계의 보호라는 새로운 시스템을 도입하기 시작하였다.

참여정부 출범 후 자연재난과 인적 재난 등 전통적인 재난의 발생빈도는 감소하였다. 그러나 지구촌 국제화시대의 부산물로 해외에서 생산되어 국내에 수입된 식품으로 인한 식품안전 문제 등 국제화시대의 새로운 유형의 재난이 대두되고 있다. 또한 2005년 상주참사와 같이 지방자치시대와 주5일 근무시대를 맞이하여 야외활동이 증가함으로써 대규모 군중의 통제 실패가 대형 참사로 발전하는 사례가 증가하고 있다. 세계화 시대를 맞이하여 세계 교통망의 발전으로 국가간, 국가내 지역간, 지역내 이동인구가 증가하게 되면서 SARS, 조류인플루엔자 등 신종 전염병의 확산 역시 더욱 용이해지고 있다.

참여정부는 사회적인 문제나 우발적인 사태로 국가기반체계의 유지가 일정기간 한계점을 넘어 지장을 받게 되었다. 이러한 위기상황에 대처해야 할 주무부처나 기관이 제대로 대응하지 못해 사태가 악화되어 범정부적인 대처가 요구되었다. 이에 범정부 종합대책을 수립・시행하기 위해 행정자치부 안전정책관실이라는 정책대안을 제시하였으며, 청와대 국가안전보장회의 사무처내 위기관리센터와 함께 사회적 재난에 대한 문제를 해결해 나가기 시작하였다.

행정자치부 안전정책관실은 이러한 21세기형 사회적 재난에 대한 우려로 2004년 6월 출범하게 된 기관이다. 21세기를 맞이하여 우리나라는 2000년 2월 의약분업이 시행되면서 관련 의료계의 집단 휴업으로 수술환자 등 응급환자에 대한 진료 중단사태가 발생했으며 2003년 5월에는 화물연대 운송거부로 약 1조3천7백억원의 경제적 손실이 발생했다. 또한 조흥은행 전산실 파업으로 약 5일간 은행 전산망 운영에 심각한 차질이 발생하면서 많은 경제적 피해를 야기하였으며 2003년 9~11월에는 부안 방폐장 시위로 지역경제가 상당한 기간 동안 마비되었다. 2004년 7월에는 서울시 지하철이 파업하여 수도권 주민들의 출・퇴근에 교통대란이 발생함으로써 국민의 생명・재산과 경제에 현저한 영향을 미치는 국가기반시설에 종사하는 근로자나 이와 관련된 관계자들은 집단적・물리적 방법으로 밀어 붙이면 된다는 인식을 사회에 확산시키는 결과를 초래하였다. 그 결과 우발적인 사고나 의도적인 사태로 인해 국가 기반체계가 마비되어 국민경제가 총체적으로 영향을 받을 가능성이 높아지게 되었다.

재난은 그 유형을 크게 자연재난, 인적 재난, 사회적 재난으로 분류해 볼 수 있다. 전통적으로 사람들이 재난이라 하면 태풍이나 폭우, 폭설, 지진, 가뭄 등의 자연재난을 연상한다. 그러나 문명이 발전함에 따라 이러한 자연재난뿐만 아니라 인적 재난이 빈번하게 발생하고 있다. 인적 재난이라 함은 사람의 부주의나 실수 또는 고의에 의한 사건, 사고를 말한다. 여기에다 최근에는 노동자 파업, 대규모 시위, 테러 등 사회적 재난이 급증하고 있다.

우리나라에서는 사회적 재난요인이라는 용어에 대한 사회적 합의가 부족하여 미국에서 개발된 '국가기반체계의 마비'라는 개념을 재난 및 안전관리기본법에 반영해 현재 사용하고 있다. 엄밀하게는 두 용어 사이에는 약간의 차이가 있지만 재난요인과 재난유형을 분류하는 기준으로서는 문제가 되지 않는다.

일부 선진국에서는 테러를 전통적인 국방의 문제로 보기도 하지만, 9·11테러 이후 재난관리 분야 학계의 흐름은 군의 대처를 요구하는 전통적인 국방의 문제에서 사회 안전행정의 문제로 재분류하고 있는 상황이다. 이러한 흐름을 선도하는 미국에서는 국방부(National Communication System 등 일부 기능)·국무부·법무부·상무부·교통부·에너지부·보건복지부·농림부·재무부·예산처(GSA)에 포함되어 있던 대테러 관련기능을 국토안보부로 이전하였으며 캐나다, 독일, 스웨덴 등의 국가들도 이 개념을 도입하여 국가 행정체제를 재편하였다.

학자에 따라서는 보건·의료적 요인을 산불과 함께 자연적 요인으로 분류하거나 별도의 분야로 분류하기도 한다. 그러나 현재 다수의 재난관리 분야 학자들이 분류하는 기준을 적용하여 사회적 재난으로 분류한다.

우리나라에서 그동안 발생한 재난 중 사회적으로 크게 이목을 끌었든 주요 재난으로서 먼저 주요 자연재난을 살펴보면 1995년 태풍 재니스 및 호우, 1998년 태풍 예니, 1999년 태풍 올가, 2002년 태풍 루사, 2003년 태풍 매미, 2004년 대전·충청 지역 폭설, 2004년 태풍 매기, 2004년 서남아시아 쓰나미에 의한 해외관광객 사망사건, 2005년 호남 지역 폭설 등을 들 수 있다.

수해의 경우, 지난 10년간('93~'02) 연평균 인명피해 129명, 재산피해 1조 2,400억원이 발생하였다. 구체적으로 2002년 집중호우와 태풍 '루사' 등의 영향으로 대규모 수해가 발생하였다. 집중호우가 있었던 8월 4일~11일 동안 양평 320mm, 원주 305mm, 이천 279mm의 수치를 기록하였고, 사망 22명 실종 1명, 부상 5명으로 총 28명의 인명피해가 발생하여 9,181억원의 재산피해가 발생하였다. 태풍 '루사'(8.31~9.1)는 강릉 870mm, 대관령 712mm, 고흥 404mm 등 많은 양의 비를 동반하여 대규모의 수해를 발생시켰고, 사망 209명, 실종 37명, 부상 75명으로 총 321명의 인명피해를 냈으며 5조1,479억원의 재산피해가 발생하였다.

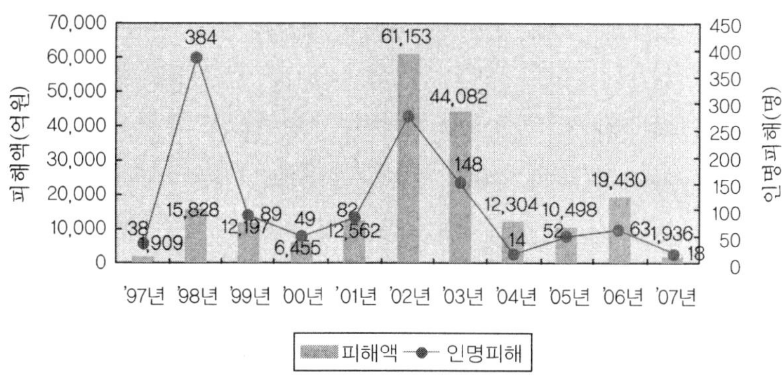

자료: 소방방재청(2008), 「풍수해 Press Kit」.

[그림 1-1] 풍수해 피해의 변화추이

다음으로 인적 재난은 1993년 구포역 무궁화호 전복사고, 1993년 목포 아시아나항공 추락사고, 1993년 전북 부안 서해 페리호 침몰사고, 1994년 성수대교 붕괴사고, 1994년 충주호 유람선 화재사고, 1994년 아현동 도시가스 폭발사고, 1995년 전남 화순 시내버스-열차 충돌사고, 1995년 대구 지하철 공사장 도시가스 폭발사고, 1995년 삼풍백화점 붕괴사고, 1995년 여수 씨프린스호 좌초 원유누출사고, 1996년 중부고속도로 55중 연쇄충돌사고, 1997년 대한항공 괌 추락사고, 1998년 부천 LP가스충전소 폭발사고, 1999년 화성 씨랜드 청소년 수련원 화재사고, 1999년 인천 호프집 화재사고, 2000년 강원도 동해안 산불, 2003년 대구 지하철 참사, 2006년 서해대교 29중 충돌사고 등을 들 수 있다.

끝으로 사회적 재난요인은 인간이 발전시킨 국가・민족・종교・경제 등의 사회구조로 인한 집단적인 갈등이 재난을 초래하는 것을 의미한다. 사회적 요인은 크게 폭발물・총격・인질・납치 등의 테러요인과 폭동・불법시위・불법점거・불법집회 등 군중사고 요인, 컴퓨터 바이러스・해킹 등 사이버테러요인, 그리고 병원체나 동식물에 의한 보건・의료적 요인으로 구분할 수 있다. 구체적 예로서는 2000년 의약분업정책으로 인한 의료파동사태, 2002년 구제역, 2003년 웜바이러스에 의한 사이버테러, 2003년 급성 호흡기 증후군(SARS) 추정환자 발생, 2003년 화물연대 파업, 2003년 조흥은행 전산실 파업, 2003년 전북 부안 방폐장 시위사태, 2003~2004년 조류인플루엔자 전파, 2004년 이라크테러집단의 김선일 살해사건, 2005년 중국김치로 인한 식품안전 파동, 2005년 상주참사, 2007년 윤장호하사 테러사건 등을 들 수 있다.

그동안 발생하였던 재난의 특성을 보면 지구 온난화로 인하여 풍수해・설해・한해 등의 발생빈도・강도가 증가하였다. 그리고 황사, 안개 등 새로운 유형의 자연재난이 발생하고 있으며, 자연재난은 발생빈도보다 그 규모가 더 큰 사회적 문제가 되고 있다. 그러나 자연재난은 인적 재난이나 사회적 재난에 비해 상대적으로 감소하는 경향을 보이고 있다. 도시화, 관광화로 인한 재난 취약 지역의 거주인구 증가로 재난 발생 시 피해 규모가 확대되고 있을 뿐만 아니라 인적 재난의 발생빈도도 증가하고 있다. 또한 국가간, 인종간, 종교간, 사회계층간 갈등 증폭으로 국내외 테러·폭동·불법파업 등 사회적 재난이 증가하고 있다. 그리고 정보통신기술의 발달로 통신재난·사이버테러 등 신종 사회적 재난이 증대하고 있다. 나아가 기술발전과 환경변화로 SARS·조류 인플루엔자·웨스트 나일 바이러스 등 신종 전염병에 의한 생물학적 재난과 식품안전 등 과거에 경험하지 못했던 새로운 유형의 재난이 발생하고 있다.

▶ 표 1-1 ◀ 최근의 재난 특성

- 지구 온난화로 인한 풍수해·설해·한해 발생빈도·강도의 증가
- 지진·쓰나미 취약지역의 거주인구 증가로 재난 발생시 피해 규모 확대
- 도시화·산업화·시설 노후화로 인적재난의 발생빈도·피해 증가
- 냉전종식과 지구촌 무한경제전쟁시대의 도래로 국내외 테러·폭동·불법파업 등 사회적 요인에 의한 재난발생과 영향이 증가
- 정보통신기술의 발달로 통신재난·사이버테러의 파급효과 증대
- 기술발전과 환경변화로 SARS·조류 인플루엔자·웨스트 나일 바이러스 등 신종 전염병에 의한 생물학적 재난 등 과거에 경험하지 못했던 새로운 유형의 재난발생
- 인구 도시화, 시설 복합화로 단일 사고나 사건이 복합적 재난으로 발전

2. 미래의 재난발생 예측과 안전 문제

먼저 지구온난화로 인한 각종 자연재난의 증가를 예상해 볼 수 있다. 세계 주요 연구기관들은 이산화탄소 등 온실효과 요인으로 지구의 평균온도는 2050년을 전후하여 약 2~5℃가, 2100년에는 3~10℃가 각각 상승할 것으로 예상하고 있다. 이러한 지구 온난화는 기후와 관련된 자연재난에 크게 영향을 주고 있으며 더 강하고 빈번한 초대형 대풍, 폭설대란, 혹독한 가뭄, 폭염, 호우, 산불, 살인적인 한파, 해수면 상승, 엘니뇨

현상의 비주기화를 초래하고 있다. 지구온도의 상승은 남북극 빙산의 해빙을 초래하였고, 이로 인해 높아진 해수의 무게가 지질재난에도 영향을 미치고 있다는 의견이 제시되고 있다. 그 결과 전 세계적으로 더 강한 재난이 더 빈번하게 발생하고 있는 것이 현실이다.

한편, 21세기는 정보통신을 바탕으로 하는 네트워크사회가 도래하였다. 정보통신사회는 정보통신망을 기반으로 구축되어 있고, 이러한 망에 대한 재난은 곧 걷잡을 수 없는 사회적 재난으로 나타나게 되어 있다. 특히 네트워크 사회는 산업을 비롯한 사회의 구성체들의 상호의존성이 높기 때문에 한 구성인자의 재난이 사회 전체의 재난으로 나타나게 된다. 나아가 세계화와 지방화가 가속화됨으로써 국가간·지역간 재난의 증가도 예상이 된다. 세계화의 확산은 한국의 국제위상 제고를 가져왔으며, 국내외에서 한국인을 대상으로 한 국제테러의 증가를 예상해 볼 수 있다. 또한 국내 거주 외국인 100만인 시대에 따른 외국인과 한국인간 인종갈등의 증가, 사회 계층간 갈등, 선진사회의 소외 등으로 인한 대형 참사, 신종인플루엔자(PI) 및 구제역이 더욱 확산할 것으로 판단된다. 또한 지역화는 중화학, 생물공학, 핵·방사능 분야관련 산업단지, 주요 시설의 유해물질 누출 또는 단전 등으로 인한 안전사고로 인하여 지역의 붕괴를 가져올 수 있다.

이에 따라 우리나라 정부는 그 어느 때보다 안전 분야에 대한 예산 비중을 높여나가야 할 것이다. 이제 재난은 단순한 개인적·지역적 차원이 아니라 사회 전체에 미치는 파급효과가 크기 때문에 정부는 이를 정책 순위에서 우선적으로 고려해야 한다. 정부는 재난관련 핵심관리대상에 대한 관리에 더욱 관심을 보여야 하고, 이 분야에 대한 시스템을 개선하고, 전문지식을 축적하여야 하며 투자를 지속적으로 늘려나가야 할 것이다. 그리고 중앙과 지방간 재난대비 네트워크를 더욱 강화해 나가야 하며 민간과의 협력관계도 활성화해야 한다.

▶ 표 1-2 ◀ 향후 발생 가능성이 높은 재난의 유형

· 지구온난화에 의한 초대형 태풍, 폭설대란, 혹독한 가뭄, 폭염
· 한국의 국제위상 상향으로 국내외에서 한국인을 대상으로 한 국제테러
· 신종 인플루엔자(PI) 및 구제역 확산으로 인한 막대한 인명, 경제피해
· 시설 노후화로 인한 붕괴, 운행중단이 초래하는 대형 안전사고
· 중화학, 생물공학, 핵·방사능 분야관련 산업단지, 주요 시설의 유해물질 누출 또는 단전 등으로 인한 안전사고
· 국내 거주 외국인 100만인 시대에 따른 외국인과 한국인간 인종갈등
· 사회 계층간 갈등, 선진사회의 소외 등으로 인한 대형 참사

3. 국가 재난관리시스템 환경 분석

현재 우리나라의 재난관리시스템의 환경을 SWOT 분석해 보면 다음과 같다. 먼저 위협요인을 보면 사회적 재난을 비롯하여 신종 재난의 발생 건수가 증대하며, 약점으로는 재난관련 조직의 생산성 문제, 인력 및 예산의 부족 등을 들 수 있다. 그러나 강점으로는 부분적으로나마 통합이 되어 있으며, 기회요인은 재난관리의 중요성 증대를 들 수 있다.

4. 안전 불감증과 안전의식 제고

도시화가 진전됨에 따라 예측할 수 없는 여러 가지 재해와 재난이 발생하고 있다. 도시인들은 이로부터 안전을 담보받고자 하는 욕구가 늘고 있으며 그에 대한 비용 지불 의사도 늘고 있다. 그럼에도 불구하고 우리 국민의 안전에 대한 인식 수준은 아직까지 무사안일주의와 사고를 운명시하거나 최소한의 불상사로 여기는 사람이 많고 대부분의 사고를 문명발달 과정에서 야기되는 불가피한 희생으로 간주하고 있다.

또한 재해가 수반되지 않는 사고에 대해서는 원인조차 규명하려 들지 않고, 위신 문제로 생각하거나 수치로 여기기 때문에 사고의 발생사실

▶ 표 1-3 ◀ 재난관리시스템 환경의 SWOT 분석

구 분	환 경 분 석
위 협 (Threat)	· 경제성장과 도시시설 고도화로 다양한 유형의 재난 발생 건수 및 피해액 증가 · 인구 도시화, 시설 네트워크화로 단일 사고나 사건이 복합적 재난으로 발전 · 정보통신, 생명공학기술의 발전과 환경변화로 새로운 유형의 재난 발생 · 반규제주의, 반중앙주의, 단기적 개인이익 극대주의 등의 사회의식 존재
기 회 (Opportunity)	· 국민소득 일만불을 넘어 이만불 선진사회로의 발전에 대한 국민의 욕구 존재 · 이상기후, 테러, 신종 재난 등으로 포괄적 국민안보에 대한 인식 제고 · 선진형 경제구조로 재난의 영향 및 재난관리·방재산업 파급효과의 이해 확산 · 국가경쟁력 강화 차원에서의 해외 선진국들의 재난관리체계 강화 흐름 존재
강 점 (Strength)	· 신설조직으로서 부서별 업무의 신설과 변화, 조정의 원활 및 시너지 효과 기능 · 통합적 관점에서의 재난관리 추구로 사회의 기대 및 잠재적 참여의식 존재 · 다수의 타 부처에 재난관리 관련조직이 존재하며 청 노력에 따라 활용이 가능
약 점 (Weakness)	· 소방방재청 조직구성원간 청 조직목표 및 발전방향에 대한 공감대 부재 · 적정 규모의 인력, 조직, 예산, 시설 확보 부족으로 기본업무 수행에 지장 · 조직구성원 전문능력의 편중(거시적 시각, 분야별 기술 전문성, 지역적 특성, 협력능력 등)으로 재난관리 능력 미흡 · 지차제 관련부서, 민간조직의 미비로 실제적인 업무수행 능력이 매우 부족 · 선진형 조직체계로의 개선 미흡과 높은 사회기대 간 상당한 간격 존재

자료 : 정부혁신지방분권위원회(2007), 국가재난관리시스템.

조차 은폐하려는 경향이 강하게 나타나고 있다. 성수대교 붕괴나 삼풍백화점 붕괴사건 등에서 보는 바와 같이 큰 재해가 발생되었을 때도 며칠간 떠들썩하고 국민적 관심이 높아지는 듯하다가도 얼마 안 가 다 잊어버리고 만다.

자신에게는 그런 불상사가 일어나지 않을 것을 확신이라도 하듯 사전 대책에도 미온적이고 무계획적인 태도, 사고를 당한 후에야 잘못을 반성하는 악순환을 거듭하고 있는 실정이다. 특히 우리나라는 가난에서 하루빨리 탈출하려고 그간 재해와 공해를 무릅쓰고 무리하게 성장우선 주의로 달려 왔으며, 그만큼 많은 희생을 치르고도 지금도 쉬지 않고 같은 방향으로 나아가고 있다. 사회적 분위기에서 알 수 있듯이 우리의 문화에서는 이 정도면 되겠지, 괜찮아, 대충대충, 빨리빨리 등과 같이 철저하지 못한 면과 조급성을 보이고 있다. 그리고 이러한 습관들이 안전관리의 최대의 적이 될 수 있다는 사실을 간과하고 있는 것이다.

서울신문과 소방방재청의 2005년 12월 '안전의식 및 사회 안전실태에 관한 여론조사'결과에 의하면, 우리 국민의 안전의식 수준이 어느 정도인지에 대해 조사 응답자들은 10점 만점에 5.26점으로 평가하고 있다. 현재 우리 국민의 안전의식 수준의 매우 낮음을 단적으로 보여주고 있다.

한국사회에서 안전문화 정착을 위해서는 물리적 측면과 심리적 측면의 변화를 동시에 고려하여야 한다. 물리적 안전장치만 확보되고 심리적 안전수준은 상대적으로 낮을 경우 궁극적인 안전문화 정착단계에는 도달할 수 없다.

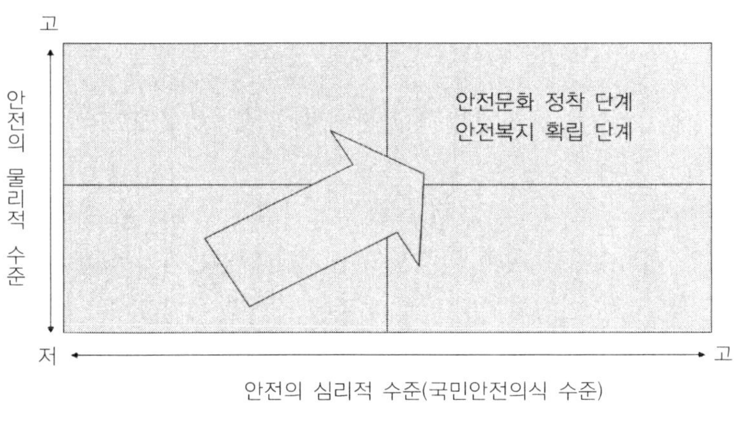

[그림 1-2] 안전문화 정착을 위한 고려사항

여러 연구에서 밝혀진 바와 같이 현대사회에서 사고를 줄이기 위해서는 안전의식이 무엇보다 중요하기 때문에 안전문화 정착이 절실하다. 이러한 안전문화 정착을 위해서는 본질적인 안전화를 추구해야 하며, 안전한 상태를 만들고 유지하기 위해서는 무엇보다 개개인들의 안전에 대한 인식의 전환이 필요하다.

안전 불감증에 의한 대표적 사고 사례로는 1994년 10월 21일 오전 7시경에 발생한 성수대교 붕괴, 1995년 4월 28일 대구 지하철 공사장 도시가스 폭발, 1995년 6월 29일 삼풍백화점 붕괴, 1999년 인천 호프집 화재사고 등 인적 재난의 대형 참사 중 대다수 사례가 안전 불감증에 의한 사고이다. 삼풍백화점의 경우 붕괴의 조짐이 보이고 있음에도 불구하고 백화점 측이 무리한 영업진행을 강행하였고, 이는 사상자가 700여 명이라는 대형참사로 이어졌다. 대구 지하철 공사장 도시가스 폭발사고는 굴착 도중 파손된 도시가스 배관에서 가스가 누출, 지하철 공사장으로 장시간에 걸쳐 누적되면서 폭발사고로 이어졌으며 303명의 사상자가 발생하였다. 대구 지하철 공사장 도시가스 폭발사고의 경우 사고의 규모에 부합하는 안전점검 체계가 이루어졌다면 충분히 예방할 수 있는 사고로 판단되고 있다. 다른 여러 재난사고 역시 시공업체와 시민의 부주의나 소방시설 미비, 개인부주의 등의 원인으로 발생한 사고였다. 이러한 대형사고들로 인해 지금 현재에도 안전 불감증의 위기에서 벗어나지 못하고 있다.

소방방재청은 안전문화에 대한 관심을 가지고 국민들의 안전에 대한 지속적인 의식전환을 통해 안전사고와 재난피해를 획기적으로 감소시키고자 국민들이 자신의 안전의식 수준을 스스로 측정할 수 있는 '과학적이고 체계적인 국민안전의식지수'를 개발하였다(정부혁신지방분권위원회, 2007). 이렇게 개발한 지수를 포털사이트를 통해 자가진단 서비스를 실시하였다. '과학적이고 체계적인 국민안전의식지수'는 생활 · 소방·재난 안전 3개 분야로 구성되어 있다. 일반 국민들을 대상으로 생활·소방·재난 안전 3개 분야, 전기·가스·화재·태풍 등 45개 항목에 대한 '국민안전의식 자가진단' 이벤트를 실시한 결과, 국민안전의식 수준은 56.78점으로 보통(Yellow) 수준에 해당되고, 분야별로는 재난안전(62.09점), 생활안전(59.89점), 소방안전(48.37점) 순으로 나타났다고 밝혔다.

또한, 소방방재청은 사이버조사 결과를 토대로 '국민안전의식 지수'를 Red(미흡, 43.41점 미만), Yellow(보통, 43.41~69.05), Blue(우수, 69.05 초과) 등 3단계로 등급을 나누고 선진화 목표지수를 69.05점으로 설정하였다. 국민 안전자가진단 서비스는 국민 스스로의 안전의식 수준을 측정해 비교가 가능하도록 함으로써 안전에 대한 국민적 관심과 수준을 한 단계 높이는 계기를 마련했다는데 의의가 있다. 따라서 국민안전의식지수를 매년 측정하면서 시행착오를 반영하여 수정된 지표를 적용한다면 앞으로 좀 더 객관적이고 정밀한 지수 측정이 가능할 것이다.

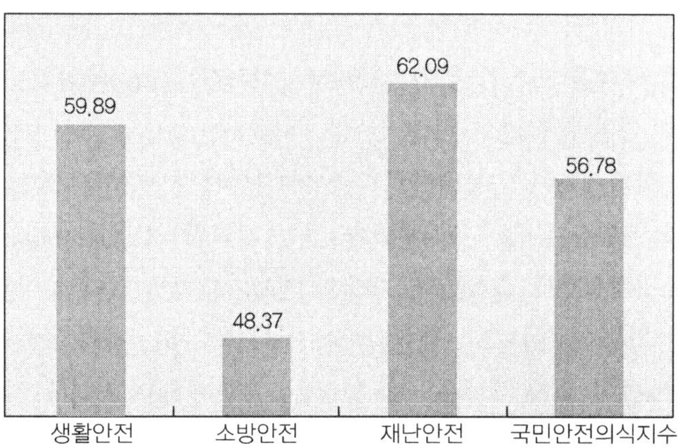

* 소방방재청.

[그림 1-3] 국민안전의식 자가진단(점)

일상적으로 '국민안전의식 수준이 낮다', '국민안전의식이 발달되지 않았다' 등의 말을 흔히 사용하고 있지만, 국민안전의식 수준이 어느 정도 발달되어 있는지에 대한 수준은 불명확하였다. 또한 '국민안전의식 수준을 높여야 한다', '안전문화를 이룩해야 한다' 등을 말하지만, 어느 시점까지 어떤 수준에 도달해야 하는지 분명하지 않았다고 볼 수 있다. 따라서 국민안전의식 지수의 개발 및 측정은 국민안전의식의 현황을 객관적으로 파악할 수 있다는 점에서 중요한 역할을 할 것으로 기대된다. 특히 국민안전의식 지수 측정을 통해 여러 지방자치단체 별로 의식 수준을 비교할 수 있고, 상대적으로 취약한 부분이 무엇인가를 파악할 수 있게 해 줄 수 있는 것이다. 지방자치단체별 국민안전의식 지수 측정을 통한 취약 부문의 파악으로 이 부문에 대한 집중적인 홍보 및 안전의식 교육을 실시하여 안전문화를 정착하는 데 활용될 수 있을 것이다.

이렇게 안전의식수준이 측정되고 나면 제기되는 질문은 어떻게 의식 수준을 제고시킬 수 있을까 하는 문제이다. 이는 행동변화 모델에 대한 연구가 필요함을 알려준다. 행동변화 모형은 불안전한 행동(혹은 안전한 행동)을 개인이 의식적(혹은 무의식적)으로 수행하는지의 여부, 빈도 및 사고에 영향을 미치는 불안전 행동의 심각성 등을 종합적으로 평가하여 가장 적절한 활성 매체를 선택・적용하는 것으로부터 시작된다.

이러한 활성매체는 기본적으로 개인이 불안전한 행동을 지양하는 대신 안전한 행동을 수행・유지하고자 하는 개인의 의도(intention)를 변화시키는 것에서부터 출발한다. 개인의 의도가 형성되었다면 이것이 외관상 관찰 가능한 행동으로 발휘되어야 한다(즉, 아는 것과 행하는 것은 별개임). 개인이 특정 행동을 수행하였을 때 발생하는 결과에 대해서는 그 결과의 성격에 따라 그에 상응하는 보상・처벌 등의 강화 계획, 강화 유형 및 강화 강도 등이 결정되어야 한다.

개인의 태도는 안전에 대한 개인적 가치에 영향을 줄 수 있고, 개인의 가치 역시 태도에 영향을 줄 수 있다. 따라서 수행된 행동 결과에 따라 개인이 형성하는 태도나 가치는 매우 다양할 수 있고, 이에 대한 개입 방법이 적절하지 않을 경우 안전 행동을 저해하는 결과를 초래할 수 있다(정부혁신지방분권위원회, 2007).

제 2 절 재난관련 법률연구의 필요성

오늘날 우리 사회는 다양한 재난으로부터 수많은 피해를 입고 다시 일어서는 등 지금까지 안전사회 구축을 위해 다양한 방면에서 끊임없이 노력해 왔다. 그러나 아직도 매년 반복되듯이 인적·물적 피해는 계속되고 있고, 더욱이 안전사회 구축을 어렵게 하는 새로운 저해요인이나 제약요인이 나타나고 있다.

특히 지구 차원에서 환경이 현저히 변화하고 있고 안전확보를 위해서는 이러한 변화에 따른 해결과제를 충분히 인식해야 한다. 아울러 위험을 분석한다는 차원에서 분명하지 않은 각종 시나리오에 대해 진단하고 처방전을 적절하게 제시해 나가야 할 필요성이 제기되고 있다. 미래의 위험에 대해 저항력을 제고하고, 풍요롭고도 질적으로 향상된 생활을 영위할 수 있는 안전하고 안심할 수 있는 사회를 실현하는 것은 지금 우리 세대의 책임일 것이다. 더 나아가 오로지 경제적 효율성을 추구하는 것으로부터 탈피하여 안전하고 안심을 최우선순위로 하는 사회로 전환하는 안전사회 구축을 도모해야 한다.

국가의 가장 기본적이고 중요한 임무가 국민의 생명과 재산을 보호하는 것이라면, 다양한 위기로부터 국민의 생명과 재산을 보호하고 위기로부터 극복할 수 있도록 정책적 대안을 탐색·개발하고 집행하는 과정을 재난관리과정이라고 정의할 수 있다. 특히 인명피해와 경제적 손실을 최소화하기 위한 법적·제도적 장치를 구축하여 이미 사회적으로 마련된 구조를 설계·유지·관리하는 시스템과 예방·준비·대응·복구를 체계적으로 집행할 수 있는 행정시스템의 구축이 필요하다.

최근 우리나라는 2003년 참여정부 출범 이후 구제역, 호우, 태풍, 사이버 테러, 지하철 방화, 급성호흡기 증후군(SARS), 물류대란, 은행전산망 마비, 시위사태, 조류인플루엔자, 폭설 등 과거 정부들과는 달리 다양한 유형의 재난을 경험하였다. 이를 바탕으로 우리나라는 참여정부 출범과 동시에 본격적인 재난관리체제의 개편이 추진되었다. 국가의 재난관리체제 개편을 위해 2003년 3월 17일 총 14개 중앙부처 7개 연구기관이 행정자치부에 국가재난관리시스템 기획단을 구성하고 재난관리를 전담할 조직과 기본법을 연구하였다. 그 결과 2003년 5월에는 화재·재난·재해 대처와 구조·구급 활동을 지원하기 위한 「소방기본법」이 제정되었고, 8월에는 국회에 재난관리에 대한 범정부적 정책을 포함한 「국가재난관리종합대책」을 위한 방안을 도출하였다. 그리고 2004년 3월 「재난 및 안전관리 기본법」이 제정되어 재난과 관련되는 법률 기반이 구축되었다.

이와 같은 과정을 통해 제정된 「재난 및 안전관리 기본법」을 기반으로 참여정부의 재난관리체제는 2004년 6월 재난관리전담기구로 소방방재청을, 국가기반체계 전담 부서로 행정자치부 내에 '안전정책관실'을 각각 설치하여 선진형 재난관리시스템으로 한 단계 발전하였다.

이상과 같은 인식을 바탕으로 참여정부 이후 국가 재난관리 패러다임으로 새롭게 제안한 포괄적 안보개념을 기본으로 한 지금까지의 노력에 대해 재난관리 법률체계를 통해 이해하고자 한다. 또한 재난 및 안전관리 기본법을 중심으로 현행 재난관리 행정체계를 효율화할 수 있는 방안을 도출하고자 한다. 이를 위해 우선 재난 및 안전관리 기본법의 내용을 살펴보고, 국가 재난관리 관련체계를 정책네트워크 관점에서 분석한다. 포괄적 안보개념 하에 재난 및 안전관리 기본법의 기본이념과 목적을 통해 관련법률의 역할을 중점적으로 살펴보고, 중앙 및 지방자치단체의 역할, 그리고 시민의 역할에 대해 살펴본다. 둘째, 재난관리 관련 행정기관의 종류와 기능을 살펴봄으로써 현행 재난관리체계의 집행상의 개선방안을 도출한다. 끝으로 현행 재난관리체계를 살펴봄으로써 제기될 수 있는 문제점과 이에 대한 개선입법의 내용을 정책적 제언으로 제시하고자 한다.

또한 재난관리 기본법이라 할 수 있는 재난 및 안전관리 기본법을 중심으로 한 중앙정부와 지방정부의 역할분담을 통해 효율적 재난관리의 대안을 모색한다. 이를 위해 우리나라 재난관리 관련 법률을 개관하고, 재난 및 안전관리 기본법을 법리적으로 내용 분석한다. 그리고 재난관리 관련 문헌 및 일본의 재난관리 관련 법률체계를 개관하고 내용 분석을 통해 시사점을 도출한다. 또한 심도 있는 대안을 탐색하고 개발하기 위하여 전문가, 실무자 및 학계의 의견을 학술세미나를 통해 수렴하고 재해 경험이 있는 현장을 방문하여 지역주민의 의견을 청취하고 현장자료를 수집하여 획득한 시사점을 통해 개선 입법적 대안을 도출한다.

제 3 절 재난과 법치행정

시민의 생명, 신체 그리고 재산을 보호하기 위하여 행정을 통한 개입이 상당히 긴급하게 필요한 경우라면 법을 위반하더라도 행정이 예외적인 조치를 취할 수 있을까. 또는 긴급한 경우에 법을 준수하지 않더라도 어쩔 수 없다고 할 수 있을 것인가. 예를 들어, 이미 재해가 발생했거나 발생하려고 하는 경우에 재해발생에 대해 방어하고 긴급구조 등을 통해 피해확대를 방지해야 할 긴급한 경우가 있다. 이와 같은 긴급사태에 대해 소방, 경찰, 군 등은 법률의 근거없이 또는 법률규정을 위반하더라도 대응활동을 할 수 있을까. 이상과 같은 행정의 긴급조치(긴급피난조치 등) 또는 위기관리와 법치행정의 관계라고 하는 까다로운 이론적 문제가 존재한다.

법치행정의 원칙은 국민의 권리이익을 옹호하기 위한 행정법상의 기본원칙이므로 긴급한 경우라고 해서 쉽사리 예외를 인정하는 것은 허용될 수 없다. 그러나 긴급사태인 경우 평상시를 전제로 하고 있는 법률을 적용한다면 적절한 조치를 취할 수 없는 경우가 적지 않다. 따라서 법치행정 원칙을 유지하면서 긴급사태 또는 위기에 신속하게 대응할 수 있도록 법제도를 가능한 한 완비해 두어야 할 필요가 있다.

우리나라는 각종 재난으로부터 국토를 보존하고 국민의 생명・신체 및 재산을 보호하기 위하여 국가 및 지방자치단체의 재난 및 안전관리체제를 확립하고, 재난의 예방・대비・대응・복구 그 밖에 재난 및 안전관리에 관하여 필요한 사항을 재난 및 안전관리 기본법(제1조)에서 규정하고 있다. 재난 및 안전관리 기본법 제3조제1항은 '재난'에 관하여 국민의 생명・신체 및 재산과 국가에 피해를 주거나 줄 수 있는 것으로, 태풍・홍수・호우・폭풍・해일・폭설・가뭄・지진・황사・적조 그 밖에 이에 준하는 자연현상으로 인하여 발생하는 재해와 화재・붕괴・폭발・교통사고・화생방사고・환경오염사고 그 밖에 이와 유사한 사고로 대통령령이 정하는 규모 이상의 피해, 그리고 에너지・통신・교통・금융・의료・수도 등 국가기반체계의 마비와 전염병 확산 등으로 인한 피해로 정의하고 있다. 즉, 동법은 이상자연현상에 의해 발생하는 피해, 대규모 화재나 폭발에 의해 발생하는 피해, 그리고 대규모 사고에 의해 발생한 국가기반시설의 피해 등으로 구분하여 지적하고 있다. 특히 대한민국 영역 밖에서 대한민국 국민의 생명・신체 및 재산에 피해를 주거나 줄 수 있는 재난으로서 정부 차원의 대처가 필요한 재난을 별도로 명기하고 해외재난으로 분류하여 정의하고 있다(동법 제3조제2항).

이상과 같이 우리나라는 재난을 국민의 생명·신체 및 재산에 대한 보호 및 피해 방지를 위해 고유영토 내에서 발생한 것뿐만 아니라, 비록 한정적이기는 하지만 고유영토 밖에서 발생한 피해에 대해서도 국가 차원의 대응이 필요하다는 관점에서 폭넓게 정의하고 있다. 이는 재난발생이 무국경적으로 발생하고 있다는 속성과 국제화, 세계화, 정보화 등의 시대적 변화 및 복잡성, 불확실성에 대응성을 높이기기 위한 조치라고 볼 수 있다.

재난 및 안전관리 기본법이 제정되기 이전까지는 재난이 발생할 때마다 필요에 따라 제정되어 왔었다. 이러한 이유로 법률상호간에 정합성이 다소 결여되어 있었고, 재난관리에 대한 책임소재가 불분명하다는 지적이 있었다. 그러나 재난 및 안전관리 기본법 제정을 계기로 중앙정부, 지방자치단체 등의 국가책무와 국민의 책무 등의 규정에서 알 수 있듯이 재난관리에 대한 책임을 명확히 하고 있다는 점, 그리고 다양한 형태로 시공간을 초월해서 발생하는 재해·사건·사고 등에 종합성·체계성을 가지는 항구적인 재난관리를 목적으로 하고 있다는 점이 우리나라 재난관리의 주요 특징이라고 하겠다.

제2장

환경변화와 재난관리

제1절 세계 재난 현황과 대응

1. 세계 자연재난 현황

지금도 세계 각지에서 자연재난이 발생하고 있다. 특히 개발도상 지역에서는 도시화가 진행되는 한편 뒤쳐진 사회기반 정비가 재난에 대한 취약요인으로 나타나고 있다. 벨기에의 루벤카톨릭대학(Universite Catholique de Louvain)의 역학연구소(Centre for Research on the Epidemiology of Disasters: CRED)의 자연재난에 관한 통계자료(http://www.em-dat.net)를 보면, 전 세계에서 매년 약 1억 6천만명이 재난피해를 당하고, 약 10만의 인명피해와 약 365억달러 이상의 피해액(1970년~2005년의 연평균치)이 발생하고 있다고 지적하고 있다([그림 2-1]).

과거 36년간 재난 발생건수는 증가하고 있고 재난피해자 수도 동반 증가하고 있다. 1970년대와 비교해 보면 최근 10년간 발생건수, 재난피

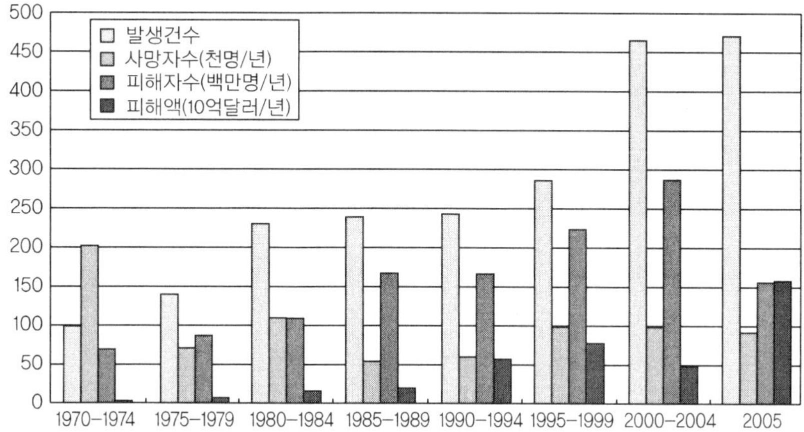

자료: CRED, 아시아방재센터자료로 재구성. 방재백서(2007).

[그림 2-1] 세계 자연재난 발생빈도 및 피해상황 추이(연평균치)

해자 수에서 약 3배 증가했지만, 사망자 수는 약 0.7배 감소하고 있다. 경제적 피해 규모를 살펴보면 최근 1998년의 중국 홍수, 1999년의 터키 지진, 프랑스 풍해, 2002년의 유럽 홍수, 2004년의 일본 지진, 2004년의 수마트라섬 지진 및 쓰나미, 2004년 및 2005년의 북미, 중남미의 허리케인 등으로 많은 손실이 발생했다. 특히 2005년 미국의 허리케인 카트리나로 경제적 피해액은 수백억에서 천수백억 달러로 사상 최대 규모의 피해로 추정 기록되었다.

특히 20세기 이후의 주요 자연재난 상황을 살펴보면 지진이나 풍수해에 의한 대규모 재난은 주로 아시아 지역에서 많이 발생하고 있음을 알 수 있다. 아시아 지역에서는 각국 정부, 국제기관이 재해예방 및 경감을 위해 막대한 노력을 기울이고 있음에도 불구하고 매년 몇몇 국가에서 사망자·행방불명자가 수천명이 넘는 등 많은 피해가 발생하고 있다.

최근(2000~2005년) 세계 전체에서 차지하는 아시아 지역의 재난발생 상황을 살펴보면 재난 발생건수와 피해액에서 세계 약 40%, 사망자 수와

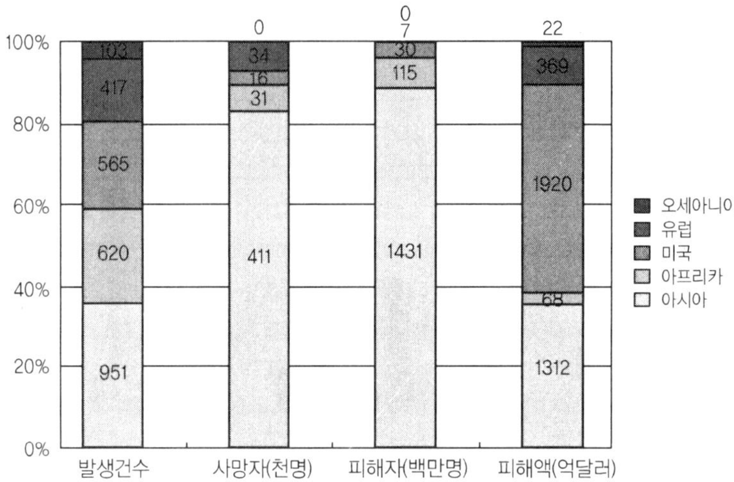

자료: CRED, 아시아방재센터자료로 재구성, 방재백서(2007).

[그림 2-2] 지역별 2000-2005년 세계 자연재난

피해자 수의 80% 이상으로 커다란 비율을 나타내고 있다. 구미 지역에서는 사망자 수, 피해자 수가 적음에도 불구하고 피해액은 크다. 더욱이 2005년에는 허리케인이 발생하여 많은 인명과 재산피해를 초래했고, 특히 카트리나로 인한 사망자는 천명을 넘는 등의 막대한 경제적 피해를 초래했다.

한편 아프리카 지역은 발생건수, 피해자 수가 많음에도 불구하고 피해액은 적다. 이것은 각 지역의 경제 규모를 반영하는 결과를 제시하고 있다(그림 2-2).

2. 국제적 대응과제

과거 6년간 세계 전체 자연재난에 의한 사망자 수는 약 49.3만명(연평균 약 8.2만명)이지만 그 피해의 대부분이 저소득국가, 중저소득국가에 집중되고 있다(그림 2-3). 2006년 4월 이후 발생한 주요 자연재난을 살

펴보면 주로 아시아 지역 국가에 집중되어 있고 그 피해도 대규모에 달하는 것을 알 수 있다(표 2-1).

또한 개발도상국가에서는 한 번의 재난이 해당 국가의 연간 GDP를 넘는 경제적 피해를 초래하는 경우도 있다. 예를 들어, 2004년 허리케인 아이반에 의해 카리브해 각 섬은 막대한 피해를 입어 그레나다의 경제적 피해 규모는 GDP의 약 2배에 달했다. 그리고 2004년의 인도양 지진 쓰나미에 의한 몰디브의 경제적 피해는 GDP의 2%였다는 점을 생각하면 그 영향의 크기를 짐작할 수 있다. 특히 그레나다, 몰디브와 같은 작은 도서국가로서는 자연재난으로 인한 피해가 경제활동에 미치는 영향은 심각한 문제로 나타났다(표 2-2).

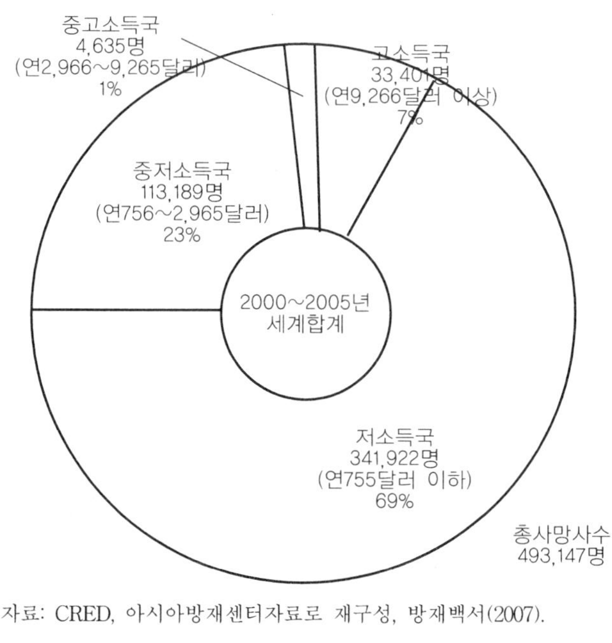

자료: CRED, 아시아방재센터자료로 재구성, 방재백서(2007).

[그림 2-3] 1인당 평균소득별 자연재난에 의한 사망자 수 비율

▶ 표 2-1 ◀ 2006년 4월 이후 발생한 주요 자연재난(2007년 4월 현재)

발생시기	국가 명	재해 유형	사망자 수 (행방불명자)	피해자 수	직접피해액 (달러)
1월2일-6월1일	콜럼비아	홍수/토사붕괴	129(21)명	22만1,238명	
5월13일-18일	필리핀,중국, 베트남	태풍/토사붕괴	80(220)명	127만4,238명	9억
5월하순	태국	홍수	83(33)명	34만2,895명	810만
5월27일	인도네시아	지진/화산	5,778명	270만명	31억
6월18일-20일	인도네시아	국지호우/ 토사붕괴	226(10)명	8,587명	
7월14일	중국	홍수/ 열대성폭풍우	612(208)명	2,962만2,000명	33억2,500만
7월14일-16일	북한	홍수	151명		
7월17일	인도네시아	지진/쯔나미	637(165)명	5만745명	1,749만5,650
7월하순	이티오피아	홍수	636명	36만3,658명	
8월	인도	홍수	161명	600만명	
7월25일	중국	홍수/ 열대성폭풍우	34(75)명	653만1,000명	3억6,700만
8월3일	중국	홍수/태풍	80(9)명	1,000만명	9억
8월10일	중국	태풍	213(160)명	592만명	15억
8월27-10월31일	태국	저기압/태풍/홍수	47(2)명	240만명	813만7,000
9월17일-18일	멕시코	허리케인/ 홍수/토사붕괴	4명	24만700명	
9월25-10월1일	필리핀,베트남	태풍	282(50)명	544만2,951명	1억3,220만
10월27일-31일	필리핀	태풍	32(23)명	36만4,733명	2,500만
10월30일	스리랑카	홍수	25명	33만3,000명	
11월	아프카니스탄	홍수	66(100)명	4,500명	
11월	이티오피아	홍수	80명	36만1,600명	
11월	케냐	홍수	34명	30만-70만명	
11월	소말리아	홍수	116명	90만명	
11월28-12월3일	필리핀,베트남	태풍	819(772)명	473만6,342명	5억6,500만

자료: 국제인도문제조정부(OCHA) 자료, 방재백서(2007).

▶ 표 2-2 ◀ 최근 자연재난에 의한 피해액의 GDP비가 큰 사례

국가 명	연 도	재해종류별	피해액 (10억달러)	피해년GDP (10억달러)	피해액/GDP
케이만 제도	2004	허리케인	3.43	1.6	214%
그레나다	2004	허리케인	0.89	0.44	204%
몽고	2000	한파	0.88	0.95	92%
몰디브	2004	쓰나미	0.47	0.75	62%
베리즈	2000	폭풍우	0.28	0.83	33%

자료: 국제인도문제조정부(OCHA) 자료, 방재백서(2007).

이와 같이 자연재난에 의한 경제적 피해는 개발도상국의 지속가능한 발전에 커다란 장애가 되고 있다. 개발도상국의 지속가능한 발전을 달성하기 위해서는 재난에 대한 사회적 취약요인을 감소시키고, 재난에 의한 피해를 감소시키는 것이 긴급한 과제로 나타나고 있다.

제 2 절 국가안보 개념의 변화

우리나라 헌법 전문에는 '안전'이라는 용어가 명시되어 있다. 캄보디아 민항기 추락사고에 이어 아프카니스탄의 우리나라 봉사단 피랍사건, 일본 니가타 지진 등 해외에서 발생한 재난과 테러 등은 국내는 물론 해외에 체재 중인 우리나라 교민 보호에 많은 것을 생각하게 하는 사건이었다.

이와 같이 국내에 거주하는 국민보호는 물론 해외에 체재하는 국민보호 역시 매우 중요하다. 현 정부에서는 위험으로부터 국민을 보호하는 것을 포괄적 안보 개념[1] 차원에서(국가안보의 개념 하에) 취급하고 있

고 그러한 국가위기관리체계의 구축상황에 대하여 그 업적을 매우 높게 평가할 수 있다.[2)]

포괄적 안보 개념은 국민의 생명과 재산의 보호에 대단히 중요한 역할을 한다.[3)] 정치적으로나 경제적으로 선진국의 대열에 들어선 우리 사회는 지난 헌정사에서의 어두운 기억인 국가안보, 위기관리를 빙자한 군사독재의 콤플렉스에서 벗어나 이제는 국가안보, 위기관리가 국민의 생명과 재산을 보호하는 국가의 국민에 대한 보호의무 개념, 국민의 보호자 개념으로 정착하기 시작한 것은 매우 바람직하다고 평가할 수 있다.

2002년 8월 31일의 태풍 루사는 막대한 피해를 초래했다. 행정자치부에서는 당시까지의 모든 대책을 다시 세운다는 자세로 모든 제도를 정비하였고, 태풍 루사의 피해가 심각한 모든 지역과 관할 재난관리 행정기관들을 빠짐없이 현장을 조사하고 당시 재난관리 담당자와 지역주민들을 면밀하게 인터뷰하고,[4)] 그 피해현장을 조사한 결과를 "재해유형별 상황대처를 위한 매뉴얼"이라는 연구결과로 제출하여 전국 시군구에 배포하였다.[5)]

국가가 국민을 보호하는 것은 다양한 행정 부문에서 나타나지만 위험과 재난 등으로부터 국민을 보호하는 행정 영역을 "재난관리행정"으로

1) 이재은, "포괄적 안보 개념 하에서의 국가위기관리 법제화의 의의와 내용 분석", 「한국위기관리논집」, 제2권 제2호, p. 19.
2) 이재은, "참여정부의 위기관리 성과에 대한 평가-법 제도 및 문서체계를 중심으로", 충북대 국가위기관리연구소 학술세미나 자료집, 2007.6.14. p. 39; 국가안전보장회의사무처, "국가위기관리" 홍보자료, 2006. p. 9.
3) 강경근, "헌법국가에서의 국가안전의 본질과 의미", 「고시연구」, 1990.7. p. 27.
4) 강원도청 속초, 주문진, 강릉, 동해, 삼척, 경상남도 김해시, 경상북도 김천시 등 각지역 시군구청과 유관기관인 육군 제11사단, 강릉, 김해, 김천 경찰서, 소방서 및 유관기관들을 답사하였다.
5) 문현철 외 공저, "재해유형별상황대처를 위한 매뉴얼", 행정자치부 국립방재연구소, 2003. p. 3.

분류할 수 있고, 그러한 재난관리의 근거가 되는 법을 "재난관리행정법"이라고 할 수 있다.[6]

특히 해외 선진국 독일, 일본, 캐나다 등의 재난관리행정 현황을 살펴보면 안전과 재난예방에 있어서 핵심은 국가의 재난관리행정과 민간의 재난예방과 안전에 대한 사회운동이 같은 선상에서 함께 성장하는 것이 진정으로 안전한 사회로 가는 길이라고 볼 수 있다.

재난 및 안전관리 기본법의 실천은 '국가의 국민에 대한 보호의무'를 실현하는 실천적 운동으로서 재난은 예방이 최선이라는 것을 알리고, 안전한 사회를 건설하는 것은 21세기 국가의 새로운 패러다임으로서 그 중요성을 입증한 것이라 할 수 있겠다. 재난을 예방하고 안전한 나라를 건설하는 것은 일방적으로 국가의 재난관리 행정기관만으로는 불가능하고 민간 부문의 재난예방, 방재의식, 즉, '안전'을 함양하자는 운동을 병행하여야 그 효율성이 증대된다.

아울러 재난관리행정은 결국 국가사회복지행정과 밀접한 관련이 있다. 즉, 재난으로 인하여 인명피해가 발생하게 되면 공공부조(公共扶助) 사회복지제도인 국민기초생활보장, 사회복지제도인 장애인복지, 아동복지, 노인복지제도 그리고 산업재해보상보험, 국민건강보험, 국민연금 등의 각종 사회보험제도가 가동된다.

더욱 신중하게 고려해야 할 것은 재난의 물적 피해에 대한 막대한 복구비용 또한 국민의 혈세이며, 재난의 인적 피해에 대한 사회복지비용 또한 국민의 혈세라는 사실은 재난에 대한 예방이 안전한 사회 건설이 국가 재정 및 국민의 혈세가 이중으로 낭비되는 것을 방지하는 것이며, 또한 국민들에게는 보다 행복한, 평화로운 삶을 보장해 주는 것이라는 점이다.[7]

---

6) 문현철, "방재행정법의 체계화에 관한 연구", 조선대학교 대학원 법학과 박사학위 논문, 2001.2. p. 2.

제3절 재난관리정책의 법제화 필요성

행정학과 행정법의 관계에 대한 논의와 같이 정책과 제도의 실효성에 대한 논의는 입법화의 여부에 따라 달라진다. 즉, 정책이 입법화되어야 그 정책의 목적을 달성하기 위한 생명력을 가지고 강제력이 발동된다. 정책의 입법화를 통해 국가 행정망에 시동을 걸 수 있고, 국가 공권력의 시동을 걸 수 있는 근거가 된다. 이 문제는 행정법학에서 논하는 법치행정의 법리 중 법률유보의 원칙과 일맥상통하는 점이라 보인다.

따라서 반드시 정책은 입법화·법제화가 되어야 비로소 제도와 정책의 고유한 목적을 달성하기 위해 필요한 국가공권력과 행정력에 시동을 걸고 그것을 행사할 근거를 만드는 것이며, 더 나아가 국민의 자유와 권리에 부득이하게 간섭할 근거와 허락을 받는 것이다. 그러므로 국가위기관리제도, 정책이 그 목적을 실현하기 위하여 국가행정력, 국가공권력에 시동을 걸고 관계기관과 국민을 강제하려면 민방위기본법, 재난안전관리기본법, 소방법 등의 경우처럼 분명한 법제화가 필요하다. 특히 재난관리행정에서 더 나아가 국가위기관리 행정의 종합적 시스템화를 위하여 정부가 추진 중인 국가위기관리기본법(안)이 제정되어야 할 필요가 있다.

이러한 재난관리행정에 대한 개별법령들이 법제화되는 과정에서 고

7) 2007년 3월 14일 경북 문경새재에서 개최된 소방방재청 주관 안전복지연찬회에서 "안전복지실현을 위한 풀뿌리 민간단체의 역할"에서 국가의 국민에 대한 보호의무의 헌법적 근거와 이를 구체화하는 국가위기관리행정, 재난관리행정의 특징과 21세기 국가기능의 새로운 패러다임이라 할 수 있는 안전한 나라 건설을 위한 대안과 안전한 나라를 건설하기 위해서는 국가위기관리 행정망 중 재난의 예방이 가장 중요하다는 것이고 그것은 나와 나의 가족, 그리고 우리를 보호하는 행복한 삶의 가장 기초라는 사실을 강조하였다.

려되어야 하는 법리들을 간략히 보면 다음과 같다. 이미 많은 위험과 위해, 재난에 관련된 개별법에서 볼 수 있듯이 "사전예방과 계획의 원칙", "전문성 제고의 원칙", "교육과 홍보의 원칙", "철저한 행정공조(행정지원)의 원칙", "신속성의 원칙", "근거리 행정의 원칙", "훈련과 보상의 원칙" 등이 재난관리행정의 법령 속에서 작동하는 법리라 할 수 있다.[8] 또는 '배려의 원칙', '합리성의 원칙', '책임성의 원칙', '시대성의 원칙' 등을 재난관리행정법령의 근본이념으로 고려하는 경우도 있다.[9] 이때 상이한 원칙이 가지고 있는 법적 내용은 실체법적인 그리고 절차법적인 관점에서 고려되며, 무엇보다도 헌법상의 문제에 있어서 재차 검증된다. 또한 입법의 형식으로는 조치법의 형식, 실험법의 형식, 한시법의 형식, 유예법의 형식 등으로 개괄할 수 있다.[10]

입법과정 실무 중 정부제출 법률안의 입안단계를 간략하게 살펴보면 몇 가지 단계로 정리할 수 있다.[11] 즉, 입법수집 정보-초안작성-관계부처 협의-당정협의-입법 예고-부처원안 작성-법제처-차관회의-국무회의 심의-대통령 결재-국회법률안 제출-본회의 보고-상임위원회 회부-상임위원회 상정-제안자 설명-전문위원 검토보고-대체토론-법안심사소위원회 심사 및 보고-축조심사-찬반토론-상임위원회 의결-본회의 심사결과 보고-본회의 의결-법률안 정부이송-15일 이내 대통령 공포 등의 순서로 입법과정을 요약할 수 있겠다.

---

8) 문현철, 상게논문, pp. 22-23.
9) 강문수, "위험사회에서의 입법적 과제", 한·독 국제학술대회-리스크사회에 있어서 공법적과제, 발표자료집, 한국법제연구원, p. 385.
10) 강문수, 상게논문, p. 388.
11) 임중호, "입법과정의 개선 및 발전방향", 입법과정의 현황과 개선방안에 대한 국회학술대회 발표집, 2005.11. p. 35.

제 4 절 재난의 특성과 재난관리 정책네트워크

재난관리정책은 재해재난의 속성에서 기인하는 것과 재해재난 대응체계에 관한 규정에서 기인하는 것으로 나누어 볼 수 있다.

우선 재해재난의 속성 중에 비일상성을 들 수 있다. 재난으로부터 국민의 생명·재산을 보호하는 국가의 대응책은 가장 고전적인 기능이며 시장적 메커니즘으로는 쉽사리 공급되지 않는 것이다. 그러나 공공적 성격 및 다양한 재해재난에 의한 대규모 피해가 발생하고 있다는 구체적인 사실이 존재함에도 불구하고 공공정책체계 속에서 재난관리정책은 중요한 위치를 차지하지 못하고 있다. 이는 재난관리정책을 실험해 보거나 적용함으로써 재현하거나 검증할 수 있는 기회가 한정된 지역 혹은 한정된 시기에 나타나는 데 있다는 특성 때문이다.

이러한 특성으로 인해 재난관리정책의 속성은 점증적인 정책과정 속에서 다른 정책 영역과의 자원획득과정에서 항상 불리한 상황에 처할 수밖에 없다는 점, 특히 예산 등의 제약으로 인해 대응이 가능한 범위 내에서 피해예상에 머무르는 정도의 배려 차원에서 끝나는 경우가 많다는 점, 그리고 비교적 과학적인 근거가 약한 피해가정도 부처간의 역학관계에 의해 좌우되고 결정되는 경우가 많다는 점을 들 수 있다. 즉, 재난관리정책에서는 주민의 수요를 환류해 가면서 시행착오적으로 정책내용을 한 차원 높여가는 정책과정을 성립시키기 어렵다. 더욱이 재난관리에 대한 수요가 조직화되어 중대한 과제로 등장하는 사례도 찾아보기 어렵다. 재난에 의한 피해발생과 대응실패가 나타나야 비로소 정책과제로 등장하게 되는 사례만 있을 뿐이다.

둘째는 실제 발생한 재난에 대한 대응의 복잡성이다. 이는 재난관리

정책에 관련된 관계기관, 관계자, 관계법령이 다양하고 많다는 점에서도 알 수 있다. 재난 및 안전관리 기본법을 중심으로 13개 소관부처별로 70여 개 관계 법률과 기타 세부사항을 규정하는 관련 법률을 합하면 모두 200가지 이상의 법률이 재난관리와 관련되어 있다(이재은외, 2006). 더욱이 재난관리 관계기관도 다양하게 존재한다. 중앙행정기관 및 지방자치단체, 재외공관 등을 포함한 49개 기관은 재난의 예방・대비・대응・복구를 위하여 행하는 모든 활동을 담당한다. 이와 같이 재난관리책임기관은 재난에 대응할 조직의 구성, 재난예측과 정보전달 체계의 구축, 재난발생에 대비한 교육・훈련・홍보, 특정관리 대상시설의 지정・관리・정비, 물자・자재의 비축, 재난방지시설의 정비, 장비・인력의 지정 등의 업무를 담당하게 된다. 즉, 재난관리 관련 법률을 소관하고, 법률이 지정하는 지정행정기관으로 재난관리계획을 수립・집행을 담당한다. 지역안전관리계획을 수립하고 집행하는 시도 및 시군구는 재난관리정책의 중심적 존재이다. 주민, 시민단체, 자원봉사단체, 기업 등도 재난관리정책에 깊이 관여되어 있다. 재난발생시에는 이 모든 주체가 재난관리의 집행주체로서 활동하게 된다. 이와 같이 법령・관계자가 복잡하게 관련되어 있다는 점에서 재난관리정책 집행과정에서 나타나는 조정비용 측면을 기타 정책 부문과 비교해 보면 상대적으로 높게 나타나고 있다.

위에서 열거한 복잡한 법률체계, 정책주체를 종합적으로 분석한다는 것은 상당히 어려운 일이다. 여기서는 재난관리 정책주체간의 복잡한 관계를 정책네트워크론에서 규정할 수 있는 정책커뮤니티 개념을 도입하고자 한다. 네트워크는 기존의 통지구조 내에 계층제와 시장 이외에 네트워크를 포함시켜 파악하는 것이다. 즉, 정부와 기업, 비영리적 자원조식이 대립적인 것이 아니라 상호협력하고 신뢰하는 존재로 본다. 아울러 네트워크는 조직간 관계로 볼 수 있으며, 구성원과 조직간 유대관계, 구성요소간의 기준과 규범을 공유하고 이익과 정보를 교환하는 연계 방식이다. 여기서 정책커뮤니티는 자원의존성에 의해 상호연결된 복합적인 조직체로 볼 수 있다. 따라서 정책커뮤니티는 H. Heclo의 이슈네트워크의 대응개념으로 사용할 수 있을 것이다. 이슈네트워크는 정책과정이 개방되어 있고 상호의존도가 낮은 다양한 정책주체가 정책내용에 영향을 미치고자 참여하고 있는 정책네트워크를 말한다(Heclo, 1978). 이에 대해 R. A. W. Rhodes의 정책커뮤니티는 정책과정에 대한 참여자가 한정되어 있어 참여자간에 가치관의 공유 및 밀접한 커뮤니케이션, 내부규칙 등이 존재하는 네트워크이다(Rhodes, 1990). 그러므로 네트워크 분석은 사회현상을 하나의 행위자나 조직을 단위로 분석하기보다는 상호관계로부터 나타나는 속성을 강조하고 그에 따라 나타나는 관계양상을 분석하게 된다.

여기서 재난관리정책에 관계하는 방식에 있어 내부적으로 몇 개의 정책커뮤니티가 존재하고 상호작용에 의해 국가 전체의 재난관리 기능에 영향을 미치고 있다고 본다(風間, 1998). 여기서 세 가지 차원의 정책커뮤니티에 의한 재난관리 정책네트워크와 각각의 커뮤니티의 특성을 살펴보면 다음과 같다.

첫째, 정책주체를 조정하고 개별대책을 국가 전체의 재난관리정책으로 통합하는 청와대, 국무총리실, 행정자치부가 있다. 이는 재난관리정책뿐만 아니라 국가의 모든 정책 부문에 영향을 미치고 있다는 점에서 '메타커뮤니티'라고 할 수 있다.

둘째, 안전관리계획 및 기타 구체적인 재난관리 대책수립에 중심적인 역할을 하는 소방방재청-특별시, 광역시, 도 및 특별자치도 재난관리 담당국-시 및 시군구 재난관리 담당부국으로 구성되는 일련의 그룹이 존재한다. 재난관리정책의 핵심을 이루고 있다는 점에서 '핵심커뮤니티'라고 하겠다.

셋째, 재난관리정책 이외의 정책 영역에서 중앙-지방간에 일상적인 정부간 관계 속에 이미 형성되어 있는 '기존의 정책커뮤니티'가 있다. 재난관리정책의 수립 및 집행에는 기존의 정책 영역에 형성되어 있는

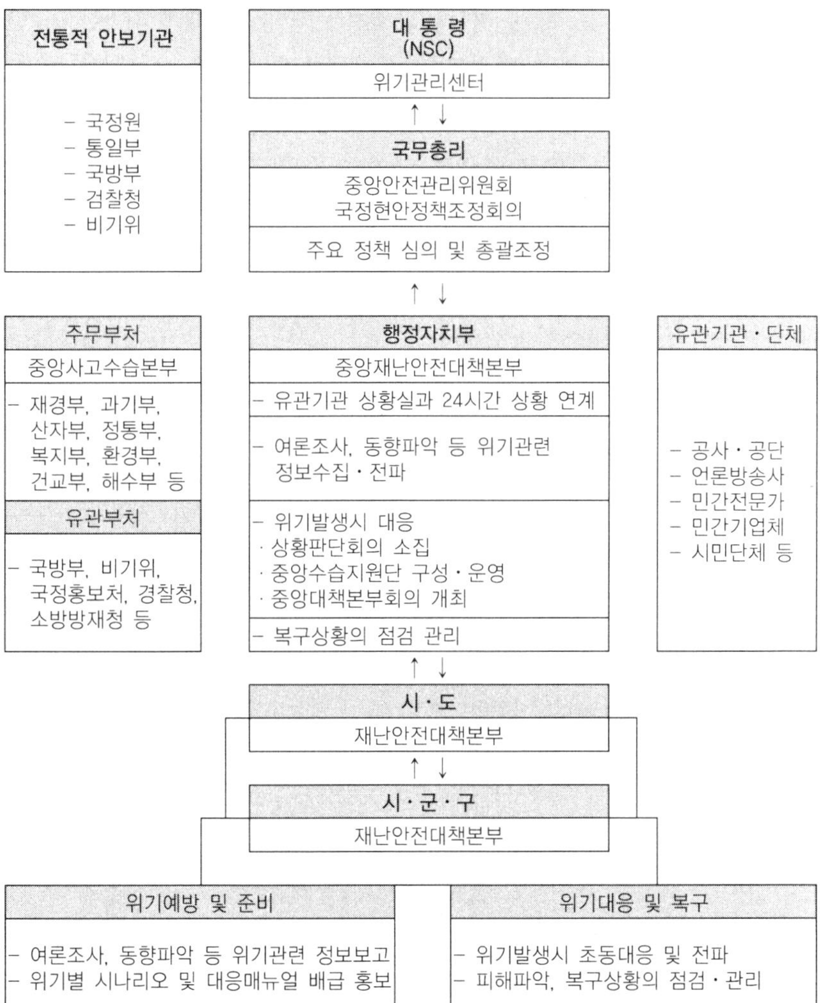

[그림 2-4] 국가재난관리의 운영체계

커뮤니티의 협력 · 동원이 필요하게 된다.

넷째, 주민, 자원봉사단체, 기업 등이 재해발생시를 제외하고 정책네트워크 외부에 구조화되지 못한 상태로 존재하고 있다.

즉, 우리나라의 재난관리 정책네트워크에는 다음과 같은 정책커뮤니티가 있다(그림 2-4). 국가 재난관리체계는 중앙정부에서 대통령을 중심으로 위기관리센터와 국무총리실, 행정자치부, 그리고 인적 재난의 경우 담당부처가 상호 연계하여 재난이 발생하는 시도와 시군구를 총괄 · 지원하는 체계로 운영되고 있으며 그 외에도 유관부처, 유관기관 및 단체들이 협력하는 민관협력시스템으로 되어 있다.

제3장

우리나라 및 일본의 재난관리 관련 법률체계

제 1 절 재난 및 안전관리 기본법 제정 배경과 의의

1. 재난 및 안전관리 기본법 제정 배경

2003년 2월 대구 중앙로역에서 약 350여 명의 사상자와 615억원의 재산피해를 내 세계 2위의 대형 지하철 참사로 확대된 방화사건이 발생하였다. 이 사건에 대한 대처로 국회는 범정부 차원의 국가재난방지종합안전대책을 수립할 것을 결의하였고, 노무현 대통령은 3월 국무회의에서 국가재난관리시스템을 효율적으로 개선하기 위하여 참여정부 출범과 동시에 기존의 재난관리체계의 개편이 추진되었다.

국가재난관리체계 개편을 위해 2003년 3월 총 14개 중앙부처 7개 연구기관에 소속된 60명 규모의 국가재난관리시스템 기획단을 구성하고 재난관리를 전담할 조직과 기본법을 연구하였다. 그 결과 2003년 5월에는 화재·재난대처와 구조·구급 활동을 지원하기 위한 「소방기본법」

이 제정되었고, 8월에는 국회에 재난관리에 대한 범정부적 정책을 포함한 「국가재난관리종합대책」 보고서가 제출되었다. 이를 근간으로 2004년 3월 「재난 및 안전관리 기본법」이 제정됨으로써 재난관리 기반이 구축되었다.

새로 제정된 「재난 및 안전관리 기본법」을 기반으로 참여정부는 2004년 6월 재난관리전담기구로 소방방재청을, 국가기반체계 전담 부서로 행정자치부 내에 '안전정책관실'을 각각 설치하여 선진형 재난관리시스템 체제로 한 단계 발전하게 되었다.

2. 우리나라 재난관리 관련 법률

우리나라 재난관리 관련 주요 법률을 다섯가지 범주로 나누어 살펴보면 다음과 같다(표 3-1).

▶ 표 3-1 ◀ 한국의 재난관리 관련 주요 법률

범 주	법 률	소관 행정기관
기본법 관계	1. 대한민국헌법	
	2. 재난및안전관리기본법	
	3. 자연재해대책법	
	4. 풍수해대책법	
	5. 소방기본법	
재난 예방관계	1. 기상법	
	2. 소하천정비법	행정자치부
	3. 급경사지재해예방에관한법률	행정자치부
	4. 다중이용업소의 안전관리에 관한 특별법	
	5. 소방시설설치유지 및 안전관리에 관한 법률	
	6. 하천법	건설교통부
	7. 위험물안전관리법	
	8. 위치정보의 보호 및 이용 등에 관한 법률	행정자치부
	9. 원자력법	정보통신부
	10. 재해경감을 위한 기업의 자율활동 지원에 관한 법률	과학기술부

	11. 재해위험 개선사업 및 이주대책에 관한 특별법 12. 환경・교통・재해등에관한영향평가법 13. 공익사업을 위한 토지 등의 취득 및 보상에 관한 법률 14. 농어업재해대책법 15. 산림기본법 16. 산지관리법 17. 비상대비자원 관리법 18. 시설물의 안전관리에 관한 특별법 19. 원자력시설등의 방호 및 방사능방재대책법	행정자치부 환경부 건설교통부 농림부 농림부 농림부 국무총리실 건설교통부 과학기술부
재해응급 대책관계	1. 해외 긴급구호에 관한 법률 2. 응급의료에 관한 법률 3. 외국민간원조단체에 관한 법률 4. 구조대 및 구급대의 편성・운영 등에 관한 규칙 5. 긴급구조대응활동 및 현장지휘에 관한 규칙 6. 산불예방 및 진화 등에 관한 규칙	외교통상부 보건복지부 외교통상부 행정자치부 행정자치부 농림부
재해복구・재정 금융조치 관계	1. 재해구호법 2. 지방교부세법 3. 지방세법 3. 농작물재해보험법 4. 풍수해보험법 5. 화재로 인한 재해보상과 보험가입에 관한 법률 6. 골재채취법 7. 국유림의 경영 및 관리에 관한 법률 8. 재난구호 및 재난복구비용 부담기준 등에 관한 규정(대통령령)	보건복지부 재정경제부 산업자원부 농림부
조직관계	1. 소방공무원법 2. 소방방재청과 그 소속기관 직제(대통령령 제18390호, 2004.5.24) 3. 의무소방대설치법 4. 국가기반체계 보호관련 중앙재난안전대책본부 운영 및 상황관리 규정(대통령령) 5. 국가안전보장회의 운영 등에 관한 규정(대통령령)	

자료: 이순태(2007).

제 2 절 재난 및 안전관리 기본법과 재난관리체계

1. 우리나라 국가재난관리체계

국가 재난관리시스템 기획단의 출범 목적 중 하나가 우리나라 재난관리를 전담하는 기관의 설립이며 참여정부가 국회에 제출한 『국가재난관리 종합대책』 보고서도 이를 명기하고 있지만, 국가재난관리를 담당하는 기관은 참여정부가 체계를 개편한 후에도 아직 분산되어 있다.

우선 자연재난은 소방방재청, 국가기반시설보호는 행정자치부 국가기반보호팀이 담당하고 있다. 인적 재난의 경우 대외적으로는 소방방재청이 담당한다. 하지만 실질적으로는 소방 분야에서의 초기대응과 재난위험시설에 대한 점검 등을 제외하고는 교통, 화학, 원자력, 유독물질, 산업안전, 환경 등의 분야에서 발생하는 재난에 대해서는 안전을 담당하는 부처들이 재난에 대한 수습을 책임지고 있으며 소방방재청은 이를 지원하도록 체계가 구성되어 있다.

또한 국가의 재난관리를 총괄·조정하는 업무는 청와대 국가안전보장회의(NSC)의 위기관리센터(위기관리행동매뉴얼의 작성·감독·평가)와 국무총리실 안전관리위원회(계획의 심의·조정), 그리고 행정자치부 재난안전대책본부(재난발생시 총괄대응) 등으로 부분적으로 혼재되어 있으며, 전시를 위해 비상대비자원을 관리하는 비상기획위원회 등이 있다.

우리나라 국가위기관리체계의 구조를 살펴보면 의사결정기구, 주관기관으로 구분할 수 있다. 첫째, 의사결정기구에서의 총괄적 기능은 국무회의, 국가안전보장회의가 담당하며 법적으로 전통적인 안보는 국가안전보장회의(NSC) 상임위원회가, 자연 · 인적 재난은 중앙안전관리위원회가, 국가 핵심기반의 보호는 국정현안정책조정회의 · 중앙안전관리위원회 · 정보통신기반 보호위원회 · NSC 사이버안전 정책조정회의 등으로 각각 분리되어 있고, 테러는 대(對)테러대책위원회가 담당하도록 하고 있다.

둘째, 주관기관의 총괄은 NSC 사무처, 통일부, 외교부, 국방부가 전통적 안보를, 재난은 소방방재청이, 국가핵심기반 보호는 국가 주요 정보통신 기반시설의 보호를 포함하여 소관 분야 기반보호를 각 부처에서 담당하도록 하고 있다. 또한 사이버 안전관리에서 공공 분야는 국가정보원이, 민간 분야는 정보통신부가, 국방 분야는 국방부가 각각 담당하고 있으며 행정자치부가 통합적으로 지원하도록 하고 있다. 테러는 대책위원회 간사기관인 국가정보원과 실무위원회 운영기관인 행정자치부가 공동으로 담당하도록 하고 있다.

현재 국가핵심기반 보호를 위해 국가위기관리체계에 대한 종합구축 기본계획과 사이버 안전관리체계를 수립하도록 하였고, 테러에 대해서는 정비를 추진하였다. 이러한 참여정부의 재난관리 조직구조를 정리하면 다음 <표 3-2>와 같다.

국가재난관리와 관련된 계획으로는 국가안전관리계획, 시 · 도 안전관리계획, 시 · 군 · 구 안전관리계획, 재난관리책임기관의 안전관리업무계획이 있으며, 국가위기관리 및 업무에 대한 개념 및 기본방향을 제시하는 최상위 문서로 안보회의사무처가 수립하는 국가 위기관리 개념, 위기관리 업무수행 체계 및 지침, 교육 · 연습 · 훈련 · 평가 내용 등을 포함한 「위기관리 표준매뉴얼」(2004.9)과 「위기대응 실무매뉴얼」(2005.11)이 있다.

「위기관리 표준매뉴얼」은 32개 위기유형에 대한 범정부 차원의 대응체계를 정립하고, 유관기관간의 업무 및 역할을 명기한 범정부 차원의 종합대응계획이며, 「위기대응 실무매뉴얼」은 특정 위기상황 발생시 각 부처 및 기관이 실제 취해야 할 행동절차, 조치사항, 상황보고 및 대응절차, 비상연락체계, 위기상황에 따른 조치사항을 포함한 실천계획이다.

재난예방대책으로는 재난예방조치, 특정관리대상시설 관리, 지자체 지원, 재난관리체계 정비·평가, 긴급안전점검, 긴급안전조치, 특정관리대상시설의 실명관리, 안전관리전문기관에 대한 자료요구 및 재난예방 교육·홍보 등이 있으며, 응급대책은 물자·자재의 비축, 응급조치, 재난 예·경보발령, 동원명령, 대피명령, 위험구역 설정, 강제대피조치, 통

▶ 표 3-2 ◀ 국가재난관리 조직구조

구 분	의사결정기구	주 관 기 관	비 고
총 괄	o 국무회의 o 국가안전보장회의	NSC 사무처 (위기관리센터)	03.3 NSC 확대개편 및 위기관리센터 설치
전통적 안 보	NSC (상임위)	o 통일: 통일부 o 외교: 외교부 o 군사: 국방부	-
재 난	중앙안전관리위원회 (위원장: 국무총리)	소방방재청	04.6.1 설치
국가 핵심 기반 보호	o 국정현안정책조정회의 (의장: 국무총리) * 임의 기구 o 중앙안전관리위원회 (위원장: 국무총리) o 정보통신기반 보호위원회 (위원장: 국무총리) * 정보통신기반보호법 o NSC 사이버안전 정책조정회의 (의장: NSC 사무차장) * 임의 기구	o 소관분야 기반 보호: 각 부처 - 국가 주요 정보통신 기반시설의 보호 포함 o 사이버 안전관리 - 공공 분야: 국정원 - 민간 분야: 정통부 - 국방 분야: 국방부 ※ 정보 분석 및 대응총괄: 국정원 산하 '국가사이버 안전센터' o 통합 지원: 행자부	o 국가핵심기반보호체계: - 03.9.15 국가위기관리체계 종합구축 기본계획 - 국가위기관리기본지침 - 재난 및 안전관리 기본법 o 사이버 안전관리 체계: - 03.7.24 국가 사이버테러 대응체계 구축 기본계획
테 러	對테러대책위원회 (위원장: 국무총리)	o 대책위 간사기관: 국정원 o 실무위 운영기관: 행자부	현재 정비를 추진 중임

행제한, 응원, 응급부담, 응급조치(시도지사, 재난관리책임기관, 지역통제단장)를 포함한다.

2. 중앙정부의 재난관리체계

재난 및 안전관리 기본법에 의하면 국가는 재난의 예방, 대비, 대응, 복구 그 밖에 재난 및 안전관리를 위하여 발생한 재난을 신속히 대응, 복구하기 위한 계획을 수립, 시행하여야 한다고 규정하고 있다(동법 §4).

정부 차원의 재난관리조직은 중앙안전관리위원회(이하 중앙위원회)가 국무총리 소속 하에 설치되어 있다. 위원장은 국무총리이며 대통령령이 정하는 중앙행정기관 또는 관계기관, 단체의 장이 된다. 안전관리에 필요한 사항을 시행하기 위하여 중요정책의 심의 및 총괄, 조정, 안전관리를 위한 관계부처간의 협의, 조정하는 것이 주요 임무이다(동법 §9). 특히 중앙위원회의 관계부처간의 협의, 조정 기능을 효율적으로 수행하기 위해 중앙위원회 내에 행정자치부장관을 위원장으로 하는 조정위원회를 두고 있다. 그리고 중앙위원회 및 조정위원회에는 각각 간사위원 1인을 두고, 자연 및 인위재난은 소방방재청장이, 국가기반체계 및 전염병 등의 재난은 행정자치부 제2차관이 위원이 된다. 이로써 중앙위원회가 국가재난관리에 있어 다양한 유형의 국가재난에 대한 책무를 담당한다.

중앙안전관리위원회는 기존의 중앙안전대책위원회(재난관리법 §5)와 재해대책위원회(자연재해대책법 §5)를 통합한 것으로 국가 재난관리체계를 일원화하여 재난 및 안전관련 정책의 총괄·조정, 부처간 중요 정책의 협의·조정 및 연계 등 국가 재난관리 기능을 강화하였다.

또한 대규모 재난이 발생한 경우, 예방, 대비, 대응, 복구 등에 관한 총괄, 조정과 필요한 조치를 위해 행정자치부에 중앙재난안전대책본부를 두고 행정자치부 장관이 모든 업무를 총괄한다(동법 §14). 이는 기존의 중앙재해대책본부(자연재해대책법 §7)와 중앙사고대책본부(재난관리법 §45)를 행정자치부(소방방재청) 중앙재난안전대책본부로 일원화하고 주무부처에는 '중앙사고수습본부'를 둔다(동법 §14,§15).

중앙본부장은 사고수습에 경험과 지식이 많은 공무원, 민간단체, 경찰 등으로 편성된 중앙수습지원단을 사전 지정하여 중앙수습지원단을 구성 및 운영할 수 있도록 하여 사고발생시 신속히 현지에 파견할 수 있다(동법 §15④). 이는 안전관리전문기관과의 연계성 확보, 소방방재청장이 재난의 예방을 효율적으로 추진하기 위한 근거가 된다.

더욱이 대규모 재난의 경우 긴급구조를 위해 소방방재청장을 단장으로 하는 중앙긴급구조통제단을 둔다. 이는 긴급구조업무의 일사불란한 지휘를 위해 중앙재난안전대책본부에 긴급구조통제단을 설치, 총괄하도록 규정하고 있다(동법 §49).

3. 지방자치단체의 재난관리체계

지방자치단체는 대규모 재난이 발생하는 경우, 지역별 안전관리에 관한 중요정책의 심의 및 총괄, 조정, 지역별 안전관리업무의 협의, 조정 그 밖에 필요한 사항을 시행하기 위하여 안전관리위원회를 둔다(동법 §11). 특별시장, 광역시장, 도지사, 특별자치도지사 소속 하에 시도안전관리위원회와 시장, 군수, 구청장 소속 하에 시군구안전관리위원회를 둔다. 이를 지역위원회라 하며 지역재난관리 관련 의안을 검토하고 관계기관간의 협조사항을 정리하는 등의 지역재난관리의 효율적 운영에 책임을 진다.

그리고 해당 관할구역 내에서 재난의 예방, 대비, 대응, 복구 등에 관한 사항을 총괄, 조정할 수 있고 필요한 조치를 할 수 있도록 지역재난안전대책본부를 설치할 수 있다. 시도지사 또는 시군구청장은 지역본부장으로서 기능을 수행한다. 즉, 관할구역에서 발생한 재난의 수습이 효율적으로 이루어질 수 있도록 재난관리책임기관의 장에게 행정 및 재정상의 조치나 그 밖에 필요한 업무협조를 요청할 수 있고, 요청받은 기관의 장은 특별한 사유를 제외하고는 응해야 한다(동법 §17).

특히 재난이 발생하거나 발생할 우려가 있는 경우에 시장・군수・구청장과 지역통제단장은 사람의 생명 또는 신체에 대한 위해를 방지하기 위하여 필요한 때에는 당해 지역 안의 주민이나 당해 지역 안에 있는 자에게 대피할 것을 명할 수 있고, 대피명령을 받은 자는 즉시 이에 응하여야 한다(동법 §40).

그리고 국민의 책무에 대해서는 국가 및 지방자치단체의 재난 및 안전관리 업무 수행에 최대한 협조하여야 하고, 자기가 소유하거나 사용하는 건물, 시설 등으로부터 재난이 발생하지 아니하도록 노력하여야 한다고 규정하고 있다(동법 §5).

4. 재난관리 단계별 특성

재난관리는 예방, 대비, 대응, 복구의 4단계와 정책 및 지원단계로 구분하여 볼 수 있다. 4단계는 시간 국면에 따른 것으로 예방・대비단계는 위기발생 이전, 대응・복구 단계는 위기발생 이후 단계인 것이다.

정책 및 지원단계로는 중앙안전관리위원회(§9), 중앙위원회의 기능 등(§10), 중앙재난안전대책본부 등(§14), 지역재난안전대책본부(§16), 국가안전관리기본계획의 수립 등(§22), 집행계획(§23), 시・도안전관리계획의 수립(§24), 시・군・구안전관리계획의 수립(§25), 재난예방교육・홍보(§34), 해외재난 등의 발생시 긴급구조(§58), 재난관리기금의 적립(§67), 재난관리기금의 운용 등(§68), 안전문화 활동의 육성・지원(§70),

안전관리에 필요한 과학기술의 진흥 등(§71), 안전관련산업의 육성 및 지원 등(§72), 재난관리의 표준화 등(§74), 재난관리에 대한 문책요구 등(§77) 등을 들 수 있다.

재난관리의 네 단계 측면에서 재난 및 안전관리 기본법을 분석해 보면, 첫째, 예방단계에서는 제3장의 안전관리계획 수립(§22), 시・도안전관리계획의 수립(§24), 시・군・구안전관리계획의 수립(§25) 등을 규정하고 있다.

둘째, 대비단계는 제4장 재난의 예방편에서 규정하고 있다. 재난관리책임기관의 장의 재난예방 조치(§26), 특정관리대상시설의 관리 등(§27), 지방자치단체에 대한 지원 등(§28), 재난관리체계 등의 정비・평가(§29), 재난예방을 위한 긴급안전점검 등(§30), 재난예방을 위한 긴급안전조치(§31), 특정관리대상시설 등의 실명관리(§32), 재난예방교육・홍보(§34) 등을 규정하고, 제5장 응급대책 편에서는 물자・자재의 비축 조항(§35)을 규정하고 있다. 또한, 재난대비훈련에 대한 조항이 있다. 즉, 시・도지사, 시장・군수・구청장 및 긴급구조기관의 장은 대통령령이 정하는 바에 의하여 정기 또는 수시로 재난관리책임기관・긴급구조지원기관 및 군부대 등 관계기관과 합동으로 재난대비훈련을 실시할 수 있고, 규정에 의한 재난대비훈련에 참여를 요청받은 기관의 장은 특별한 사유가 없는 한 이에 응하여야 하며, 규정에 의하여 재난대비훈련을 실시하는 때에는 제54조의 규정에 의한 긴급구조대응계획과 제74조의 규정에 의한 표준화된 재난관리에 관한 사항이 포함되어야 한다. 그리고 시장・군수・구청장 및 긴급구조기관의 장은 제1항의 규정에 의한 훈련을 실시한 후에는 그 훈련결과를 대통령령이 정하는 바에 의하여 평가하여 재난관리책임기관의 장 및 관계 긴급구조지원기관의 장에게 이를 통보하여야 한다(동법 §73).

셋째, 대응단계는 제5장 응급대책과 제6장 긴급구조 편에서 규정하고

▶ 표 3-3 ◀ 재난관리 단계별 구성

구분	내용	
정책 및 지원	·제9조 중앙안전관리위원회제	제10조 중앙위원회의 기능 등
	·제14조 중앙재난안전대책본부 등	제16조 지역재난안전대책본부
	·제22조 국가안전관리기본계획의 수립 등	제23조 집행계획 등
	·제24조 시·도안전관리계획의 수립	제25조 시·도·구인진관리계획의 수립
	·제34조 재난예방교육, 홍보	제58조 해외재난 등의 발생시 긴급구조
	·제67조 재난관리기금의 적립	제68조 재난관리기금의 운용등
	·제70조 안전문화활동의 육성, 지원	제72조 안전관련 사업의 육성 및 지원
	·제77조 재난관리에 대한 문책요구 등	제74조 재난관리의 표준화 등
예방	·제22조 국가안전관리계획의 수립 등	제23조 집행계획
	·제24조 시·도안전관리계획의 수립	제25조 시·군·구안전관리계획의 수립
대비	·제26조 재난관리책임기관의 장의 재난예방 조치	제27조 특정관리대상시설의 관리 등
	·제28조 지방자치단체에 대한 지원 등	제29조 재난관리체계 등의 정비, 평가
	·제30조 재난예방을 위한 긴급안전점검 등	제31조 재난예방을 위한 긴급안전조치
	·제32조 특정관리대상시설 등의 실명관리	제34조 재난예방교육, 홍보
	·제35조 물자, 자재의 비축 등	제73조 재난대비훈련
대응	·제36조 재난사태선포	제37조 응급조치
	·제38조 재난예·경보의 발령 등	제39조 동원명령
	·제40조 대피명령	제42조 강제대피조치
	·제43조 통행제한	제46조 시, 도지사가 실시하는 응급조치
	·제47조 재난관리책임기관의 장의 응급조치	제49조 중앙긴급구조통제단
	·제50조 지역긴급구조통제단	제51조 긴급구조
	·제52조 현장지휘	제56조 해상에서의 긴급구조
	·제57조 항공기 등 조난사고시의 긴급구조 등	제58조 해외재난 등의 발생시 긴급구조
복구	·제59조 특별재난 지역의 선포 건의	제60조 특별재난 지역의 선포
	·제61조 특별재난 지역에 대한 지원	제69조 재난상황의 기록관리

자료: 이재은외(2006).

있다. 재난사태 선포(§36), 응급조치(§37), 재난 예·경보의 발령 등(§38), 동원명령(§39), 대피명령(§40), 강제대피조치(§42), 통행제한(§43), 시·도지사가 실시하는 응급조치(§46), 재난관리책임기관의 장의 응급조치(§47), 중앙긴급구조통제단(§49), 지역긴급구조통제단(§50), 긴급구조(§51), 현장지휘(§52), 해상에서의 긴급구조(§56), 항공기 등 조난사고시의 긴급구조(§57), 해외재난 등의 발생시 긴급구조(§58) 등이 그것이다.

넷째, 복구단계에 대해서는 제7장 특별재난지역의 선포 및 복구 편에 규정되어 있다고 볼 수 있다. 특별재난지역의 선포건의(§59), 특별재난

지역의 선포(§60), 특별재난지역에 대한 지원(§61) 등을 규정하고 있고, 또한, 재난상황의 기록관리 조항이 있다. 즉, 재난관리책임기관의 장은 소관시설・재산 등에 관한 피해상황 등을 기록하고, 이를 보관하여야 하고, 이 경우 시장・군수・구청장을 제외한 재난관리책임기관의 장은 그 기록사항을 시장・군수・구청장에게 통보하여야 한다(동법 §69).

제 3 절 우리나라 재난관리 관련 법률체계

1. 국가안전보장회의에 대한 헌법규정 검토

헌법상의 기구인 국가안전보장회의는 국가안전보장과 관련되는 대외정책, 군사정책과 국내정책의 수립에 관하여 국무회의 심의에 앞서 대통령의 자문에 응하기 위하여 반드시 설치하여야 하는 필수적 헌법기관이다. 그러므로 국가안전보장회의는 대통령이 주재한다(헌법 제91조).

또한 법률안과 대통령령안은 반드시 국무회의의 심의를 거치도록 하고 있고(동법 제89조제3호), 대통령이 주재하는 국무회의에(동법 제88조제3항) 법안이 상정, 심의 절차를 거치게 되므로 국무총리를 비롯한 행정각부 장관(동법 제87조제2항, 제94조)이 국무회의에서 법안에 대한 개괄적 내용을 알게 되어 법안의 입안 주무 부처에서는 국정 전반과 관련 주무 부처 전체를 통할하는 입장에서 재난, 안전, 안보 문제를 검토해야 할 것으로 판단된다.

다음으로 '국가안전보장'에 대한 헌법적 관점은 국군은 국가의 안전보장과 국토방위에 신성한 의무를 수행함을 사명으로 한다(동법 제5조제2항 전단)고 규정하고 있고, 국민의 자유와 권리는 국가안전보장, 질서유지, 또는 공공복리를 위하여 필요한 경우에 한하여 법률로서 제한할 수 있다(동법 제37조제2항 전단)고 규정하고 있다.

안전에 대한 헌법 규정은 헌법 전문에서 "우리들과 우리들의 자손의 안전과 자유와 행복을 영원히 확보할 것을 다짐하면서..."라고 규정하여 '안전'을 헌법에서 명문의 규정으로 선언하고 있고,[1] 모든 국민은 헌법 전문이 선언한 국가의 안전 확보를 통하여 인간으로서 존엄과 가치를 가지며, 행복을 추구할 권리를 가진다(동법 제10조 전단). 또한 모든 국민은 인간다운 생활을 할 권리를 가지며(동법 제34조제1항), 국가는 재해를 예방하고 그 위험으로부터 국민을 보호하기 위하여 노력하여야 한다(동법 제34조제6항)고 규정하여, 인간의 존엄과 가치, 행복을 추구할 권리, 인간다운 생활을 할 권리, 국가의 보호의무[2] 등을 명시적으로 밝히고 있다.

2. 헌법학적 법리 '국가의 보호의무론'

현대국가의 기능 중 가장 중요한 기능은 바로 국가위기관리에 대한 역할일 것이다. 현대사회의 과학기술 발달은 삶의 편리성을 더해 주는 반면 대형참사 등 재난의 위험이 더욱 커지고 있어 평화롭고 안전한 삶을 위협하고 있다. 재난의 위험에 항상 노출되어 있는 개인에 대하여 현대국가의 존립목적 중에 가장 중요한 것은 바로 국민에 대한 '국가의 보호의무'인 것이다.[3]

독일의 헌법학자인 J. Isensee 교수는 '국가의 국민에 대한 보호의무'의 이론적 기초에 대하여 국가에 대하여서는 권력의 독점을 국민 개개

1) 강경근, 전게논문, p. 28.
2) 문현철, 전게논문, p. 26.
3) 상게논문, p. 23.

인에 대해서는 국가공권력에 복종의 의무를 기대하며, 사적인 권력행사의 근본적 금지를 의미하는 평화질서로서의 '국가창설론'으로 설명하고 있다.[4)]

전통적인 국가론에서 주장하고 있는 것처럼 인간은 자신의 법률상 이익이 국가를 통하여 보장되는 것을 인식하면 그들의 자연법상 주어진 권리를 포기할 수 있게 된다는 점에서 오직 국가를 통해서만 이러한 사적인 권력행사를 포기한 개인의 존재를 정당화할 수 있다. 그러므로 '국가의 기본권 보호의무'는 평화질서를 보장할 필요성에서 나온다. 즉, 만약 '국가가 보호의무'를 이행하지 못하거나 '안전과 평화'를 보장하지 못하면 자신의 생명과 재산의 보유에 위험을 느낀 인간은 자신의 권리를 스스로 배려하지 않으면 안되는 위험에 빠지기 때문에 국가에게는 권력독점을 인정하되 국민은 권력적 자력구제를 포기할 수 있도록 국가에게 떠맡겨진 평화의 보장이라는 의무가 있다. 이러한 평화보장의무에 따라 개인의 생명을 보호할 의무가 국가에게 부여되어 있으며 그것의 구체화는 국가의 실정법적 형성에 귀속된다.

위험에 노출된 개인에 대한 국가학 측면의 국가권력의 정당성에 대한 이론에 대하여 독일 헌법학에서는 헌법상 평화롭고 안전한 삶을 영위할 수 있는 '기본권보호의무론'이 이론적 기초로서 논의되고 있다.

이러한 '국가의 기본권보호의무론'을 우리나라 헌법에서는 헌법 전문, 제10조 인간의 존엄과 가치, 행복을 추구할 권리, 제34조제1항 인간다운 삶을 영위할 권리와 제34조제6항 국가의 재해예방 의무 등으로 규정하고 있다.[5)]

4) 이승우, "국가의 기본권보호의무", 「양승두교수 화갑기념논문집」, 1994, p. 1180.
5) 정태호, "기본권 보호의무", 「인권과 정의」, 통권 제252호, 1997.8, p. 91.

3. 국가위기관리제도 관련 행정법 체계

행정권, 공권력의 발동은 법률에 근거가 있어야 한다는 법치행정의 원칙은 현대 행정법학에 있어서 가장 중요한 줄기라 할 수 있다. 민방위기본법 제3조는 '민방위사태'[6)]의 정의로서 '적 침투상황'과 '재난상황'을 상정하고 있다. 적 침투 등의 위험한 상황에서 국민의 생명과 재산을 보호하기 위한 국가의 의무를 소홀하지 않도록 하고 신속한 국가공권력 발동의 강제를 위해서는 법치행정의 원칙상 국회가 제정한 법률로 구체화하여야 한다. 국민의 생명과 재산을 보호하는 국가안전보장을 위한 군사관련 행정법령의 체계를 군사행정법(Military Administration Law)이라 하며,[7)] 군사행정법 체계 중에서도 적 침투 상황인 통합방위사태라는 위험 속에서 국민의 생명과 신체, 재산을 보호하기 위한 공권력의 발동에 관한 근거법률들은 헌법을 정점으로 통합방위법과 시행령, 국군조직법, 향토예비군설치법, 비상대비자원관리법 등이 있다.

현행법상 국가비상사태의 위기관리체제는 민방위기본법을 중심으로 통합방위사태[8)]에 대하여는 통합방위법[9)]이, 그리고 재난 및 재해에 대하여는 자연재해대책법과 재난 및 안전관리 기본법 등이 있다.

민방위기본법[10)]상 민방위사태 중 적 침투, 즉, 통합방위사태에 관한 일반법인 통합방위법은 적의 침투·도발이나 그 위협에 있어서 국가총력전의 개념에 입각하여 국가방위요소를 통합·운영하기 위한 민관군

6) 문현철, "군사행정법상 민방위사태에 있어서 민관군 통합방위체제에 관한 연구", 「경찰법률논총」, 2007.3, 남부대학교 경찰법률연구소, p. 48.
7) 상게논문, p. 47.
8) 상게논문, p. 48.
9) 행정자치부, "안전정책 업무매뉴얼", 행정자치부, 2007.4, pp. 50-53.
10) 상게서, p. 54.

통합방위대책을 수립·시행하는 데 필요한 사항을 규정함을 목적으로 한다.

헌법 제10조와 제34조를 구체화하는 재난관리행정은 국가행정력에 의하여 국민의 생명과 신체·재산을 재난으로부터 보호하기 위하여 민방위기본법, 재난 및 안전관리 기본법을 정점으로 자연재해대책법, 소방기본법 등 70여 가지 주무 부처별 재난관리행정의 근거가 되는 법령이 시행되고 있는바, 이러한 법령들을 학술적으로 '재난관리행정법'이라고 부른다.[11]

재난관리행정법에 근거한 재난관리행정의 시행을 재난의 발생에서부터 진행방향에 따라 크게 몇 가지로 분류하여 보면, 재난의 예방단계(preventing and mitigation), 재난의 발생에 대비한 재난관리행정의 계획단계(preparedness and planning), 재난이 발생한 경우의 대응단계(response), 재난의 복구단계(recovery) 등으로 나누어 각각의 주무 부처별로 시행하고 있다.

이재민 등 재해구호에 대한 국가행정은 재해구호법이 그 근거가 되고, 행정실무적으로는 사회복지행정 분야에서 그리고 보건행정 분야에서 재해 이재민 문제를 다루고 있으며, 최근 행정자치부 소방방재청에서는 '안전복지 개념'[12]을 도입하여 민간단체와 더불어 민관합동 안전문화 혁신 연찬회 등 안전운동에 대한 대 국민참여를 유도하고 있다. 이러한 운동은 안전복지개념을 재난 사후적인 단순한 이재민의 문제만이 아니라 재난예방을 위한 헌법상의 인간다운 생활을 할 권리와 행복을 추구할 권리를 실현하는 운동으로, 또한 행정 실무적으로는 재난관리행정부서 업무와 사회복지 행정부서 업무의 공조라고 표현할 수 있다.[13]

---

11) 문현철, 전게논문, p. 2.
12) 문현철, "권역별 순회 재난안전 교육 및 혁신 포럼" 교재, 전라남도 재난민방위과, 2007.5.30, p. 91.
13) 문현철 외 공저, "도민 안전을 선도할 맞춤형 안전복지 상품개발", 「2007 전라남도 공

안전복지 개념등장의 실익, 즉, 논의의 실익은 학술적·행정 실무적으로도 재난관리행정가에게는 재난예방 및 재난피해 주민들에 대하여 사회복지행정적 측면을 간과할 수 없다. 또한 사회복지행정가에게는 사회복지수급권자를 눈앞에 나타난 수급권자의 모습만을 바라볼 것이 아니라, 사회복지급여만이 아닌 재난의 예방과 재난피해 주민들에 대한 구호는 사회복지의 중요한 영역이고 예방적 사회복지라고 생각하여야 한다.

제 4 절 일본의 재난관리체계

1. 일본의 재난현황과 대책

1) 자연재해 요인 변화와 대응

일본은 지리적·지형적·기상적 조건에 의해 태풍, 호우, 폭설 등의 자연재해가 발생하기 쉬운 국토이다. 이에 1955년대 전반까지는 대형태풍이나 대규모 지진에 의해 대규모 피해를 감수할 수밖에 없었다. 그러나 방재체제 정비 및 강화, 국토보전 정책추진, 기상예보의 강화, 재해정보의 전달수단 구축 등의 재해대응능력 향상을 통해 자연재해에 의한 피해를 경감하는 노력을 기울여 왔다.

그러나 최근 10년간 기상변화의 특징을 살펴보면 단시간에 집중적으로 내리는 폭우의 발생횟수가 많아지는 등의 이상기후가 나타나고 있다. 2004년에는 지금까지 관측사상 가장 많은 10개의 태풍이 상륙하는

무원 정책연구 보고서」, 전라남도, 2007.7, p. 10.

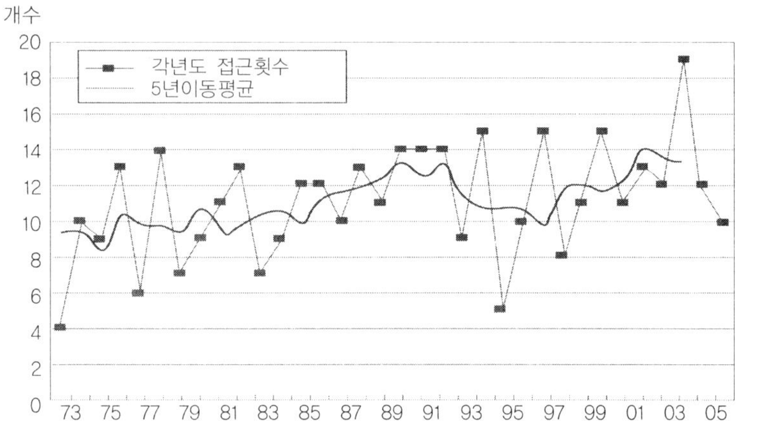

자료: 기상청자료에 의해 내각부 재구성, 방재백서(2007).

[그림 3-1] 일본열도에의 태풍접근 횟수 추이

등 매년 태풍, 열대성저기압, 장마전선 등을 동반한 폭우에 의한 재해가 빈발하고 있다(그림 3-1).

"기후변동에 관한 정부간 패널"(IPCC)은 지구 규모의 기후체제에 온난화가 발생하고 있다고 판단하고, 지구온난화 진행에 따른 폭우빈도나 열대성저기압의 강도가 증가하고 있다고 지적한다. 또한 지구온난화의 영향으로 홍수와 폭풍우에 의한 피해 증가, 매년 홍수피해인구가 수백만명씩 증가할 것이라는 등의 예측을 발표하고 있다. 더욱이 일본의 경우는 1995년 한신·아와지 대지진에 의한 피해에서 볼 수 있듯이 과거와는 다른 형태의 대규모 지진의 임박성이 제기되고, 자연재해로 인한 위협이 증대되고 있는 상황이다.

특히 도시부의 공간적 이용이 고도화되고 집적됨에 따른 취약성, 고령자 증가 등으로 인한 세대 및 가족의 행태변화로 재해에 대한 새로운 대응과제가 나타나고 있고, 지방의 과소 및 고령화 현상에 따른 지방자치단체의 대응과제가 부각되고 있는 것이 현실이다. 더욱 문제가 되는 것은 시간 경과에 따라 시민의 재해위험의식이 점점 희박해지고 있다는 점이다.

이에 대응하기 위해 다양한 주체가 재해피해 경감을 위해 노력하는 것이 중요하다. 이는 재해요인이 되는 자연현상이나 사회구조 변화에 따라 재해위험이 점점 커지고 있고 이러한 상황에 대처하기 위해서는 재해위험성에 대해 많은 사람이 정확하게 인식함과 동시에 행정에 의한 노력뿐만 아니라 개인, 가정, 지역, 기업, 단체 등이 평상시에 예방 및 재해피해 감소를 위한 행동과 투자를 지속적으로 해야 할 필요가 있다. 이를 위해 방재자원봉사의 내실화, 시민단체 등 각종 단체의 노력, 기업의 방재에 대한 적극적인 투자 및 노력, 그리고 개인의 방재의식을 고취하고 촉진할 수 있는 기술개발 및 보급이 필요하다.

2) 자연재해에 의한 인명피해 상황

일본은 매년 자연재해에 의해 많은 인명과 재산 피해를 낳고 있다(그림 3-2).

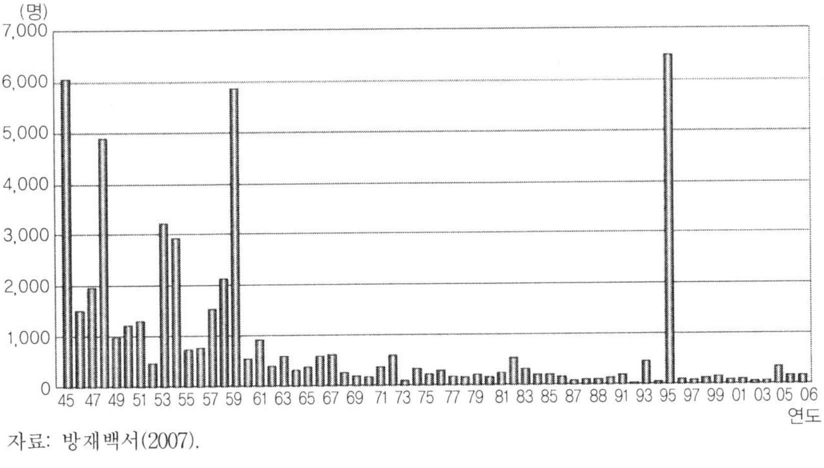

자료: 방재백서(2007).

[그림 3-2] 자연재해에 의한 사망·행방불명자 수

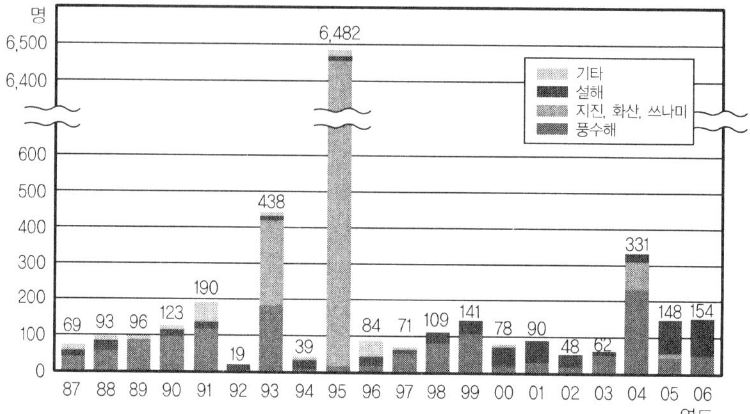

자료: 방재백서(2007).

[그림 3-3] 재해원인별 사망자·행방불명자 상황

최근 자연재해에 의한 사망자·행방불명자를 재해유형별로 살펴보면 다음의 그림과 같다(그림 3-3). 북해도 남서지진, 한신·아와지 대지진이 발생한 1995년과 1997년을 제외하면, 토사재해를 위시한 풍수해, 설해에 의한 것이 대부분을 차지하고 있다.

3) 재해에 의한 시설관련 피해상황

1963년부터 지금까지 주요 정부관계기관 등이 재해복구대상사업으로 하고 있는 시설관련 피해액 추이를 살펴보면 다음의 그림과 같다(그림 3-4). 이러한 피해액을 국민총생산과 비교하면 1963년부터 1994년까지는 1.0%를 넘었지만, 국민총생산의 대폭 증가에 따라 1966년 이후는 1994년까지 거의 0.2~0.8% 정도의 추이이다. 1995년은 한신·아와지 대지진에 의해 피해액이 증가했기 때문에 약 1.2%이지만 2005년은 약 0.1%로 머물렀다.

2005년에 발생한 자연재해에 의한 시설관련 피해액은 약 5,168억엔이며 이 중에 공공토목시설관련 약 2,589억엔, 농림수산업관련 약 2,474억엔, 문교시설관련 약 31억엔, 후생시설관련 약 41억엔, 기타 시설관련 약 33억엔이다(표 3-4).

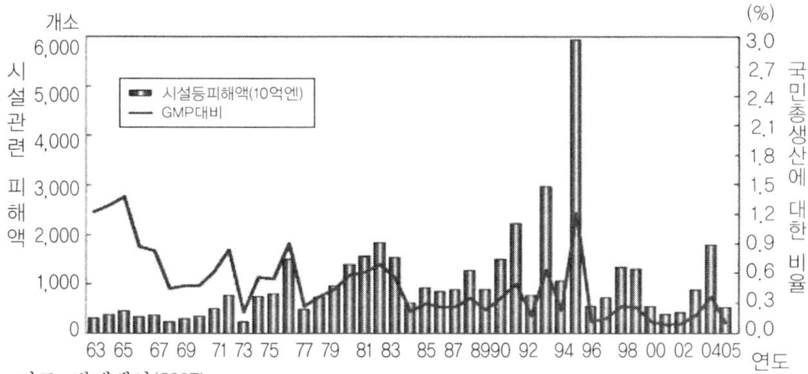

자료: 방재백서(2007).

[그림 3-4] 시설관련 피해액 및 국민총생산 대비 추이

▶ **표 3-4** ◀ **2005년 재해별 시설관련 피해액** (단위: 백만엔)

구 분	지 진	태 풍	호 우	호 설	기 타	합 계	비 고
공공토목 시설관련	12,237	151,435	62,061	319	32,896	258,948	하천, 치산시설, 항만 등
농림수 산업관련	4,122	146,215	55,051	31,257	10,722	247,368	농지, 농업용시설, 임도, 어업용시설, 농림수산물 등
문교 시설관련	1,919	934	144	18	109	3,124	학교시설, 문화재 등
후생 시설관련	321	2,083	1,680	0	0	4,084	사회복지시설, 수도시설 등
기타 시설관련	94	1,672	354	631	512	3,263	자연공원, 전신전화, 도시시설 등
합 계	18,693	302,339	119,289	32,226	44,240	516,786	

자료: 방재백서(2007).

2. 일본의 재난관리체계

1) 재난관리 관련 법률체계

이상과 같은 자연재난에 취약한 일본은 자연재난의 위협에 체계적으로 대응하기 위하여 재해대책기본법 및 각종 관련 법률에 의해 재해대책을 추진하고 있다. 일본의 재해대책은 재해예방, 재해응급대책 및 재해복구·부흥의 각 단계로 이루어진다. 1962년에 제정한 「재해대책기본법」은 종합적·계획적인 방재행정을 정비하고 집행할 것을 규정하는 일본의 재난관리의 기본법률이다. 재해대책기본법의 주요 골자는 방재책임을 명확하게 하고, 방재관련조직, 방재계획, 재해예방, 재해응급대책, 재해복구, 재정금융조치, 재해긴급사태에 관한 내용을 규정하고 있다. 2006년에는 다음의 재해대책 관계법률을 개정하여 재해대책을 추진하고 있다.

재난유형별 재해대책 관계법률을 구분하여 보면 다음과 같다(<표 3-5>, <표 3-6>).

▶ 표 3-5 ◀ 일본의 재난관리 관련 주요 법률

범주	법 률	소관 성청
기본법 관계	1. 재해대책기본법(1961년)	내각부/소방청
	2. 해양오염및해상재해방지에관한법률(1970년)	해상보안청/환경성
	3. 석유컴비나트등재해방지법(1975년)	소방청/경제산업성
	4. 대규모지진대책특별조치법(1978년)	내각부/소방청
	5. 원자력재해대책특별조치법(1999년)	문부과학성/경제산업성/국토교통성
	6. 동남해·남해지진에관한지진방재대책추진에관한특별조치법(2002년)	내각부/소방청
	7. 일본해구·천도해구주변해구형지진에관한지진방재대책추진에관한특별조치법(2004년)	내각부/소방청

재해 예방 관계	1. 사방법(1897년)	국토교통성
	2. 건축기준법(1950년)	국토교통성
	3. 산림법(1951년)	농림수산성
	4. 특수토양지대재해방제및진흥임시조치법(1952년)	총무성/농림수산성/국노교통성
	5. 기상업무법(1952년)	기상청
	6. 해안법(1956년)	농림수산성/국토교통성
	7. 토지함몰등방지법(1958년)	농림수산성/국토교통성
	8. 태풍상습지대의재해방제에관한특별조치법(1958년)	내각부
	9. 폭설지대대책특별조치법(1962년)	총무성/농림수산성/국토교통성
	10. 하천법(1964년)	국토교통성
	11. 급경사지붕괴에의한재해방지에관한법률(1969년)	국토교통성
	12. 활동화산대책특별조치법(1973년)	내각부/농림수산성
	13. 지진방재대책강화지역지진대책긴급정비사업에관한국가재정상의 특별조치에관한법률(1980년)	내각부/국토교통성
	14. 지진방재대책특별조치법(1995년)	내각부/문부과학성
	15. 건축물내진개수촉진에관한법률(1995년)	국토교통성
	16. 밀집시가지방재가구정비의촉진에관한법률(1997년)	국토교통성
	17. 토사재해경계구역등의토사재해방지대책추진에관한법률(2000년)	국토교통성
	18. 특정도시하천침수피해대채법(2003년)	국토교통성
재해 응급 대책 관계	1. 재해구조법(1947년)	후생노동성
	2. 소방법(1948년)	소방청
	3. 수방법(1949년)	국토교통성
재해 복구 ·부흥 재정 금융 조치 관계	1. 삼림국영보험법(1937년)	농림수산성
	2. 농업재해보상법(1947년)	농림수산성
	3. 주택금융공고법1950년)	국토교통성
	4. 농림수산업시설재해복구사업비국고보조의잠정조치에관한법률(1950년)	농림수산성
	5. 중소기업신용보험법(1950년)	중소기업청
	6. 공공토목시설재해복구사업비국고부담법(1951년)	농림수산성/국토교통성
	7. 공영주택법(1951년)	국토교통성
	8. 어선손해등보상법(1952년)	농림수산성
	9. 농림어업금융공고법(1952년)	농림수산성
	10. 철도궤도정비법(1953년)	국토교통성
	11. 공립학교시설재해복구비국고부담법(1953년)	문부과학성
	12. 천재에의한피해농림어업자등에대한자금융통에관한잠정조치법(1955년)	농림수산성
	13. 공항정비법(1956년)	국토교통성
	14. 소규모기업자등설비자금조성법(1956년)	중소기업청

	15. 극심재해에대처하기위한특별재정원조등에관한법률(1962년)	내각부
	16. 어업재해보상법(1964년)	농림수산성
	17. 지진보험에관한법률(1966년)	재무성
	18. 방재를위한집단이전촉진사업에관한국가재정상의특별조치등에관한법률(1972년)	국토교통성
	19. 재해조위금의지급등에관한법률(1973년)	후생노동성
	20. 피재시가지부흥특별조치법(1995년)	국토교통성
	21. 피재구분소유건물의재건등에관한특별조치법(1995년)	법무성
	22. 특정비상재해의피해자의권리이익보전등을도모하기위한특별조치에관한법률(1996년)	내각부/총무성/법무성/국토교통성
	23. 피재자생활재건지원법(1998년)	내각부
조직관계	1. 소방조직법(1947년)	소방청
	2. 해상보안청법(1948년)	해상보안청
	3. 경찰법(1954년)	경찰청
	4. 자위대법(1954년)	방위청
	5. 일본적십자사법	후생노동성

▶ 표 3-6 ◀ 재난유형별 재난관리 관계법률

❑ 기본법 관계법률 1. 재해대책기본법 2. 재해대책기본법시행령 3. 재해대책기본법시행규칙
❑ 지진재해대책 관계법률 1. 지진방재대책특별조치법 2. 지진방재대책특별조치법시행령 3. 지진방재긴급사업5개년계획이정하는시설등의정비와관련주무대신이정하는기준의건 4. 대규모지진대책특별조치법 5. 대규모지진대책특별조치법시행령 6. 대규모지진대책특별조치법시행규칙 7. 대규모지진대책특별조치법제3조제1항규정에근거동해지진과관련된지진방재대책강화지역 8. 지진방재대책강화지역에있어서지진대책긴급정비사업과관련된국가재정상의특별조치에관한법률 9. 지진방재대책강화지역에있어서지진대책긴급정비사업과관련된국가재정상의특별조치에관한법률시행령 10. 지진방재대책강화지역에있어서지진대책긴급정비사업과관련된국가재정상의특별조치에관한법률시행규칙
❑ 화산대책 관계법률 1. 활동화산대책특별조치법 2. 활동화산대책특별조치법시행령 3. 활동화산대책특별조치법시행규칙 4. 활동화산대책특별조치법제2조제1항규정에근거한피난시설긴급정비지역의지정
❑ 예방대책 관계법률 1. 국토종합개발법 2. 건축기준법 3. 삼림법 4. 도로법 5. 어항법 6. 하천법

7. 공업용수법 8. 호설지대대책특별조치법 9. 특수토양지대재해방제및진흥임시조치법 ❑ 응급대책 관계법률 1. 재해구조법 2. 재해구주법시행령 3. 금심재해지정기준 4. 국지극심재해지정기준 5. 피재자생활재건지원법 6. 피재자생활재건지원법시행령 7. 피재자생활재건지원법시행규칙
❑ 한신・아와지 대지진 재해대책 관계법률 1. 한신・아와지대지진재해부흥의 기본방침및조직에관한법률 2. 한신・아와지대지진재해에대처하기위한특별재정원조및조성에관한법률
❑ 태풍대책 관계법률 1. 태풍상습지대의재해방제에관한특별조치법 2. 태풍상습지대의지정기준에관한정령 3. 태풍상습지대의지정기군에관한정령제1호가규정하는기간을정하는내각부령
❑ 원자력시설대책 관계법률 1. 원자력재해대책특별조치법 2. 원자력재해대책특별조치법시행령 3. 원자력재해대책특별조치법시행규칙

자료: http://www.bousai.go.jp/jishin/law/index.html(2007.11.30).

2) 재난관리 관련조직

재해대책은 국가, 지방자치단체, 공공기관, 주민 등의 협력으로 종합적이고 통일적으로 실시되어야 한다. 이를 위해 국가는 재해대책의 종합성을 확보하고 방재에 관한 중요사항을 심의하기 위한 조직으로 재해대책기본법에 근거하여 중앙방재회의(회장: 내각총리대신)를 설치하고 있다.

또한 내각부에서는 특명담당대신으로 방재담당대신을 두고, 내각부정책통괄관(방재담당)부국이 대신을 보좌하고 방재에 관한 기본적인 정책에 관한 사항 및 대규모 재해발생시 등의 해당 재해에 대처하기 위한 사항에 관하여 기획입안 및 종합조정 등을 관장하고 있다. 더욱이 재해발생시의 정보수집 등의 긴급대응을 위해 내각관방과 긴밀하게 연계하여 대처하고 있다.

도도부현, 시정촌에서는 지방자치단체, 지정지방행정기관, 경찰, 소방기관, 지정공공기관 등의 장 또는 지명하는 직원으로 구성하는 도도부현방재회의, 시정촌방재회의를 설치하고, 이것이 정하는 지역방재계획 등에 의해 각종 재해대책을 실시한다.

재해대책기본법에서 독립행정법인, 인가법인, 특수법인 및 민간회사 중에 내각총리대신이 지정하는 것을 지정공공기관으로 하고, 재해대책에 관한 각종 책무를 부과하고 있다. 2007년 4월 현재 63개의 기관이 지정공공기관으로서 지정되어 있다(<표 3-7>).

재해가 발생한 경우 응급대응 조직에 관해서는 재해대책기본법에 의해 도도부현 또는 시정촌에서 각각 도도부현 지사 또는 시정촌 장을 본부장으로 하는 재해대책본부를, 중앙정부는 방재담당대신을 본부장으로 하는 비상재해대책본부, 또는 내각총리대신을 본부장으로 하는 긴급재

▶ 표 3-7 ◀ 일본의 재해대책 관련 지정공공기관 일람(2007년 4월 현재)

○ 독립행정법인(11) 소방연구소, 방재과학기술연구소, 방사선의학종합연구소, 농업공학연구소, 산림종합연구소, 수산종합연구센터, 토목연구소, 건축연구소, 해상기술안전연구소, 항만공항기술연구소, 북해도개발토목연구소
○ 공사(1) 일본우정공사
○ 인가법인(2) 일본은행, 일본적십자사
○ 특수법인(18) 일본방송협회, 일본도로공단, 수도고속도로공단, 수자원개발공단, 한신고속도로공단, 신동경국제공항공단, 관서국제공항주식회사, 혼슈시코쿠연락교공단, 핵연료사이클개발기구, 일본원자력연구소, 전원개발주식회사, 북해도여객철도주식회사, 시코쿠여객철도주식회사, 큐슈여객철도주식회사, 일본화물철도주식회사, 일본전신전화주식회사, 동일본전신전화주식회사, 서일본전신전화주식회사
○ 민간회사(29) 동경기와주식회사, 오사카기와주식회사, 동방기와주식회사, 일본통운주식회사, 북해도전력주식회사, 동북전력주식회사, 동경전력주식회사, 호쿠리쿠전력주식회사, 중부전력주식회사, 관서전력주식회사, 중국전력주식회사, 시코쿠전력주식회사, 큐슈전력주식회사, 오키나와전력주식회사, 일본원자력발전주식회사, 동일본여객철도주식회사, 동해여객철도주식회사, 서일본여객철동주식회사, KDDI주식회사, 주식회사NTTDocomo, 주식회사NTTDocomo북해도, 주식회사NTTDocomo동북, 주식회사NTTDocomo호쿠리쿠, 주식회사NTTDocomo동해, 주식회사NTTDocomo관서, 주식회사NTTDocomo중국, 주식회사NTTDocomo시코쿠, 주식회사NTTDocomo큐슈, NTT커뮤니케이션주식회사
계: 61개 기관

▶ 표 3-8 ◀ 중앙방재회의 조직도

중 앙 방 재 회 의			
회 장	내각총리대신		
위 원	방재담당대신을 위시한 모든 각료 (17명 이내)	지정공공기관의 장 (4명) 일본은행총재 일본적십자사사장 NHK회장 NTT사장	학식경험자(4명)

자문 ← 내각총리대신, 방재담당대신

답신 → 내각총리대신, 방재담당대신

의견 상신 → 내각총리대신, 방재담당대신

전문조사회
· 동남해 · 남해지진 등에 관한 전문조사회(2001년 10월3일 발족) · 재해 교훈 계승에 관한 전문조사회(2003년 7월31일 발족) · 수도직하지진피난대책등전문조사회(2006년 8월16일 발족) · 대규모 수해대책에 관한 전문조사회(2006년 8월29일 발족)

간사회
· 회　장: 내각부 대신정무관 · 고　문: 내각위기관리감 · 부회장: 내각부정책통괄관(방재담당), 소방청 차장 · 간　사: 각 부성청 국장급

〈역 할〉
- 방재기본계획 및 지진방재계획의 작성 및 실시 추진
- 비상재해시의 긴급조치에 관한 계획 작성 및 실시 추진
- 내각총리대신 · 방재담당대신의 자문에 따라 방재에 관한 중요사항 심의 등 (방재 기본방침, 방재에 관한 시책의 종합조정, 재해긴급사태 공포 등)
- 방재에 관한 중요사항에 관하여 내각총리대신 및 방재담당대신에 의견 상신

해대책본부를 설치할 수 있다.

더욱이 대규모지진대책특별조치법에 의해 지진재해에 관한 경계선언이 발령된 경우 중앙정부 및 관계지방자치단체는 각각 지진재해경계본부를 설치하고 지진방재응급대책을 실시하도록 되어 있다. 또한 원자력재해대책특별조치법에 의해 원자력 긴급사태선언이 발령된 경우에는 중앙정부는 원자력재해대책본부 및 원자력재해현지대책본부를, 또한 지방자치단체는 재해대책본부를 설치하고 원자력사업자와 함께 긴급사태응급대책을 실시하도록 한다.

3) 중앙방재회의

중앙방재회의는 내각의 중요정책에 관한 회의의 하나로 총리를 위시하여 모든 각료, 지정공공기관의 대표자 및 학식경험자에 의해 구성되며, 방재기본계획의 작성이나 방재에 관한 중요사항에 관한 심의 등을 한다(표 3-8).

4) 방재계획 체계

방재기본계획은 재해대책의 근간이 되는 것으로 재해대책기본법 제34조에 의해 중앙방재회의가 작성하는 방재 분야의 최상위 계획으로서 방재체제의 확립, 방재사업의 촉진, 재해부흥의 신속적절화, 방재에 관한 과학기술 및 연구진흥, 방재업무계획 및 지역방재계획에 있어서 중점을 둘 사항에 관하여 기본적인 방침을 제시하고 있다. 이러한 계획에 의해 지정행정기관 및 지정공공기관은 방재업무계획을 지방자치단체는 지역방재계획을 작성하고 있다(그림 3-5).

중앙방재회의는 방재에 관한 과학적 연구 성과, 발생한 재해상황 및 이에 대해 취해진 재해대응대책의 효과를 감안하여 매년 방재기본계획을 검토하고 필요에 따라 수정하게 되어 있다(재해대책기본법 제34조).

▶ 표 3-9 ◀ 중앙방재회의 전문조사회 개요

명 칭	발 족 일	검 토 사 항
동남해・남해지진 등에 관한 전문조사회	2001.10.3.	・동남해・남해지진, 내륙부 지진에 의해 가성되는 지진 강도, 쯔나미 높이 분포 ・피해예측 ・지진방재대책의 구상
재해 교훈 계승에 관한 전문조사회	2003.7.31.	・역사상 재해별 피해 상황, 정부대응, 국민생활에의 영향 등의 정리 ・2005년 말까지 17개 재해에 관해 조사
재해피해를 경감하는 국민운동추진에 관한 전문조사회	2005.12.9.	・재해피해를 경감하는 국민운동 추진을 위한 기본방침 ・재해피해를 경감하는 국민운동 추딘을 위한 노력 등 구체적인 추진방법
수도직하지진피난 대책등전문조사회	2006.8.16.	・수도직하지진 발생시의 피난자 및 귀가곤란자대책의 구체화
대규모 수해대책에 관한 전문조사회	2006.8.29.	・대규모 수해발생시의 피해 가정 ・대규모 수해가 예상되는 경우의 각 기관의 체제・행동요령 구상 ・피해가정에 의한 응급・구원체제의 구상 ・긴급적인 복구・부흥대책 수립 ・대규모 수해를 전제로 한 사전준비

자료: 방재백서(2007).

방재업무계획은 방재기본계획에 의거 각 지정행정기관의 장 및 지정공공기관이 소관사무 또는 업무에 관하여 작성하는 계획이다.

지역방재계획은 방재기본계획에 의거 지방자치단체가 해당 지역의 방재에 관하여 작성하는 계획이며 2006년에 27개 도도부현이 수정 보완하였다.

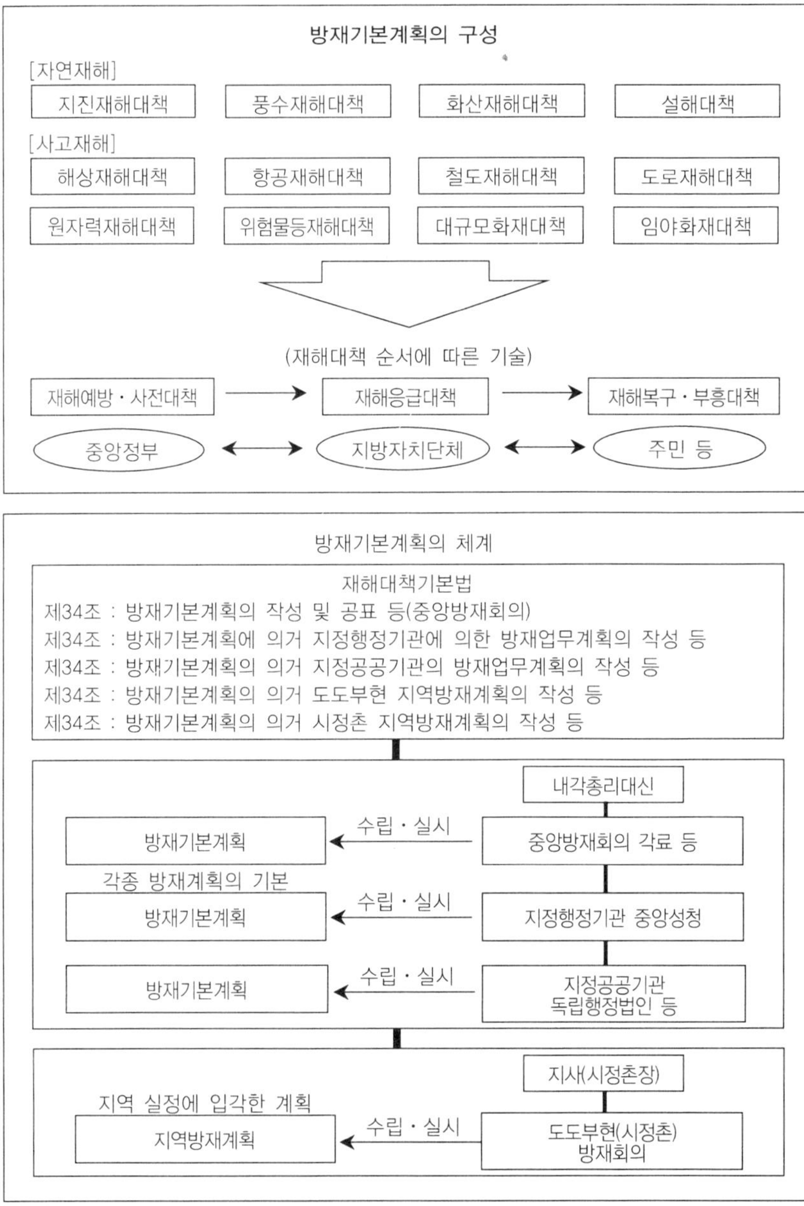

자료: 방재백서(2007).

[그림 3-5] 방재계획의 구성 및 체계

3. 일본의 재난관리행정과 법률관계

재해발생을 사전에 방지하고, 재해가 발생한 경우 그 확대를 방지하기 위해 조치하고, 재해피해자의 구조나 재해피해 지역의 복구에 노력하며, 재해에 대비하는 계획을 수립하여 치산치수사업이나 도시계획 등의 사업을 실시하는 일련의 행정과정이 재난관리개념에 포함될 것이다.

일본의 재해대책기본법에서는 방재를 세 가지 범주로 나누어 정의하고 있다. 첫째는 재해를 사전에 방지하는 것(재해예방), 둘째는 재해가 발생한 경우 그 피해확대를 방지하는 것(재해응급대책), 셋째는 재해의 복구를 도모하는 것(재해복구)이다. 즉, 재난관리행정에 관한 법률체계는 이러한 일련의 방재행정을 규율하며 실시기준을 부여함으로써 국민의 생활을 재해로부터 방어하고자 하는 법적 영역으로 볼 수 있다. 더욱이 현대국가의 존립목적 중에 궁극적으로 국민의 생존권 보장을 의무로 하고 있기 때문에 불가피한 재해로부터의 국민의 불이익 및 손실전보에 관한 법적 체계도 재난관리행정 관련 법률체계의 중요한 부분이라고 할 수 있다.

이에 따라 재난관리를 포괄하는 법제를 구분해 보면 재해예방행정법, 재해응급대책행정법, 재해복구행정법, 재해구제행정법으로 구분할 수 있다. 이는 재난관리행정의 각 과정이 분절되어 있다고 보기보다는 재난관리의 목적 달성을 위해 상호 유기적으로 연계되어 있는 일련의 과정적 성격으로 이해해야 한다.

1) 재난관리 관련 주체의 책무

재해대책기본법에 규정된 재난관리에 관한 국가, 지방자치단체 등의 책무를 살펴보면 다음과 같다.

(1) 국가의 책무

국가는 국토 및 국민의 생명, 신체 및 재산을 재해로부터 보호하는 사명을 갖고 있음에 비추어, 조직 및 기능의 전부를 동원하여 방재에 관해 만전의 조치를 강구할 책무를 진다(동법 제3조제1항).

또한 국가는 재해예방, 재해응급대책 및 재해복구의 기본이 되어야 하는 계획을 작성하고, 법령에 근거하여 이를 실시함과 동시에 지방자치단체, 지정공공기관 등이 처리하는 방재에 관한 사무 또는 업무를 실시하고 그 종합적인 조정을 하고, 재해에 관련된 경비부담의 적정화를 도모해야 한다(동법 제3조제2항).

더욱이 국가는 도도부현 및 시정촌의 지역방재계획의 작성 및 실시가 원활하게 이루어지도록, 도도부현 또는 시정촌에 대해 권고, 지도, 조언 그 밖에 적절한 조치를 취해야 한다(동법 제3조제4항).

(2) 도도부현의 책무

도도부현은 해당 도도부현의 지역 및 해당 도도부현의 주민의 생명, 신체 및 재산을 재해로부터 보호하기 위해, 관계기관 및 그 밖의 지방자치단체의 협력을 얻어, 해당 도도부현의 지역에 관련된 방재에 관한 계획을 작성하고 법령에 근거하여 이를 실시함과 동시에 그 구역 내의 시정촌 및 지정지방공공기관이 처리하는 방재에 관한 사무 또는 업무의 실시를 돕고, 그 종합조정을 할 책무를 진다(동법 제4조제1항).

(3) 시정촌의 책무

시정촌은 기초적인 지방자치단체로서 해당 시정촌의 지역 및 해당 시정촌의 주민의 생명, 신체 및 재산을 재해로부터 보호하기 위해, 관계기관 및 그 밖의 지방자치단체의 협력을 얻어, 해당 시정촌의 지역에 관련된 방재에 관한 계획을 작성하고, 법령에 근거하여 이를 실시하는 책무를 진다(동법 제5조제1항).

또한 시정촌장은 소방기관, 수방단 등의 조직의 정비 및 해당 시정촌의 구역 내의 공공적 단체 등의 방재에 관한 조직 및 주민의 상호협동 정신에 근거한 자발적인 방재조직(자주방재조직이라 함)의 충실을 도모하고, 시정촌이 가지는 모든 기능을 충분히 발휘하도록 노력해야 한다(동법 제5조제2항).

(4) 지정공공기관의 책무

지정공공기관이란 공공적 기관 및 공익적 사업을 하는 법인으로 내각총리대신이 지정하는 것을 말하여, 지정지방공공기관이란 공공적 시설의 관리자 및 공익적 사업을 하는 법인으로 도도부현 지사가 지정하는 것을 말한다.

지정공공기관 및 지정지방공공기관은 그 업무와 관련된 방재에 관한 계획을 작성하고, 법령에 근거하여 이를 실시함과 동시에 국가, 도도부현 및 시정촌의 방재계획의 작성 및 실시가 원활하게 이루어지도록 그 업무에 대해 해당 도도부현 또는 시정촌에 대해 협력할 책무를 진다(동법 제6조제1항).

또한 지정공공기관 및 지정지방공공기관은 그 업무의 공공성 또는 공익성에 비추어 각각 그 업무를 통해 방재에 기여하여야 한다(동법 제6조제2항).

(5) 주민 등의 책무

지방자치단체의 구역 내의 공공적 단체, 방재상 중요한 시설의 관리자, 그 외 법령의 규정에 의한 방재에 관한 책무를 지는 자는 법령 또는 지역방재계획이 정하는 바에 의해, 성실하게 그 책무를 다해야 한다(동법 제7조제1항).

또한 지방자치단체의 주민은 스스로 재해에 대비하기 위한 수단을 강구함과 동시에 자발적인 방재활동에 참가하는 등 방재에 기여하도록 노력해야 한다(동법 제7조제2항).

(6) 국가 및 지방자치단체의 시책에 있어서의 방재상의 배려 등

국가 및 지방자치단체는 그 시책이 직접적 또는 간접적인 것을 불문하고 일체로서 국토 및 국민의 생명, 신체 및 재산의 재해를 없애는 것에 기여할 수 있도록 유념해야 한다(동법 제8조제1항).

또한 국가 및 지방자치단체는 재해의 발생을 예방하고, 재해의 확대를 방지하기 위해 특히 다음에 열거하는 사항을 실시하도록 노력해야 한다(동법 제8조제2항).

① 재해 및 재해 방지에 관한 과학적 연구와 그 성과의 실현에 관한 사항
② 치산, 치수 그 밖의 국토보전에 관한 사항
③ 건물의 불연견고화 그 밖에 도시방재구조의 개선에 관한 사항
④ 교통, 정보통신 등의 도시기능 집적에 대응하는 방재대책에 관한 사항
⑤ 방재상 필요한 기상, 지상 및 수상의 관측, 예보, 정보 그 밖의 업무에 관한 시설 및 조직과 방재상 필요한 통신에 관한 시설 및 조직의 정비에 관한 사항
⑥ 재해의 예보 및 경보의 개선에 관한 사항
⑦ 지진예지정보(대규모지진대책특별조치법 제2조제3호의 지진예지정보를 말함)를 주지시키기 위한 방법의 개선에 관한 사항
⑧ 기상관측망의 충실에 대한 국제적 협력에 관한 사항
⑨ 태풍에 대한 인위적 조절 그 밖의 방재상 필요한 연구, 관측 및 정

보교환에 대한 국제적 협력에 관한 사항

⑩ 화산현상 등에 의한 장기적 재해에 대한 대책에 관한 사항

⑪ 수방, 소방, 구조 그 밖의 재해응급조치에 관한 시설 및 조직의 정비에 관한 사항

⑫ 지방자치단체의 상호응원에 관한 협정의 체결에 관한 사항

⑬ 자주방재조직의 육성, 자원봉사자에 의한 방재활동의 환경정비 그 밖에 국민의 자발적 방재활동의 촉진에 관한 사항

⑭ 고령자, 장애자, 영유아 등 특히 배려를 요하는 자에 대한 방재상 필요한 조치에 관한 사항

⑮ 해외로부터의 방재에 관한 지원의 접수에 관한 사항

⑯ 이재민에 대한 정확한 정보제공에 관한 사항

⑰ 방재상 필요한 교육 및 훈련에 관한 사항

⑱ 방재사상의 보급에 관한 사항

더욱이 국가 및 지방자치단체는 재해가 발생한 때에는 신속하게 시설복구와 재해피해자의 원호를 도모하고, 재해복구에 노력해야 한다(동법 제8조제3항).

2) 재난관리에 관한 조직

(1) 중앙정부의 재난관리 조직

일본의 재난관리에 관한 중앙정부 차원의 조직은 각 성청이 앞에서 설명한 법률 등을 근거로 각각의 방재에 관한 시책을 기획입안하고 집행하게 된다. 그러나 재난관리는 중앙정부, 지방자치단체, 공공기관, 주민 등의 협력 하에 종합적이고 통일적으로 실시할 필요가 있다. 이를 위해 중앙성청 등 개혁기본법에 의해 신설된 내각부가 국가의 방재에 관

한 종합조정을 담당하게 되었다. 또한 재해대책기본법에서는 중앙정부의 재해대책의 종합성을 확보하기 위하여 각 행정기관을 연락조정할 수 있고 방재관련 중요사항을 심의하기 위한 조직으로서 재해대책기본법에 중앙방재회의 설치를 규정하고 있다. 내각총리대신을 의장으로 하고 방재담당대신을 포함한 각 국무대신 및 지정공공기관의 대표자와 학식경험자로부터 내각총리대신이 임명하는 자를 위원으로 하여 중앙방재회의를 구성하고 있다(동법 제11조제1항, 제12조).

중앙방재회의(Central Disaster Management Council)는 내각총리대신이나 방재담당대신으로부터의 자문을 위하여 의견을 제출하는 등 심의회 기능과 방재기본계획의 작성 및 실시와 같이 집행기관으로서의 성격을 갖는다(圖解日本の防災行政, 2003; 50-55). 중앙방재회의의 소관사무 및 주요 역할은 ① 방재기본계획 및 지진방재계획의 작성 및 실시, ② 비상재해시의 긴급조치에 관한 계획작성 및 그 실시추진, ③ 내각총리대신·방재담당대신의 자문에 따라 방재에 관한 중요사항의 심의(방재의 기본방침, 방재에 관한 시책의 종합조정, 재해긴급사태의 포고 등), ④ 방재에 관한 중요사항에 관하여 내각총리대신 및 방재담당장관에게 의견을 제시, ⑤ 내각부 설치법 제9조제1항에 규정하는 특명담당대신(방재담당대신이라 함)의 소관사무에 대한 자문에 응하여 방재에 관한 중요사항을 심의, ⑥ 방재담당대신이 명령을 받아서 소관하는 사무에 관련된 전호의 중요사항에 관해 해당 방재담당대신에게 의견제시, ⑦ 전 각호 이외에 법령의 규정에 의해 그 권한에 속하는 사무 등이다. 중앙방재회의 간사회는 관계부성청간의 연락, 조정 및 중앙방재회의 결정의 실시를 위하여 중앙방재회의에 회장 및 위원을 도와주는 역할을 하며, 중앙방재회의에 제출된 사항은 간사회의 심의를 거치게 되어 있다. 또한 중앙방재회의는 전문적 사항을 조사하기 위하여 전문조사회를 설치할 수 있다.

그리고 내각부는 특명담당장관으로 방재담당장관이 있으며, 내각부 정책총괄관(방재담당)부국이 장관을 보좌하고, 방재에 관한 기본적 정책사안과 대규모 재해발생에 대처하기 위한 기획수립·종합조정을 담당하고 있다. 더욱이 내각부는 재해재난이 발생한 경우에 정보수집과 같은 긴급대응을 내각관방과 긴밀하게 연계하여 통합적으로 대처하고 있다.

내각부는 내각관방을 지원하여 국정상 중요한 구체적 사항을 기획입안하고 종합적으로 조정하는 역할을 한다. 구체적으로는 경제재정정책, 소비자·물가, 종합과학기술정책, 방재, 남녀공동참가, 시민활동(NPO), 원자력위원회, 원자력안전위원회 등으로 구성되어 종합조정기능을 담당하고 있다. 1995년 한신·아와지 대지진 피해 이후 대규모 재해, 중대사고, 사건 등의 긴급사태에 대한 정부의 위기관리기능을 충실·강화하기 위하여 내각위기관리감, 내각정보집약센터 설치 등 체제를 강화했다. 2001년의 중앙성청 개편에 따라 내각부가 방재행정에 관련된 정부 전체의 연계를 확보하고, 내각부 정책총괄관(방재담당)이 방재에 관한 기본적인 정책의 기획입안, 대규모 재해발생시의 대처방안에 관한 각성청의 종합조정 등을 하게 되었다. 또한 특명담당장관인 방재담당장관이 신설되었다.

내각관방은 내각의 보조기관이며 내각총리대신의 직무를 직접 보좌하는 역할을 한다. 주요 역할은 국가 내외 관련 기본방침, 즉, 대외정책, 안전보장정책, 매크로 경제정책, 예산편성에 관한 기본방침을 기획하고 입안한다. 이와 관련된 국정상 중요사항을 종합하고 최종 조정하기 위하여 관련 정보를 수집하고 분석 및 홍보하는 역할을 한다. 또한 국가적 위기, 즉, 국민의 생명, 신체 및 재산에 중대한 피해가 발생하거나 혹은 발생할 가능성이 있는 긴급사태에 대처하거나 이러한 중요 사태가 발생하지 않도록 방지하는 등의 종합적 전략기능을 담당한다.

내각관방에 국가적 위기관리에 대응하기 위한 기관은 한신・아와지 대지진에 정부가 신속하게 대응하지 못함으로써 막대한 피해를 초래했다는 반성에 의해 보강되었다. 아울러 국가적 위기에 대한 정부의 신속한 판단과 집행을 위해서 내각관방이 주도해야 한다는 인식이 부각되었기 때문이다.

또한 대규모 재해로 지방정부 차원에서 충분히 대응하기 어려운 비상재해가 발생한 경우 재해응급대책을 추진하기 위한 특별한 필요성이 있다고 인정할 때에는 내각총리대신은 임시로 내각부에 비상재해대책본부를 설치할 수 있다(동법 제24조에서 제28조). 이와 더불어 한신・아와지 대지진 피해 경험을 바탕으로 비상재해현지대책본부를 설치할 수 있다. 그리고 극심한 비상재해가 발생한 경우에 재해응급대책을 특별히 추진할 필요가 있다고 인정할 때에는 내각총리대신은 임시로 내각부에 긴급재해대책본부를 설치할 수 있다(동법 제28조의 2에서 제28조의 6). 이 경우에도 긴급재해현지대책본부를 설치할 수 있다.

(2) 지방자치단체의 재난관리 조직

도도부현의 구역에 관한 방재에 관한 사무는 도도부현, 국가의 지방지분부국, 공공적 기관 등에 의해 처리되고 있지만, 국가에 있어서 중앙방재회의를 설치하고 있는 것과 같이 도도부현에 있어서도 관계기관을 연락조정하고, 종합적이고 계획적인 재난관리행정을 하기 위해 도도부현의 지사가 의장이 되는 방재회의를 설치하고 있다(동법 제14조제1항).

도도부현 방재회의는 다음과 같은 소관사무 및 역할을 담당한다(동법 제14조제2항).

① 도도부현 지역방재계획의 작성과 실시

② 해당 재해에 관한 정보 수집

③ 재해응급대책 및 재해복구에 관하여 해당 도도부현 및 관계지정지

방행정기관관계 시정촌, 관계지정공공기관 및 관계지정지방공공기관 상호간의 연락조정

④ 비상재해시의 긴급조치에 관한 계획작성과 실시

⑤ 전 각호에 열거하는 것 이외에 법률과 정령으로 그 권한에 속하는 사무

또한 시정촌도 해당 지역에 관련된 지역적 방재계획의 작성 및 그 실시를 위해 원칙적으로 시정촌 방재회의를 설치하도록 되어 있다(동법 제16조).

즉, 도도부현, 시정촌에서는 지방자치단체, 지정지방행정기관, 경찰·소방기관, 지정공공기관 등의 장 또는 지명된 직원으로 구성되는 도도부현 방재회의, 시정촌 방재회의가 설치되어 여기서 결정한 지역방재계획에 의한 각종 재해대책을 실시하고 있다. 더욱이 재해대책기본법에 독립행정법인, 인가법인, 특수법인 및 민간회사 중에서 내각총리대신(수상)이 지정하는 것을 지정공공기관으로 하고 재해대책에 관한 각종 책무를 부과하고 있다.

재해대책기본법에 의한 재해시의 응급대응조직은 시정촌 또는 도도부현의 경우 각각의 시정촌장 또는 도도부현 지사를 본부장으로 하는 재해대책본부를, 중앙정부는 방재담당장관을 본부장으로 하는 비상재해대책본부, 또는 내각총리대신을 본부장으로 하는 긴급재해대책본부를 설치함으로써 재해응급대책을 신속하고 정확하게 집행할 수 있도록 하고 있다.

3) 재난관리계획과 재해예방

일본의 재난관리계획은 중앙방재회의가 작성하는 방재기본계획, 지정행정기관 및 지정공공기관이 작성하는 방재업무계획(동법 제36조, 제37

조), 도도부현 방재회의가 작성하는 도도부현 지역방재계획(동법 제40조, 제41조), 시정촌 방재회의(시정촌 방재회의를 설치하지 않은 시정촌은 시정촌의 장이)가 작성하는 시정촌 지역방재계획(동법 제42조) 및 도도부현 방재회의 협의회 및 시정촌 방재회의 협의회가 작성하는 도도부현 상호간 방재계획(동법 제43조) 및 시정촌 상호간 방재계획(동법 제44조)이 있다.

방재기본계획은 일본의 재해대책의 근간을 이루는 것으로 재해대책기본법 제34조에 의해 중앙방재회의가 작성하는 방재 분야의 최상위 계획이다. 방재기본계획은 최근의 재해실정에 비추어서 재해 예방, 응급, 복구, 부흥을 위한 모든 시책에 대해 그 기본을 정하고 방재업무계획 및 지역방재계획의 작성 또는 수정을 위한 기준 등을 정하고 있다. 이에 지정행정기관, 지정공공기관 및 지방자치단체는 이 계획의 기본방향 및 기준에 따라서 각각 방재계획을 작성하거나 수정해야 한다. 더욱이 중앙방재회의는 재해 및 재해방지에 관한 과학적 연구의 성과 및 발생한 재해의 상황과 이에 대해 이루어진 재해응급대책 효과를 감안하여 매년 방재기본계획에 추가하고, 필요가 인정될 때에는 이를 수정해야 한다. 방재기본계획의 내용은 한신・아와지 대지진으로부터 얻은 교훈을 통해 구체적이며 실천적인 계획이 될 수 있도록 1995년 및 1997년에 전면적으로 개정되었다.

구체적으로는 첫째, 재해종류별로 편성, 둘째, 대응시간적 순서를 고려하여 각 편으로 구성, 셋째, 중앙, 지방공공단체, 주민 등 각 주체의 책무를 명확화, 넷째, 자주방재, 자원봉사 등 국민의 방재활동을 명시, 다섯째, 최근 사회・경제구조의 변화를 감안한 대응, 여섯째, 사고재해대책의 강화로 구성되어 있다. 2000년 5월에는 1999년 9월에 발생한 우라늄가공시설임계사고나 원자력재해대책특별조치법의 제정 등에 대응하고자 방재기본계획원자력재해대책편이, 12월에는 중앙정부 개편에 대응하여 새로운 성청간의 적절·원활한 연계를 명시하기 위하여 수정하였다. 더욱이 2002년 4월에는 최근의 풍수해대책·원자력재해대책의 진전을 감안한 각각의 재해대책의 충실 및 강화를 위한 방향으로 수정하였다.

재해예방은 재해발생을 사전에 방지하고 재해확대를 방지하는 등을 위한 것으로 구체적으로 다음과 같은 사항을 규정하고 있다(동법 제46조).

① 방재에 관한 조직의 정비에 관한 사항

② 방재훈련에 관한 사항

③ 방재에 관한 물자 및 자재 비축, 정비 및 점검에 관한 사항

④ 방재에 관한 시설 및 설비의 정비 및 점검에 관한 사항

⑤ 전 각호에 열거하는 것 이외에 재해가 발생한 경우의 재해응급대책을 실시하는 데 지장을 초래하는 상태의 개선에 관한 사항

이러한 재해예방에 대해 지정행정기관의 장 및 지정지방행정기관의 장, 지방자치단체의 장 그 외 집행기관, 지정공공기관 및 지정지방공공기관 그 외 법령에 의해 재해예방의 실시에 대해 책임을 지는 자는 법령 또는 방재계획이 정하는 바에 따라 재해예방을 실시해야 한다.

재해가 발생한 경우에 중앙정부나 지방자치단체는 피해상황 및 피해규모에 관한 정보를 신속하게 수집·분석하고, 관계자나 관계기관에 전달하고 정보를 교환함으로써 재해응급대책을 실시할 수 있는 체제를 구축하고 있다. 재해응급대책의 내용은 피난할 것을 권고하거나 지시하고, 소방, 이재민의 구조, 긴급수송수단의 확보, 공공시설의 응급복구에 관한 사항이다. 재해현장이 되는 시정촌이나 도도부현에서는 재해대책본부를 설치하는 등의 조직적 차원의 재해응급대책을 실시한다. 더욱이 대규모 재해인 경우에는 중앙정부도 재해의 정도를 판단하여 비상재해

대책본부(본부장은 방재담당대신)나 긴급재해대책본부(본부장은 내각총리대신)를 설치하여 응급대책에 임한다.

대규모 재해가 발생한 후에는 중앙정부에 각 성청의 국장급 공무원이 즉시 내각총리대신 관저에 모여 관계기관으로부터의 정보, 소방청, 경찰청 등이 가동하고 있는 성청의 헬리콥터가 전송하는 피해 지역의 실시간 영상이나 지진피해조기평가시스템(EES)에 의한 피해추청 등에 의해 피해정보를 파악·분석하여 신속하게 내각총리대신에게 보고함으로써 기본적인 대응·대처방침을 수립·결정한다. 그리고 지방자치단체의 대응능력을 벗어나는 대규모 재해인 경우에는 경찰청, 소방청 또는 해상보안청에 의한 광역적인 대응 및 지원이 이루어지거나 도도부현 지사의 파견요청에 의해 자위대가 재해응급대책에 참여하게 된다. 또한 피해지역에 정부조사단을 파견하여 더욱 상세한 상황을 파악하거나 신속한 대응책을 실시하기 위하여 중앙정부가 피해 지역에 현지 대책본부를 설치하게 된다.

긴급사태에 초동대응해야 할 필요성이 발생한 경우 다음과 같은 대응체제가 운영되며, 필요에 따라 긴급사태에 관한 긴급재해대책본부가 설치된다. 긴급사태가 발생한 경우 모든 정보는 관계성청, 매스컴, 민간공공기관을 통하여 내각관방 내에 있는 내각정보집약센터로 집약된다. 센터에서는 수집된 정보를 내각관계자인 내각총리대신, 관방장관, 관방부장관, 내각위기관리감과 총리대신 관저위기관리센터로 전달한다. 아울러 관계성청으로부터도 내각관계자에게 속보로 긴급사태에 관한 정보가 전달된다. 관저위기관리센터 내에는 관저연락실을 설치할 수 있으며, 위기사태의 추이에 따라 관저대책실로 승격되어 활동하게 된다. 아울러 긴급사태에 효과적으로 대응하기 위하여 내각총리대신 관저 내에 있는 위기관리센터와 내각정보집약센터의 정보통신네트워크를 구성하고 있다.

4) 재해응급시의 국가와 지방자치단체의 책무와 권한

재해응급대책은 재해가 발생하거나 발생할 우려가 있는 경우에 재해 발생을 방어하거나 응급적 구조를 하는 등 재해 확대를 방지하기 위해 하는 것으로 구체적인 내용은 다음과 같다(동법 제50조제1항).

① 경보 발령 및 전달과 피난의 권고나 지시에 관한 사항
② 소방, 수방 그 외 응급조치에 관한 사항
③ 이재민의 구호, 구조 그 외 보호에 관한 사항
④ 재해를 입은 아동 및 학동의 응급교육에 관한 사항
⑤ 시설 및 설비의 응급복구에 관한 사항
⑥ 청소, 방역 그 외 보건위생에 관한 사항
⑦ 범죄 예방, 교통 규제 그 외 재해지에 있어서의 사회질서의 유지에 관한 사항
⑧ 긴급수송의 확보에 관한 사항
⑨ 전 각호에 열거하는 것 이외에 재해의 발생의 방어 또는 확대의 방지를 위한 조치에 관한 사항

이러한 재해응급대책에 대해 지정행정기관의 장 및 지정지방행정기관의 장, 지방자치단체의 장, 그 외 집행기관, 지정공공기관 및 지정지방공공기관 그 외 법령의 규정에 의해 재해응급대책의 실시의 책임을 지는 자는 법령 또는 방재계획이 정하는 바에 의해, 재해응급대책을 실시해야 하는 것으로 되어 있다(동법 제50조제2항).

재해대책기본법은 방재에 관한 조직, 방재계획의 작성, 재해예방, 재해응급대책, 재해복구 등의 기본을 정하여 두고 이러한 시책의 종합적인 추진을 도모하고 있지만, 그 가운데 특히 많이 논의되고 있는 재해응급대책에 있어서의 시정촌, 도도부현, 국가 각각의 주요한 책무 및 권한

을 열거하면 다음과 같다.

(1) 시정촌

가) 책무

① 재해에 관한 정보의 수집 및 전달(동법 제51조)
② 재해상황 및 이에 대해 취한 조치의 개요에 대한 보고(동법 제53조)
③ 재해에 관한 예보나 경보 전달(동법 제56조)
④ 소방기관, 수방단에 대한 출동준비, 출동명령(동법 제58조)
⑤ 경찰관, 해상보안청에 대한 출동 등의 요청(동법 제58조)
⑥ 소방, 수방, 구조 그 외 재해의 발생방어 및 확대방지에 필요한 응급조치(동법 제62조제1항)
⑦ 다른 시정촌장으로부터의 응급조치 실시의 응원요구에 응할 의무(동법 제67조제1항)

나) 권한

① 재해대책본부 및 현지재해대책본부의 설치(동법 제23조)
② 지정지방행정기관 또는 지정공공기관에 대한 직원파견의 요청(동법 제29조제2항)
③ 통신설비의 우선적 이용, 경찰 및 소방무선 등의 사용, 방송사업자 등에 대해 재해에 관한 방송을 하도록 요구(동법 제57조, 제79조)
④ 재해를 확대할 우려가 있는 설비 및 물건의 제거, 보완 그 외 필요한 조치의 지시(동법 제59조제1항)
⑤ 대피를 위한 퇴거의 권고, 지시(동법 제60조제1항)
⑥ 경계구역의 설정에 의한 출입제한, 금지, 퇴거명령(동법 제63조제1항)

⑦ 시정촌 구역 내의 토지, 건물 등의 일시사용 및 수용(동법 제64조 제1항)
⑧ 응급조치 실시에 지장이 되는 공작물 등의 제거(동법 제64조제2항)
⑨ 시정촌 내의 주민 또는 현장에 있는 자 등에 대한 응급조치업무에 대한 종사 명령(동법 제65조제1항)
⑩ 다른 시정촌장 등에 대한 응원요구(동법 제67조제1항)
⑪ 도도부현 지사 등에 대한 응원요구 및 응급조치 실시의 요청(동법 제68조제1항)
⑫ 도도부현 지사에 대한 자위대의 재해파견을 요청할 것을 요구(동법 제68조의 2제1항)
⑬ 방위청장 장관에 대한 재해상황의 통지(동법 제68조의 2제2항)
⑭ 공유재산의 무상대부(동법 제86조제2항)

(2) 도도부현

가) 책무

① 재해에 관한 정보의 수집 및 전달(동법 제51조)
② 재해의 상황 및 이에 대한 조치 개요에 대한 보고(동법 제53조)
③ 재해에 관한 예보 또는 경보 통지(동법 제55조)
④ 시정촌장으로부터의 응급조치 실시의 응원요구나 실시요청을 받을 의무(동법 제68조제2항)
⑤ 재해의 발생방어 및 확대방지에 필요한 응급조치 실시(동법 제70조제1항)
⑥ 시정촌이 실시하는 응급조치가 정확하고 원활하게 이루어지기 위한 조정(동법 제70조제1항)
⑦ 시정촌이 사무를 할 수 없게 된 때의 응급조치의 대행(동법 제73조제1항)

⑧ 다른 도도부현 지사로부터의 응급조치 실시의 응원요구에 응할 의무(동법 제74조 제1항)

나) 권한

① 재해대책본부 및 현지재해대책본부의 설치(동법 제23조)

② 지정행정기관, 지정지방행정기관 또는 지정공공기관에 대한 직원 파견의 요청(동법 제29조제1항)

③ 통신설비의 우선 이용, 경찰 및 소방무선 등의 사용, 방송사업자 등에 대해 재해에 관한 방송 요구(동법 제57조, 제79조)

④ 지정행정기관 등에 대한 응급조치의 실시요청(동법 제70조제3항)

⑤ 종사명령, 협력명령, 보관명령(동법 제71조)

⑥ 시정촌장에 대한 응급조치의 실시에 대한 지시 및 다른 시정촌장을 응원하도록 하는 지시(동법 제72조제1항)

⑦ 다른 도도부현 지사 등에 대한 응원의 요구(동법 제74조제1항)

⑧ 자위대에 대한 재해파견요건(자위대법 제83조제1항)

⑨ 공유재산의 무상대부 등(동법 제86조제2항)

(3) 중앙정부

가) 책무

① 도도부현 및 시정촌으로부터의 요청에 따른 직원 파견의무(동법 제31조)

② 응급조치 실시 및 지방자치단체의 응급조치에 대한 시책강구(동법 제77조제1항)

③ 재해에 관한 정보의 수집 및 전달(동법 제51조)

나) 권한

① 비상재해대책본부 및 비상재해현지대책본부의 설치(동법 제24조 제1항, 제25조제6항)

② 긴급재해대책본부 및 긴급재해현지대책본부의 설치(동법 제28조의2제1항, 제28조의 3제8항)

③ 비상재해대책본부장에 의한 지방자치단체의 장 등에 대한 지시(동법 제28조제2항)

④ 긴급재해대책본부장에 의한 지방자치단체의 장 등에 대한 지시(동법 제28조의 6제2항)

⑤ 지정행정기관의 장 등에 의한 재해응급대책상의 요청 및 지시(동법 제77조제2항)

⑥ 지정행정기관의 장 등에 의한 물자의 보관명령, 물자의 수용 등(동법 제78조)

⑦ 지정행정기관의 장 등에 의한 통신설비의 우선사용(동법 제79조)

⑧ 국유재산의 무상대부 등(동법 제86조제1항)

5) 재해복구 및 재정금융조치

공공의 복지의 확보를 도모한다는 관점에서 신속한 복구가 필요하게 된다. 이에 지정행정기관의 장 및 지정지방행정기관의 장, 지방자치단체의 장 그 외 집행기관, 지정공공기관 및 지정지방공공기관 그 밖의 법령 규정으로 재해복구의 실시에 대해 책임을 지는 자는 법령이나 방재계획이 정하는 바에 의해 재해복구를 실시해야 한다(동법 제87조). 또한 일정한 요건에 해당하는 재해복구사업에 대해 국가가 그 경비의 일부를 부담하거나 보조하는 제도가 있다. 국가가 직할이나 지방공공단체 등에 대해 부담하거나 보조하여 실시하는 재해복구사업의 대상이 되는 시설 등에는 ① 공공토목시설, ② 농림수산업시설 등, ③ 문교시설 등, ④ 후생시설 등, ⑤ 그 밖의 시설이 있다. 이러한 재해복구사업에 대해 각 성청의 주무대신이 해당 복구사업비를 결정함에 있어서 도도부현 지사의 보고, 그 밖에 지방공공단체가 제출하는 자료, 실지조사의 결과 등에 근거하여 적정하고 신속하게 하여야 한다.

재해복구에 대한 국가의 재정금융조치에 대한 부담 및 보조에 관해 재해대책기본법에서는 재해대책에 요하는 비용은 그 재해대책 실시에 대해 책임을 지는 자가 부담하는 것으로 하는 실시책임자부담원칙을 밝히고 있다(동법 제91조). 다만 예외로서 법령에 특별한 규정이 있는 경우 또는 예산의 범위 내에서 특별한 조치가 고려되고 있는 경우에는 그러하지 아니한 것으로 하고 지방자치단체 등이 실시하는 재해응급대책, 재해복구사업 등에 대해 그 실시를 조성하고 촉진하는 등의 관점에서 실시책임자부담원칙의 예외로서 각종 국고부담제도 등을 규정하고 있다.

즉, 재해응급대책이나 재해복구사업 그 밖의 재해와 관련된 사업에 요하는 비용은 법령에서 규정하는 바에 의하거나 예산의 범위 안에서 국가가 그 전부 또는 일부를 부담하고 보조할 수 있는 것으로 한다(동법 제94조).

재해대책기본법에서 정부는 현저하게 극심한 재해가 발생한 때에는 달리 법률로 정하는 바에 따라 응급조치 및 재해복구가 신속하고 적절하게 이루어지도록 조치함과 동시에 극심한 재해로 피해를 입은 지방자치단체 등의 경비부담의 적정을 도모하기 위해 또는 재해피해자의 재해복구의 의욕을 진작시키기 위해 필요한 시책을 강구하는 것으로 하고 있다(동법 제97조).

6) 재해긴급사태

재해대책기본법은 극심한 재해에 의한 비상사태에 대처하기 위해 재해긴급사태에 관한 규정을 두고 있다. 즉, 국가의 경제 및 공공 복지에 중대한 영향을 미치는 극심한 재해가 발생하고 재해응급대책을 추진하기 위해 특별한 필요가 있다고 인정되는 경우에는 내각총리대신은 각의를 거쳐 관계 지역의 전부 또는 일부에 대해 재해긴급사태의 포고를 발할 수 있고 그 포고가 있었던 경우에는 긴급재해대책본부를 설치한다(동법 제106조, 제107조).

재해긴급사태에 있어서 국가경제의 질서를 유지하고 공공복지를 확보하기 위해 긴급한 필요가 있는 경우에 국회가 폐회 중이거나 중의원이 해산 중이고 동시에 임시회의 소집을 결정하거나 참의원의 긴급집회를 요구하여 그 조치를 기다릴 여유가 없을 경우에는 내각은 금전채무의 지불연기 그 밖의 특정사항에 대해 정령으로 필요한 조치를 취할 수 있는 것으로 하고 있고, 법률의 규정에 의해서는 재해피해자의 구조에 관련된 해외로부터의 지원을 긴급하고 원활하게 접수할 수 없는 경우에 있어서도 국회가 같은 상황에 있을 때에는 내각은 해당 접수에 대해 정령으로 필요한 조치를 취할 수 있다(동법 제109조).

제4장

재난관리 관련법령의 현황분석

제 1 절 재난 및 안전관리 기본법의 내용분석

재난관리에 있어서 재난관리책임기관인 중앙행정기관 및 지방자치단체에게 재난관리행정상 책임을 부여하는 재난 및 안전관리 기본법은 우리나라 재난관리행정의 총괄적 통합법이라 할 수 있다. 즉, 예방과 계획 및 응급대응과 인명구조에 대하여 모든 국가기관에 대하여 강력한 행정력을 발휘할 수 있도록 하는 근거법이라는 의미이다. 앞에서 설명한 민방위사태[1]에 있어서 적 침투 및 재난 중에서 재난으로 인한 국민들의 위험에 대하여 예방, 계획, 대응, 복구 등을 총괄하는 지침법으로서 소방방재청의 권한 등을 규정한 것으로 우리나라 재난관리행정의 총괄적 기본지침법[2]이라 할 수 있다. 이하에서는 재난 및 안전관리 기본법의 입

1) 행정자치부, 전게서, p. 54.
2) 문현철, "재난 및 안전관리 기본법 해설", 2007전라남도 지방공무원 교육원,「재난관리 과정' 교재」, 2007.6, p. 41.

법목적과 기본이념, 역할 등에 대하여 법률 규정 내용을 중심으로 살펴보기로 한다.

1. 재난 및 안전관리 기본법의 입법목적과 기본이념

재난 및 안전관리 기본법은 각종 재난으로부터 국토를 보존하고 국민의 생명, 신체, 재산을 보호하기 위하여 국가 및 지방자치단체의 재난 및 안전관리체제을 확립하고 재난의 예방, 대응, 복구, 그 밖에 재난 및 안전관리에 관하여 필요한 사항을 규정함을 목적으로 하고(재난 및 안전관리 기본법 제1조), 재난예방, 재발생시 그 피해를 최소한으로 해야 할 의무, 안전을 우선적으로 고려해야 할 의무, 국민이 재난으로부터 안전한 사회에서 생활할 수 있도록 함을 기본이념으로 한다(동법 제2조).

이러한 재난 및 안전관리 기본법 제1조, 제2조에 규정된 입법목적과 이념을 통하여 국가의 국민에 대한 보호의무를 명확히 구체화하며, 특히 헌법 제34조제6항을 구체적으로 실현하는 행정법으로 평가할 수 있다.

2. 재난 및 안전관리 기본법의 역할

1) 재난관리에 관한 기본 용어정의와 재난관리의 범주 및 역할

재난 및 안전관리 기본법(이하에서는 재난안전법이라 함)에서는, ① 재난정의,[3] ② 해외재난,[4] ③ 재난관리, ④ 안전관리, ⑤ 재난관리책임기관,[5] ⑥ 긴급구조, ⑦ 긴급구조기관, ⑧ 긴급구조지원기관 등을 명문

3) 홍성일, "재난관리행정과 발전방안", 「2007재난관리 관련법령 및 기금운영의 효율적 운영방안 학술대회 발표집」, 전라남도 의방제삭소, p. 12.

4) 행정자치부, 전게서, pp. 123-125.

5) 행정자치부 안전기획팀, 「재난관리책임기관 현황」, 2006, p. 1.

화함으로써 재난관리행정의 큰 틀과 구조를 명시하고 있고(제3조), 즉, '재난'이라 함은 국민의 생명·신체 및 재산과 국가에 피해를 주거나 줄 수 있는 것으로써 태풍·홍수·호우·강풍·풍랑·해일·대설·가뭄·지진·황사·적조 그 밖에 이에 준하는 자연현상으로 인하여 발생하는 재해, 화재·붕괴·폭발·교통사고·화생방사고·환경오염사고 그 밖에 이와 유사한 사고로 대통령령이 정하는 규모 이상의 피해, 에너지·통신·교통·금융·의료·수도 등 국가기반체계의 마비와 전염병 확산 등으로 인한 피해 등을 예시하면서 재난의 정의를 명확히 하고 있다. 또한 '해외재난'이라 함은 대한민국의 영역 밖에서 대한민국 국민의 생명·신체 및 재산에 피해를 주거나 줄 수 있는 재난으로서 정부 차원의 대처가 필요한 재난을 말한다고 정의하여 해외재난도 국가재난관리체제의 큰 축으로 규정하고 있다.

국가재난관리행정의 종류에 대하여 세 가지를 크게 정의하고 있는바, 첫째, '재난관리'라 함은 재난의 예방·대비·대응 및 복구를 위하여 행하는 모든 활동을 말하며, 둘째, '안전관리'라 함은 시설 및 물질 등으로부터 사람의 생명·신체 및 재산의 안전을 확보하기 위하여 행하는 모든 활동에 대한 정의 규정을 두어 국가재난관리행정의 내용에 대하여 분명히 하고 있으며, 셋째, '긴급구조'라 함은 재난이 발생할 우려가 현저하거나 재난이 발생한 때에 국민의 생명·신체 및 재산의 보호를 위하여 인명구조·응급처치 그 밖에 필요한 모든 긴급한 조치에 대하여 규정함으로써 국가재난관리행정의 범주에 대한 큰 줄기를 설명하고 있다.

동법 제3조는 특히 자연재해와 인위재난, 국가기반재난 등을 명시하여 지금까지 문제되었던 자연재해와 인위재난의 구별[6]을 재난으로 통

---

6) 박인수, "재난관리법에 관한 헌법적 검토", 「공법연구」, 제24집 제3호, p. 139.

합하고 과거의 재난관리법을 폐지한 점은 입법적으로 재난관리행정의 통일성[7]을 추구한 점과 사회적 재난을 명시적으로 재난의 유형으로 정의한 것은 재난발생시 행정기관의 혼란을 방지하고, 유형별 재난예방을 위한 재난관리책임기관의 역할을 명확하게 하는 입법조치라 평가할 수 있다.

아울러 재난관리책임기관에 지방자치단체를 규정함으로써 지방자치단체가 중앙행정기관과 동일한 재난관리책임기관이라는 것을 명시하여 재난예방과 발생시 지방자치단체의 역할과 신속한 대응을 위한 근거리 행정의 근거규정으로서의 성격을 갖고 있다고 평가할 수 있다. 또한 긴급구조행정과 긴급구조행정기관에 대한 명확한 정의를 그리고 긴급구조 지원기관 등을 명문의 규정으로 명시하여 국가재난관리체계에 있어서 긴급구조기관의 중요성을 역설했다는 점에서도 적절한 입법조치로 볼 수 있다. 더욱이 해외재난에 대한 정의를 통하여 급증하는 해외재난에 대하여 총괄적 차원에서 언급함으로써 국가재난관리행정의 한 축으로서 매우 중시하고 있다는 점도 높게 평가할 수 있는 입법조치다.

2) 재난관리에 있어서 국가의 책무 및 역할

재난 및 안전관리 기본법은 재난관리행정에 대한 국가의 책무로서 재난으로부터 국민보호 책무, 재난의 예방과 피해 경감을 위한 노력, 발생한 재난을 신속히 대응 복구하기 위한 계획의 수립과 시행(제4조제1항), 재난관리책임기관장의 시도 시군구의 재난 및 안전관리 업무에 협조 의무(제4조제2항), 주민으로부터 재난 신고받은 행정기관의 응급대처방안 강구 조치의무(제18조제2항), 안전점검의 날 및 방재의 날(제6조), 재난 및 안전관리업무에 종사하는 자가 지켜야 할 안전관리헌장(제7조), 긴급

7) 행정자치부, 전게서, 2007.4, p. 9.

구조활동에 대한 평가(제53조), 긴급구조대응계획의 수립[8](제54조), 국가의 재난대비 인력, 장비, 시설, 통신망, 긴급구조능력 보강노력의무(제55조) 등을 규정하고 있다.

이러한 규정들은 헌법의 법리적으로는 앞에서 언급한 '국가의 보호의무론'과 헌법 제34조제6항을 구체화하는 규정이라 할 수 있고,[9] 국가재난관리체제의 목적을 분명하게 선언한 규정이다.

3) 국민의 책무 및 역할

재난 및 안전관리 기본법은 국민의 책무로써 지자체의 재난 및 안전관리 업무 수행에 최대한 협조하여야 할 의무 및 자기관리건물, 시설 등의 재난 예방의무(제5조), 누구든지 재난발생이나 징후에 대한 기초자치단체 및 긴급구조기관 등에 신고의무(제18조제1항) 등[10]을 규정하고 있다.

재난관리행정에 있어서 국민의 책무부여에 대한 규정들을 행정법학적 평가를 하자면 위 조항들은 재난관리행정에 대한 국민의 협조의무를 명시하고 있다. 이는 행정법학의 구조변화로서의 재난관리행정에 대한 참여와 협력을 분명하게 규정하는 조항으로 볼 수 있다.

독일의 행정법학에서 '참여'를 통한 행정법의 구조변화를 간단히 살펴보면 주권자의 단일성, 법률의 완전성, 행정의 단일성 및 전문성 등이 흔들리고 깨지기 시작했다는 점과 재난관리행정에 있어서 시민의 지위에 대한 관념의 변화, 공익에 대한 인식의 변화 등이 전통적 행정법학의 구조에 변화를 가져오기 시작하는 요인 등이다.[11] 독일 행정법학의 강

---

8) 전라남도, 「2007 전라남도 긴급구조 대응계획」, p. 19.
9) 정태호, 전게논문, p. 91.
10) 행정자치부, 전게서, p. 15.
11) 박정훈, "행정법의 구조변화로서의 참여와 협력", 한국공법학회 제100회 학술발표회 자료집, 2002.5.18, 한국공법학회, pp. 3-4.

한 영향 하에 있는 우리나라 행정법학, 특히 21세기 한국적 행정법학을 구축하는 데 있어서 독일에서의 논의가 시사하는 바가 크다고 생각된다.[12] 재난 및 안전관리 기본법에서의 이러한 조항들은 이러한 행정법 구조의 변화를 상징하는 규정들로 평가할 수 있다.

4) 재난관리 관련 행정법의 범주에 속하는 개별법의 제정과 개정에 있어서 재난 및 안전관리 기본법의 역할

재난 및 안전관리 기본법은 재난관리행정에 관하여 다른 법률을 제정하거나 개정하는 경우에는 재난 및 안전관리 기본법의 목적과 기본이념에 부합되도록 하여야 한다는 규정(제8조제1항), 풍수해 재난의 경우 예방과 복구에 관하여는 자연재해대책법에 따르도록 하는 규정(제8조제2항) 등을 통하여 재난관리행정에 있어서 '기본법'[13]으로서의 역할을 분명히 하는 역할, 즉, 재난관리행정에 관한 특별법의 제·개정시 지침법으로써 성격을 분명히 하고 있다.

재난 및 안전관리 기본법 제8조에 대한 행정법학적 평가는 우리나라 국가재난관리시스템의 핵심적 근거 규정이며 기둥역할을 하는 법이라는 점을 분명히 하고 있다. 또한 모든 재난관리책임기관은 국가재난관리행정을 수행함에 있어서, 그리고 재난관리행정관련 주무부처의 관련법이나 행정입법에 대한 나침반으로 삼아야 한다는 것이다.

---

12) 박정훈, 전게논문, p. 2.
13) 김종두, 「입법실무」, (사)지방행정연구소, 2001, p. 82.

제 2 절 재난관리 관련 행정기관의 종류와 기능

재난 및 안전관리 기본법은 자연재해대책법과 구 재난관리법에 분산되어 있던 재난관리행정기관들을 통합 정리하고 있고, 통일적 재난관리행정의 수행이라는 역할에 충실하려는 것으로 볼 수 있다.14)

여기서는 국가재난관리체계에 있어서 모든 재난관리책임기관을 통괄하며 통일적 재난관리행정의 추진에 있어 그 주체를 크게 중앙정부 차원의 통일적 재난관리방재행정기관과 지방자치단체의 역할을 규정하는 조항들을 살펴보기로 한다.

1. 국가재난관리체계에 대한 행정조직법적 개관

행정법학에서는 국가행정기관과 공무원에 관한 개별법의 영역을 행정조직법15)으로 정의한다. 이러한 행정조직법의 범주에 포함되는 법률로는 정부조직법, 지방자치법, 국가공무원법, 지방공무원법 등이 있고, 그 주요 지도원리는 배분, 조정, 책임 등을 들 수 있고, 우리나라 행정조직체계에 대하여 평가한다면 행정조직법상 우리나라 행정기구는 많은 정리가 필요하다고 할 수 있다. 정부조직법의 법 명칭부터 '국가행정조직법'으로 바꾸어야 할 필요성이 있다. 현재 우리나라의 모든 행정기구의 혼란은 정부조직법에 있다고 할 수 있다.

우리나라 국가재난관리 행정시스템의 핵심적 지침의 근거법인 재난 및 안전관리 기본법은 자연재해대책법과 구 재난관리법에 분산되어 있

14) 행정자치부, 전게서, 2007.4, p. 9.
15) 정하중, 「행정법각론」, 법문사, 2005, p. 3.

던 재난관리행정기관들을 통합정리하고 있는데, 이는 통일적 재난관리 행정의 수행이라는 역할에 충실하고자 하는 배경이 있다.16) 재난 및 안전관리 기본법에서는 재난관리업무를 수행하는 국가재난관리 행정기관에 대하여 재난관리책임기관이라고 한다. 즉, 중앙행정기관 및 지방자치단체, 지방행정기관・공공기관・공공단체(공공기관 및 공공단체의 지부 등 지방조직을 포함한다) 및 재난관리의 대상이 되는 중요시설의 관리기관 등으로서 대통령령이 정하는 기관, 긴급구조기관은 소방방재청・소방본부 및 소방서를 말한다. 다만, 해양에서의 재난의 경우에는 해양경찰청・지방해양경찰청 및 해양경찰서를 말하며, 긴급구조지원기관이라 함은 긴급구조에 필요한 인력・시설 및 장비를 갖춘 기관 또는 단체로서 대통령령이 정하는 기관 및 단체 등을 규정하고 있다(동법 제3조).

이러한 우리나라 재난관리행정체제의 종류에 대한 법적 근거 하에 분류하여 보면 중앙정부와 지방자치단체 등으로 나누어 볼 수 있다.

먼저 중앙정부의 재난관리행정기관으로는 정부조직법상 중앙행정기관과 재난 및 안전관리 기본법상 재난관리책임기관으로서의 중앙행정기관, 중앙안전관리위원회, 중앙재난안전대책본부, 중앙사고수습본부, 중앙긴급구조통제단 등이 있고, 국가안전보장회의법상 국가안전보장회의(NSC) 사무처, 국무조정실 등이 있다.

다음으로 지방자치단체의 재난관리 행정기관을 살펴보면, 우선 지방자치법상 특별시, 광역시, 도, 시군구 읍면동이 있고, 재난 및 안전관리 기본법상 재난관리책임기관으로서의 지위와 자방자치법상의 단계에 의한 특별시・광역시・도 안전관리위원회, 시군구 안전관리위원회, 특별시・광역시・도 재난안전대책본부, 시군구 재난안전대책본부, 특별시・광역시・도 사고수습본부, 시군구 사고수습본부, 특별시・광역시・도

16) 행정자치부, 전게서, 2007.4, p. 9.

긴급구조통제단, 시군구 긴급구조통제단 등이 있다.

다음으로 국가재난관리체계에 있어서 모든 재난관리책임기관을 통괄하며 통일적 재난관리행정을 추진하는 주체를 크게 중앙정부 차원의 통일적 재난관리행정기관과 지방자치단체의 역할을 규정하는 조항들을 살펴보기로 한다.

행정법학에서 행정조직법(Verwaltungsorganisationsrecht)이란 행정권 주체의 활동 전제가 되는 기관의 조직에 관한 법의 총칭, 즉, 행정기관의 설치, 폐지, 구성, 권한 및 행정기관 상호간의 관계를 정한 법 영역을 말한다. 행정조직법의 선행연구를 토대로 하여 그 구성 원리를 살펴보면 분배의 원리, 책임의 원리, 통제의 원리 등을 들 수 있다.[17] 행정조직법상 국가재난관리제체에 있어서 중앙재난관리행정기관을 살펴보면 크게 정부조직법상 중앙행정기관과 재난 및 안전관리 기본법상 재난관리책임기관으로서의 중앙행정기관과 중앙안전관리위원회, 중앙재난안전대책본부, 중앙사고수습본부, 중앙긴급구조통제단 등이 있고, 헌법제91조에 근거한 국가안전보장회의법상 국가안전보장회의(NSC) 사무처, 국무조정실 등이 있다.

2. 국가안전보장회의(NSC) 사무처

헌법상의 기구인 국가안전보장회의는 국가안전보장과 관련되는 대외정책, 군사정책과 국내정책의 수립에 관하여 국무회의 심의에 앞서 대통령의 자문에 응하기 위하여 반드시 설치하여야 하는 필수적 헌법기관이다. 그러므로 국가안전보장회의는 대통령이 주재한다(헌법 제91조).

국가안전보장회의(NSC)의 헌법적 근거를 바탕으로 국가안전보장회

---

17) 유진식, "대통령, 권력분립, 그리고 국가행정조직법", 「공법연구」 제31집 제2호, 한국공법학회, 2002.12, p. 426.

의법이 있으며, 의장은 대통령이고 상임위원회의는 통일부장관, 외교통상부장관, 국방부장관, 국가정보원장, 안보회의 사무처장으로 구성되고, 국가안전보장회의 운영 등에 관한 업무를 수행하기 위하여 국가안전보장회의 사무처를 두도록 하고 있다(국가안전보장회의법 제7조). 또한 대통령 훈령 제124호인 국가위기관리기본지침에 의하여 사무처에는 사무차장 지휘 하에 행정팀, 안보위기관리팀, 재난위기관리팀, 사회위기관리팀, 국가안보종합상황실을 두고 있다.[18] 국가안전보장회의 사무처는 국가위기관리에 대하여 국가위기관리기본지침, 표준매뉴얼, 실무매뉴얼, 현장조치 행동매뉴얼 등을 집대성하여 세계적으로 보기 드문 국가위기관리체제를 정립하였고, 우리나라의 국가경쟁력의 한 축으로 자리매김할 수 있다고 본다. 행정법학적 관점에서 평가할 때 아쉬운 점은 포괄적 안보개념의 근거인 '국가위기관리기본지침'은 대통령 훈령으로 그 법적 성격은 행정규칙(Verwaltungsvorschriften)이라 할 수 있으므로 가능한 한 '국가위기관리기본법'이 제정되어야 비로소 선진적인 국가위기관리체제로 확립될 수 있을 것이다.

3. 중앙 및 지역 안전관리위원회

재난 및 안전관리 기본법은 중앙안전관리위원회에 대하여 안전관리에 관한 중요정책의 심의 및 총괄·조정, 안전관리를 위한 관계부처간의 협의·조정 그 밖에 이 법이 정하는 안전관리에 필요한 사항을 시행하기 위하여 국무총리소속 하에 중앙안전관리위원회를 두며, 중앙위원회의 위원장은 국무총리가 되고, 위원은 대통령령이 정하는 중앙행정기관 또는 관계 기관·단체의 장이 된다. 중앙위원회에 부의될 의안의 검

18) 국가안전보장회의 사무처, "국가위기관리", 국가안전보장회의 사무처, 2006, p. 8.

토, 재난의 대비·대응·복구를 위한 관계부처간의 협의·조정사항 중 대통령령이 정하는 경미한 사항의 협의·조정 등을 위하여 중앙위원회에 행정자치부장관을 위원장으로 하는 조정위원회(이하 "조정위원회"라 한다)를 둔다.

이 경우 조정위원회의 협의·조정을 거친 재난의 수습은 중앙위원회의 협의·조정을 거친 것으로 본다. 중앙위원회 및 조정위원회에 각각 간사위원 1인을 두되, 중앙위원회 업무의 효율적 운영을 위하여 필요한 경우 분과위원회를 둘 수 있다. 중앙위원회·조정위원회 및 분과위원회의 구성·운영 등에 관하여 필요한 사항은 대통령령으로 정한다고 규정하고 있다(동법 제9조).

중앙안전관리위원회의 기능과 역할은[19] 안전관리에 관한 중요정책의 심의 및 총괄·조정, 국가안전관리기본계획안 및 집행계획안의 심의, 중앙행정기관이 수행하는 재난 및 안전관리업무의 협의·조정은 국가기반시설 지정사항의 심의사무, 재난사태 선포 및 특별재난 지역 선포에 관한 건의사항의 심의와 재난사태 선포의 사후승인, 다른 법령에 의하여 중앙위원회의 권한에 속하는 사항의 처리, 그 밖에 위원장이 부의하는 사항의 심의를 행하고, 국가안전보장과 관련된 사무의 경우에는 국가안전보장회의(NSC)와 협의하여야 한다고 규정하고 있다. 특히 중앙안전관리위원회는 그 소관사무에 관하여 재난관리책임기관의 장이나 관계인에 대하여 자료의 제출, 의견의 진술 그 밖의 필요한 사항에 대하여 협조를 요청할 수 있다는 점이 특징이다. 이 경우 요청을 받은 자는 특별한 사유가 없는 한 이에 응하여야 한다고 규정하고 있어 전술한 자연재해대책법상의 기구와 구 재난관리법상의 기구를 통합함으로써 자연재해와 인위재난을 통합한 재난관리행정 시스템으로서의 성격이 나

19) 행정자치부, 전게서, p. 63.

타나고 있다.

4. 중앙재난안전대책본부

재난 및 안전관리 기본법은 대규모 재난에 있어서 중앙재난안전대책본부(본부장 행자부장관)의 구성(제14조)과 그 권한(제15조)에 대하여 규정[20]하면서 자연재해와 인위재난에 대한 통합 재난관리행정시스템을 도모하고 있다. 구체적으로는 대통령령이 정하는 대규모 재난의 예방・대비・대응・복구 등에 관한 사항을 총괄・조정하고, 필요한 조치를 수행하기 위해 행정자치부에 중앙재난안전대책본부를 두며, 중앙대책재난안전대책본부의 본부장은 행정자치부장관이 되며, 중앙본부장은 중앙대책본부의 업무를 총괄하고 필요하다고 인정하는 경우에는 중앙재난안전대책본부회의를 소집할 수 있다. 대규모 재난으로 인하여 중앙재난안전대책본부를 두는 때에는 주무 부처의 장 소속 하에 중앙사고수습본부를 둔다. 다만, 해외재난이 발생한 경우에는 외교통상부에 수습본부를 둔다. 중앙본부장은 해외재난이 발생한 경우 필요하다고 인정하는 때에는 관계 중앙행정기관 및 관계 기관・단체의 임직원과 재난관리에 관한 전문가 등으로 정부합동 해외재난대책지원단을 구성하여 해외재난이 발생한 국가에 파견할 수 있다(제14조).

중앙재난안전본부장은 재난의 효율적인 수습을 위하여 관계 재난관리책임기관의 장에게 행정 및 재정상의 조치와 소속직원의 파견, 그 밖의 필요한 지원을 요청할 수 있다. 이 경우 요청을 받은 관계 재난관리책임기관의 장은 특별한 사유가 없는 한 이에 응하여야 한다. 파견된 직원은 재난의 수습에 필요한 소속기관의 업무를 성실히 수행하여야 하

---

20) 행정자치부, 전게서, pp. 72-76.

며, 재난의 수습이 종료될 때까지 중앙재난안전대책본부에서 상근하여야 한다.

또한 중앙재난안전대책본부장은 당해 재난의 수습에 필요한 범위 안에서 지역본부장을 지휘할 수 있다. 중앙재난안전대책본부장은 재난의 효율적인 수습을 위하여 중앙수습지원단을 구성하고, 필요하다고 인정하는 경우에는 중앙수습지원단을 현지에 파견할 수 있다. 중앙재난안전대책본부가 설치되지 아니한 재난의 경우에는 중앙본부장의 권한은 주무부처의 장이 이를 행사한다. 중앙재난안전대책본부장은 재난의 효율적인 수습을 위하여 국내외에서 발생한 재난 사례 및 수습체계의 분석, 재난유형별 수습 시나리오 작성, 재난유형별 전문가의 데이터베이스 구축 및 상시 연락체제 구축, 재난유형별 물적 자원의 파악 및 데이터베이스 구축, 재난유형별 사고조사 기법·인력 및 장비의 개발, 그 밖에 효율적인 재난수습을 위하여 대통령령이 정하는 사항임무를 수행한다(제15조).

5. 정부합동 해외재난대책 지원단

재난 및 안전관리 기본법은 해외재난이 발생한 경우 외교통상부에 중앙사고수습본부를 두며, 중앙재난안전대책본부장(행정자치부장관)이 필요하다고 인정하는 경우에는 관계중앙행정기관 및 관계기관, 단체의 임직원과 재난관리에 관한 전문가 등으로 정부합동 해외재난대책지원단을 구성하여 해외재난이 발생한 국가에 파견할 수 있도록 하고 있다(제14조제4항).

6. 대규모 재난에 대한 중앙사고수습본부

재난 및 안전관리 기본법은 대규모 국내 재난에 대하여 중앙재난안전대책본부와는 별도로 주무 부처장 소속 하에 중앙사고수습본부(주무 부처)의 구성(제14조제3항) 및 권한(제15조제4항)에 대하여 규정하고 있고, 해외재난이 발생한 경우 외교통상부에 사고수습본부를 두도록 규정하고 있다(제14조제3항 단서조항).

중앙재난안전대책본부의 경우처럼 자연재해와 인위재난에 대한 통합재난관리행정시스템을 보여 주고 있고 대규모 재난시 사고수습본부를 주무 부처에 설치하도록 하는 것과 해외재난에 대한 외교통상부에 사고수습본부를 설치하도록 하는 것은 매우 적절한 입법조치로 평가된다.

7. 인명구조를 위한 중앙긴급구조통제단

재난 및 안전관리 기본법상 긴급구조에 대한 중앙행정기관에 대하여 살펴보면 소방방재청과 긴급구조통제단 등이 있다. 소방방재청의 중앙긴급구조통제단[21](단장 소방방재청장)의 구성과 운영위원회(제49조), 긴급구조활동에 대한 평가(제53조), 긴급구조대응계획의 수립(제54조), 국가의 재난대비 인력, 장비, 시설, 통신망, 긴급구조 등 보강노력 의무(제55조) 등이 있다.

긴급인명구조에 대한 규정을 살펴보면 긴급구조에 관한 사항의 총괄・조정, 긴급구조기관 및 긴급구조지원기관이 행하는 긴급구조활동의 역할분담 및 지휘통제를 위하여 소방방재청에 중앙긴급구조통제단을 둔다. 중앙통제단에는 단장 1인을 두되, 단장은 소방방재청장이 된다.

21) 행정자치부, 전게서, pp. 77-78.

긴급구조에 관한 사항을 심의하기 위하여 중앙통제단에 위원장을 포함하여 15인 이상 20인 이내의 위원으로 구성되는 운영위원회를 두되, 운영위원회의 위원장은 위원 중에서 중앙통제단장이 지명하고, 위원은 국방부·보건복지부·경찰청·해양경찰청 그 밖에 단장이 필요하다고 인정하는 관계기관의 장이 추천하는 소속공무원과 긴급구조에 관한 학식과 경험이 풍부한 자 중에서 단장이 위촉하는 자가 된다. 중앙통제단장은 긴급구조를 위하여 필요한 경우에는 긴급구조지원기관간의 공조체제를 유지하기 위하여 관계 기관·단체의 장에게 소속직원의 파견을 요청할 수 있다. 이 경우 요청을 받은 기관·단체의 장은 특별한 사유가 없는 한 이에 응하여야 한다(제49조).

중앙긴급구조통제단장은 대통령령이 정하는 바에 의하여 재난상황이 종료된 후 긴급구조지원기관의 활동에 대하여 종합평가를 실시하여야 한다. 종합평가결과를 시군구 긴급구조통제단장은 시도 긴급구조통제단장 및 시장·군수·구청장에게, 시도 긴급구조통제단장은 소방방재청장에게 보고 또는 통보하여야 한다(제53조). 긴급구조기관의 장은 재난이 발생하는 경우 긴급구조기관 및 긴급구조지원기관이 신속하고 효율적으로 긴급구조를 수행할 수 있도록 대통령령이 정하는 바에 의하여 재난의 규모 및 유형에 따른 긴급구조대응계획을 수립·시행하여야 한다(제54조).

재난시 인명피해를 최소화하는 일은 국가재난관리행정에 있어서 가장 중요한 축의 하나라 할 수 있고, 긴급인명구조에 대하여 긴급구조통제단[22]이라는 기구를 두는 것도 바람직한 입법조치로 평가된다.

---

22) 전라남도, 「2007년 전라남도 긴급구조 대응계획」, 전라남도, 2007, p. 41.

8. 재난관리책임기관으로서의 중앙행정기관

재난 및 안전관리 기본법은 중앙행정기관들을 각 주무 부서별 고유의 업무에 대하여 재난관리책임기관으로 규정하고 있고(제3조), 행정자치부와 소방방재청이 총괄하도록 하고 있고, 국가안전보장과 관련해서는 국가안전보장회의(NSC)와 협의하도록 하는 규정(제10조), 치안은 경찰과 협의하도록 하고(제52조), 해상재난은 해양경찰이 담당하도록 하고 있다(제56조).

결과적으로는 모든 중앙행정기관이 각 부처의 고유 업무와 관련하여 매우 중요한 재난관리책임기관이라는 사실을 명심하여야 할 규정들로서 바람직한 입법태도로 평가된다. 재난관리행정은 행정자치부와 소방방재청은 총괄기관이고 관리감독 기관이라는 사실을 강조하는 규정으로 볼 수 있고, 각 주무부처는 고유 주무업무와 관련하여 각 부처가 매우 중요한 역할을 수행한다.

9. 행자부장관과 소방방재청장의 종합상황실 운영의무

재난 및 안전관리 기본법은 소방방재청장, 시도지사, 시장군수구청장 및 소방서장의 재난정보 수집전파 지휘, 행정자치부장관의 국가기반보호체계의 상황관리를 위하여 종합상황실 운영의무(제19조)에 관해 규정하고 있듯이[23] 상황실이 재난관리행정 책임기관의 기관장[24] 집무실과 멀리 떨어져 있는 경우가 대부분이므로 실효성을 확보하기 위해서는 종합상황실이 기관장의 집무실 바로 옆에 설치하도록 하는 규정의 신설도

23) 행정자치부, 전게서, p. 99.
24) 행정자치부 안전기획팀, 「재난관리책임기관 현황」, 행정자치부, 2006, p. 1.

검토해 볼 수 있을 것이다.

10. 재난상황 보고에 대한 수합

재난 및 안전관리 기본법은 재난발생시 시장, 군수, 구청장은 광역시, 도지사에게, 광역시도지사는 소방방재청장 및 관계중앙행정기관의 장에게 재난상황을 보고하도록 규정하고 있다. 대규모 재난발생시 긴급구조기관장이나 시장, 군수, 구청장은 소방방재청장에게 직접 보고하도록 하고 있고(제20조제1항), 해양재난 발생시 해양경찰서장은 해양경찰청장에게 해양경찰청장은 관계중앙행정기관의 장 및 소방방재청장에게 보고 하도록 하고 있다(제20조제2항).[25]

제 3 절 재난관리와 지방자치단체의 역할

국가재난관리체제에 있어서 지방자치단체의 역할에 대한 행정조직법적 검토에 앞서 해당 법률에 규정된 지방자치단체의 재난관리 행정시스템을 살펴보면, 먼저 지방자치법상 특별시·광역시·도, 시군구, 읍면동이 있고, 재난 및 안전관리 기본법상 재난관리책임기관으로서의 지위에 의한 특별시·광역시·도 안전관리위원회, 시군구 안전관리위원회, 특별시·광역시·도 재난 안전대책본부, 시군구 재난안전대책본부, 특별시·광역시·도 사고수습본부, 시군구 사고수습본부, 특별시·광역시·도 긴급구조통제단, 시군구 긴급구조통제단 등이 있다.

25) 행정자치부, 전게서, p. 66.

1. 지역안전관리위원회

재난 및 안전관리 기본법은 지역안진관리위원회의 구성(제11소)과 기능[26](제12조) 및 소방방재청장의 광역지역안전관리위원회의 업무 대한 지원 지도, 시도지사의 시군구 안전관리위원회의 업무에 대한 지원 지도(제13조)에 대하여 규정[27]하고 있다.

지역안전관리위원회에 대한 규정의 내용들을 검토해 보면, 지역별 안전관리에 관한 중요정책의 심의 및 총괄・조정, 지역별 안전관리업무의 협의・조정 그 밖에 이 법이 정하는 지역별 안전관리에 필요한 사항을 시행하기 위하여 특별시장・광역시장・도지사・특별자치도지사 소속하에 시・도 안전관리위원회를, 시장・군수・구청장 소속 하에 시・군・구 안전관리위원회를 둔다. 시도위원회의 위원장은 시도지사가 되고, 시군구위원회의 위원장은 시장・군수・구청장이 된다. 시도위원회 및 시군구위원회에 부의되는 의안을 검토하고, 관계기관간의 협조사항을 정리하는 등 지역위원회의 효율적인 운영을 도모하기 위하여 지역위원회에 실무위원회를 둘 수 있다. 지역위원회 및 실무위원회의 구성 및 운영에 관하여 필요한 사항은 당해 지방자치단체의 조례로 정한다(제11조). 지역위원회는 당해 지역에 있어서 안전관리정책의 심의 및 총괄・조정, 당해 지역에 있어서 안전관리계획안의 심의, 당해 지역을 관할하는 재난관리책임기관이 수행하는 안전관리업무의 협의・조정, 다른 법령 또는 조례에 의하여 당해 지역위원회의 권한에 속하는 사항의 처리, 그 밖에 지역위원회의 위원장이 부의하는 사항의 심의 등의 사무를 행한다(제12조). 행정자치부장관 또는 소방방재청장은 시도위원회의 운영

26) 행정자치부, 전게서, pp. 68-71.
27) 행정자치부, 전게서, p. 63.

과 지방자치단체의 안전관리업무에 대하여, 시도지사는 관할구역 안의 시군구위원회의 운영과 시군구의 안전관리업무에 대하여 필요한 지원 및 지도를 할 수 있다(제13조).

지역안전관리위원회에 대한 재난 및 안전관리 기본법의 규정들에 대하여 논평하자면 전술한 중앙안전관리위원회의 경우처럼 자연재해대책법상의 기구와 구 재난관리법상의 기구를 통합함으로써 자연재해와 인위재난을 통합한 통합재난관리 행정시스템을 보여 주고 있다.

2. 지역재난안전대책본부

재난 및 안전관리 기본법은 지역재난안전대책본부의 구성(제16조) 및 지역본부장의 권한(제17조)에[28] 대하여 규정하고 있다. 그 내용을 살펴보면, 해당 관할구역 안에서 재난의 예방·대비·대응·복구 등에 관한 사항을 총괄·조정하고 필요한 조치를 하기 위하여 시도지사는 시도 재난안전대책본부를, 시장·군수·구청장은 시군구 재난안전대책본부를 각각 둘 수 있다. 다만, 당해 재난과 관련하여 중앙대책본부를 두는 경우에는 시도지사 또는 시장·군수·구청장은 시도 대책본부 또는 시군구 대책본부를 두어야 한다. 지역대책본부의 본부장은 시도지사 또는 시장·군수·구청장이 된다. 지역대책본부의 구성 및 운영에 관하여 필요한 사항은 당해 지방자치단체의 조례로 정한다(제16조).

지역본부장은 재난의 수습이 효율적으로 이루어질 수 있도록 당해 시도 또는 시군구를 관할구역으로 하는 재난관리 책임기관의 장에게 행정 및 재정상의 조치나 그 밖의 필요한 업무협조를 요청할 수 있다. 이 경우 요청을 받은 재난관리 책임기관의 장은 특별한 사유가 없는 한 이에

28) 행정자치부, 전게서, pp. 72-76.

응하여야 한다. 지역본부장은 재난의 수습을 위하여 필요하다고 인정하는 때에는 당해 시도 또는 시군구의 전부 또는 일부를 관할구역으로 하는 재난관리 책임기관의 장에게 소속직원의 파견을 요청할 수 있다. 이 경우 요청을 받은 재난관리 책임기관의 장은 특별한 사유가 없는 한 즉시 이에 응하여야 한다. 파견된 직원은 지역본부장의 지휘에 따라 재난의 수습에 필요한 소속기관의 업무를 성실히 수행하여야 하며, 재난의 수습이 종료될 때까지 지역대책본부에서 상근하여야 한다(제17조).

지역재난안전대책본부의 근거 규정은 광역지방자치단체장과 기초자치단체장의 재난관리행정에 대한 책임자로서의 역할을 행정조직법적으로 규정하고 있고, 지역안전관리위원회의 경우처럼 자연재해와 인위재난에 대한 통합재난관리 행정시스템을 보여 주고 있다.

3. 인명구조와 재난현장지휘를 위한 지역긴급구조통제단

재난 및 안전관리 기본법상 지방자차단체의 긴급구조행정기관은 지역긴급구조통제단의 구성(시도: 소방본부장, 시군구: 소방서장)과 운영(제50조), 지역통제단장의 긴급구조 역할(제51조), 재난현장에서의 긴급구조활동의 지휘는 시군구 긴급구조통제단장이 행하고, 치안은 관할경찰서장과 협의(제52조)한다고 규정하고 있다.

구체적으로는 지역별 긴급구조에 관한 사항의 총괄 · 조정, 당해 지역에 소재하는 긴급구조기관 및 긴급구조지원기관간의 역할분담과 재난현장에서의 지휘 · 통제를 위하여 시도의 소방본부에 시도 긴급구조통제단을 두고, 시군구의 소방서에 시군구 긴급구조통제단을 둔다. 시도 긴급구조통제단 및 시군구 긴급구조통제단에는 각각 단장 1인을 두되, 단장은 시도 긴급구조통제단의 경우에는 소방본부장이 되고 시군구 긴급구조통제단의 경우에는 소방서장이 된다. 지역통제단장은 긴급구조를 위하여 필요한 경우에는 긴급구조 지원기관간의 공조체제를 유지하기 위하여 관계 기관·단체의 장에게 소속직원의 파견을 요청할 수 있다. 이 경우 요청을 받은 기관·단체의 장은 특별한 사유가 없는 한 이에 응하여야 한다(제50조).

지역긴급구조 통제단장은 재난이 발생한 때에는 소속 긴급구조요원을 당해 재난현장에 신속히 출동시켜 필요한 긴급구조활동을 하게 하여야 한다. 지역긴급구조 통제단장은 긴급구조를 위하여 필요한 경우에는 긴급구조 지원기관의 장에게 소속 긴급구조 지원요원을 현장에 출동시키는 등 긴급구조활동을 지원할 것을 요청할 수 있다. 이 경우 요청을 받은 기관의 장은 특별한 사유가 없는 한 즉시 이에 응하여야 한다. 긴급구조활동에 참여한 민간 긴급구조 지원기관에 대하여는 대통령령이 정하는 바에 의하여 그 경비의 전부 또는 일부를 지원할 수 있다. 긴급구조활동을 위하여 회전익 항공기의 운항이 필요한 경우에는 긴급구조기관의 장이 당해 헬기의 운항과 관련되는 사항을 헬기운항 통제기관에 통보하고 헬기를 운항할 수 있다. 이 경우 관계법령에 의하여 당해 헬기의 운항이 승인된 것으로 본다(제51조).

재난현장에서의 긴급구조활동의 지휘는 시군구 긴급구조통제단장이 행한다. 다만, 치안활동과 관련된 사항에 대하여는 관할경찰관서의 장과 협의하여야 한다. 현장지휘는 재난현장에서의 인명의 탐색·구조, 긴급구조기관 및 긴급구조 지원기관의 인력 및 장비의 배치와 운영, 추가 재난의 방지를 위한 응급조치, 긴급구조 지원기관 및 자원봉사자 등에 대한 임무의 부여, 사상자의 응급처치 및 의료기관으로의 이송, 긴급구조에 필요한 물자의 관리, 현장 접근 통제, 현장 주변의 교통정리 그 밖에 효율적인 긴급구조활동을 위하여 필요한 사항 등을 행한다. 시도 긴급구조 통제단장은 필요하다고 인정하는 경우에는 직접 현장지휘를 할 수 있다. 중앙통제단장은 대통령령이 정하는 대규모의 재난이 발생하거나 그 밖에 필요하다고 인정하는 경우에는 직접 현장지휘를 할 수 있다. 재난현장에서 긴급구조활동에 임하는 긴급구조요원은 현장지휘를 하는 각급 통제단장의 지휘·통제에 따라야 한다. 지역통제단장은 재난현장의 긴급구조 등 현장지휘를 효과적으로 수행하기 위하여 재난현장에 현장지휘소를 설치·운영할 수 있다. 이 경우 긴급구조활동에 참여하는 긴급구조 지원기관의 현장지휘자는 현장지휘소에 대통령령이 정하는 바에 의하여 연락관을 파견하여야 한다(제52조).

지역긴급구조 통제단에 대한 근거규정들은 재난현장에서의 긴급인명구조에 대하여 지역긴급구조 통제단장이 지휘하도록 한 점은 근거리행정을 통한 신속성을 확보하고, 인명구조에 대한 전문인력과 장비를 갖춘 소방이 인명구조를 담당함은 전문성의 측면에서도 매우 바람직하다고 할 수 있다.

4. 재난관리 책임기관으로서의 각 지방자치단체

재난 및 안전관리 기본법은 재난관리행정의 근거리행정의 원칙을 통한 신속성의 원칙을 추구하고자 광역 지방자치단체와 기초 지방자치단체등에 대하여 재난관리 책임기관으로서 책무를 부여하고 있다(제3조). 이러한 규정은 재난관리 책임기관으로서는 중앙행정기관과 대등한 지위에 있음을 선언하는 규정으로서 바람직한 입법이라고 할 수 있다.

5. 지역 종합상황실 운영

재난 및 안전관리 기본법의 소방방재청장, 시도지사, 시장군수구청장 및 소방서장의 재난정보 수집전파 지휘, 행정자치부장관의 국가기반보호체계의 상황관리를 위한 종합상황실 운영의무(제19조)에 관한 규정은[29] 상황실이 재난관리행정 책임기관의 기관장[30] 집무실과 멀리 떨어져 있는 경우가 많다. 따라서 그 실효성을 확보하기 위해서는 종합상황실을 기관장의 집무실 바로 옆에 설치하도록 하는 규정의 신설도 검토해 볼 수 있을 것이다.

6. 재난현장 관할 지방자치단체의 재난상황 보고절차

재난 및 안전관리 기본법은 재난발생시 시장, 군수, 구청장은 광역시, 도지사에게, 광역시도지사는 소방방재청장 및 관계중앙행정기관의 장에게 재난상황을 보고하도록 규정하고 있다. 또한 대규모 재난발생시 긴급구조기관장이나 시장, 군수, 구청장은 소방방재청장에게 직접 보고하도록 하고 있고(제20조제1항), 해양재난 발생시 해양경찰서장은 해양경찰청장에게 해양경찰청장은 관계중앙행정기관의 장 및 소방방재청장에게 보고 하도록 하고 있다(제20조제2항).[31]

제 4 절 재난관리행정 계획과 예방 및 훈련

행정법학에서는 행정 주체가 행정목적을 실현하기 위하여 행하는 법률적 · 사실적 작용을 총칭하여 행정작용법(Verwaltungstattigkeitsrecht)이라 한다. 국가재난관리체제에 있어서 행정작용법에 관한 내용으로 여기에서는 행정계획으로서의 재난예방, 훈련 등에 관한 규정들을 살펴보

29) 전게서, p. 99.
30) 행정자치부 안전기획팀, 상게서, 2006, p. 1.
31) 행정자치부, 전게서, p. 66.

기로 한다.

1. 행정계획으로서의 안전관리계획

재난 및 안전관리 기본법은 국무총리의 국가안전관리계획의 수립 및 중앙행정기관에 시달(제22조), 중앙행정기관 장의 국가안전관리 집행계획수립 및 시달, 행자부장관에 대한 보고(제23조), 시·도 안전관리계획(제24조), 시·군·구 안전관리계획(제25조) 등[32]에 대하여 규정하고 있다.[33] 이러한 규정들에 대한 행정작용법(Verwaltungstattigkeitsrecht)적 고찰은 전술한 재난관리행정법의 기본원칙 중의 하나인 '사전예방과 계획의 원칙'을 분명히 밝히는 규정들이라 할 수 있다.

2. 재난의 예방을 위한 재난관리 책임기관장의 조치

재난 및 안전관리 기본법은 앞에서 언급한 재난관리행정법의 기본원칙 중의 하나인 '사전예방과 계획의 원칙'을 실현하는 조항에 해당하며 재난관리행정에서 가장 중요한 '재난의 예방'에 대한 규정으로서, 재난관리책임기관의 장의 재난예방조치(제26조), 특정관리대상 시설의 지정관리 및 정비(제27조), 재난관리체계 등의 정비 평가(제29조), 재난예방을 위한 소방방재청장의 지방자치단체에 대한 지원, 지도(제28조), 재난예방을 위한 소방방재청장과 행정기관의 긴급안전점검 실시(제30조), 정당한 사유없이 긴급안전검검을 거부, 기피하는 자에 대한 처벌로써 1년 이하의 징역, 또는 500만원 이하의 벌금(제79조제1호), 재난예방을

32) 전라남도, "2007 안전관리계획(1)", 전라남도, 2007, p. 20; 목포시, "2007 안전관리계획" 목포시, 2007, p. 12.

33) 행정자치부, 전게서, 2007.4, pp. 35-39.

위한 관리자에 대한 긴급안전조치명령(제31조), 안전조치명령 미이행자에 대한 처벌로써 1년 이하의 징역, 또는 500만원 이하의 벌금(제79조제2호), 특정관리대상 시설 등에 대하여 안전점검, 긴급안전점검의 경우 행한 공무원의 실명 유지관리(제32조), 안전관리 전문기관에 대한 자료요구(제33조), 소방방재청장의 재난의 예방을 위한 교육, 홍보실시 의무(제34조) 등을 규정하고 있으며, 이러한 규정들에 대한 행정작용법적 평가는 소방방재청의 업무 중 가장 중요한 업무라고 볼 수 있다.

재난예방에 대한 위법행위를 과태료 부과 또는 경미한 벌금형을 선고하도록 하는 규정들은 강력한 행정상 강제집행(Zwangsvollzug) 중 직접강제(unmittelbarer Zwang)의 법리와 즉시강제(sofortiger Zwang)의 법리를 입법개선의 대안으로 제시할 수 있다. 더 나아가 재난예방에 대한 재난관리 책임기관의 조치에 불응하는 경우 무거운 행정형벌조항을 고려하는 것도 행정력의 낭비를 막고 현장의 주민들을 재난으로부터 생명과 재산을 보호하는 대안이 될 수 있다.[34]

3. 안전문화 육성과 재난대비 훈련

재난 및 안전관리 기본법은 안전문화 활동의 육성 및 지원(제70조 내지 제72조), 재난대비 훈련실시(제73조), 재난관리업무의 효율적 수행을 위한 표준화된 프로그램의 개발(제74조), 지자체 장의 안전관리자문단을 구성 운영(제75조), 재난관련 보험 등의 개발 및 보급(제76조)에 관한 규정들을 통하여 재난대비 훈련이 재난관리행정에 있어서 재난예방, 응급재난대응, 긴급인명구조와 더불어 가장 중요한 축의 하나라는 사실을 강조하고 있고 전술한 것처럼 전 재난관리 책임기관에 대하여 소방

34) 석종현, 「일반행정법(상)」, 삼영사, 2003, p. 483; 문현철, "재난관리행정에 있어서 검찰의 역할에 관한 연구", 「초당대학교 논문집」 제12집, 2007, p. 33.

방재청이 수행하는 핵심적 재난관리행정이라 평가할 수 있겠다.

제 5 절 재난관리행정에 있어서의 재난대응과 긴급구조

국가재난관리체계에 있어서 재난대응과 긴급인명구조에 대한 행정작용법(Verwaltungstattigkeitsrecht)적 관점에서 살펴보면, 전술한 것처럼 특히 소방방재청이 재난관리책임기관에 대하여 행하는 핵심적 재난관리행정에는 재난예방, 재난대비 훈련, 응급재난대응, 긴급 인명구조 등이 중요한 축이라고 언급하였다.

다음으로는 재난발생시 재난관리 책임기관을 중앙행정기관과 지방자치단체의 역할 측면에서 응급대응대책과 긴급인명구조에 대하여 근거법규를 중심으로 행정작용법적 관점에서 살펴보기로 한다.

1. 재난발생시 응급대응대책

재난발생시 응급대응대책에 대하여 재난 및 안전관리 기본법은 재난응급대책 수립시행, 물자, 자재 비축 및 재난방지시설 정비 및 응급조치에 사용할 장비・인력을 지정(제35조), 재난이 발생하거나 발생할 우려가 있을 시 긴급한 조치가 필요하다고 인정되는 경우 재난사태의 선포(제36조), 시도・시군구 긴급구조통제단장, 시도지사・시장, 군수, 구청장은 안전관리 계획에 의하여 응급조치 실시(제37조), 재난의 예보・경보 발령 및 전기통신시설 우선사용, 필요한 정보의 문자・음성 송수신,[35] 신속한 방송 조치(제38조), 재난발생 및 우려시 민방위대, 지정된 장비・인력동원, 군부대 지원 요청 등 동원명령(제39조),[36] 시장・군수·구청장 등 지역통제단장은 당해 지역주민이나 지역 안에 있는 자에게 대피명령(제40조), 대피명령 위반자에 대한 행정질서벌로써 과태료 200만원 이하(제82조제1호), 위험구역의 설정 및 출입금지, 퇴거, 대피조치명령(제41조), 위험구역 출입 및 제한명령 위반자에 대한 행정형벌 조항으로서 징역 1년 이하 또는 500만원 이하의 벌금(제79조제3호), 퇴거 대피명령 위반자에 대한 행정 질서벌로써 과태료 200만원 이하(제82조제2호),[37] 위험구역에서의 강제대피조치, 강제퇴거조치(제42조), 응급조치를 위한 물자 긴급수송 등을 위해 국가경찰관서의 장에게 차량통행금지조치 및 제한[38](제43조), 기초자치단체장의 다른 시군구 또는 관할 구역 내의 군부대 및 관계행정기관 장에게 파견요청 및 응할 의무(제44조), 재난현장에 있는 자, 인근주민에게 응급조치종사명령, 토지공작물 일시사용(제45조), 일시사용, 제거거부, 방해자에 대한 행정질서벌로써 과태료 200만원 이하(제80조), 시도지사가 실시하는 응급조치(제46조), 출입, 행위금지, 제한명령 위반자에 대한 행정형벌로써 징역 1년, 벌금 500만원(제79조제3호), 대피명령 위반자에 과태료 200만원 이하(제82조제1호), 재난관리 책임기관의 장 응급조치(제47조), 지역통제단장의 응급조치(제48조) 등을 규정하고 있다.

재난발생시 응급대응 대책에 대하여 재난 및 안전관리 기본법의 규정들에 대하여 행정작용법(Verwaltungstattigkeitsrecht)적 관점에서 살펴보면 다음과 같다. 첫째, 응급조치 실시권자에는 과거에는 시장·군수·구청장만 할 수 있었으나 긴급구조 통제단장을 포함한 것은 신속성

35) 홍준형, "초고속정보통신기반의 구축과 행정법", 「고시계」, 1995.11, p. 64.
36) 문현철, "2005 첨단무기개발과 군 항공, 우주법 세미나" 자료집, 「공군법률논집」, 통권 제27호, 공군본부, 2006.1, p. 271.
37) 문현철, "재난관리행정에 있어서 검찰의 역할에 관한 연구", 초당대학교 논문집, 2007.2, p. 22; 문현철, "국가인명구조행정작용에 대한 방재행정법학적 검토" 금촌 육종수 박사 정년기념논문집, 2002, p. 452.
38) 소방방재청, 「공연, 행사장 안전매뉴얼」, 소방방재청, 2006.6, p. 139.

의 원칙과 근거리 행정의 원칙을 살리는 적절한 입법이라고 볼 수 있다.

둘째, 재난발생 및 우려시 민방위대, 지정된 장비, 인력동원, 군부대 지원 요청 등 동원명령(제39조)의 규정을 통하여 군부대에 지원 요청하도록 명문의 규정을 둔 것도 위험상황에 대한 고도의 훈련된 인력과 장비를 갖춘 군부대가 재난관리행정에 있어서 인적·물적 자원의 패러다임으로 등장한 것은 매우 시의적절하다고 평가할 수 있다. 2002년 8월 31일에 발생한 태풍 루사 피해 지역에서 응급대응과 복구작업에서 김근태 장군이 지휘하는 육군 제11사단은 재난관리행정에서 군의 역할에 대한 새로운 모델과 패러다임을 제시하는 역할을 하였다고 평가할 수 있다.[39]

셋째, 시장·군수·구청장 등 지역통제단장은 당해 지역주민이나 지역 안에 있는 자에게 대피명령(제40조), 대피명령 위반자에 대한 행정질서벌로써 과태료 200만원 이하(제82조제1호), 위험구역의 설정 및 출입금지, 퇴거, 대피조치명령(제41조), 위험구역 출입 및 제한명령 위반자에 대한 행정형벌 조항으로서 징역 1년 이하 또는 500만원 이하의 벌금(제79조제3호), 퇴거 대피명령 위반자에 대한 행정질서벌로써 과태료 200만원 이하(제82조제2호), 재난현장에 있는 자·인근주민에게 응급조치 종사명령, 토지공작물 일시사용(제45조), 일시사용, 제거거부, 방해자에 대한 행정질서벌로써 과태료 200만원 이하(제80조), 시도지사가 실시하는 응급조치(제46조), 출입, 행위금지, 제한명령 위반자에 대한 행정형벌로써 징역 1년, 벌금 500만원(제79조제3호), 대피명령위반자에 과태료 200만원 이하(제82조제1호) 등의 규정에 제시된 행정형벌[40]과 행정질서벌에 관한 조항들이다.

---

39) 국방부, 「국방재난관리업무편람」, 국방부, 2007, p. 20.

40) 김향기, 「행정법개론」, 삼영사, 2005, p. 341; 석종현, 「일반행정법(상)」, 삼영사, 2003, p. 482.

이는 재난발생으로 매우 위험에 처한 주민들의 생명과 재산을 보호하기 위하여는 재난관리 책임기관의 조치에 불응한 주민들을 경미한 벌금형이나 특히 행정질서벌인 과태료 규정보다는 현장에서 체포수준에 상응하는 강력한 대인적 즉시강제 조치권이나 직접강제권을 발동해야 할 필요가 있을 것이다. 물론 운영상 인권침해라는 부작용이 발생할 가능성이 있으나 사안에 따라서는 행정력의 낭비를 막고 재난현장 주민을 위험으로부터 궁극적으로 보호하는 조치라고 판단된다면, 이러한 조치들은 행정법학이 추구해야 할 이념 중의 하나인 공익과 사익의 형량의 시각에서 평가하더라도 바람직하다고 볼 수 있다.[41] 결국 '불편을 감수한 안전의 선택'을 통하여 보다 두텁게 재난 지역 주민의 생명과 재산을 보호할 수 있는 대안이 될 수 있겠다.

2. 긴급인명구조

재난관리 책임기관 중에서도 소방의 고유한 업무는 재난이 발생하였거나 발행할 가능성이 매우 높은 위험 지역에서 '긴급한 인명구조'와 '화재예방 및 진압'이라고 표현할 수 있을 것이다. 재난관리행정의 근거가 되는 재난 및 안전관리 기본법상 긴급인명구조 행정에 대하여 그 근거 조항들을 살펴보면, 소방방재청과 긴급구조 통제단 등이 있는데, 소방방재청의 중앙긴급구조 통제단[42](단장 소방방재청장)의 구성과 운영위원회(제49조), 지역긴급구조 통제단의 구성과(시도: 소방본부장, 시군구: 소방서장) 운영(제50조), 지역통제단장의 긴급구조 역할(제51조), 재난현장에서의 긴급구조활동의 지휘는 시군구 긴급구조통제단장이 행하고, 치안은 관할경찰서장과 협의(제52조), 긴급구조활동에 대한 평가(제53

41) 박인수, 전게논문, p. 144; 석종현, 전게서, p. 483.
42) 행정자치부, 전게서, pp. 77-78.

조), 긴급구조 대응계획의 수립(제54조), 국가의 재난대비 인력, 장비, 시설, 통신망, 긴급구조 등 보강노력의무(제55조) 등의 규정들이 있다.

긴급인명구조 행정시스템의 집행근거조항들에 대한 행정작용법(Verwaltungstattigkeitsrecht)적 관점에서는 소방방재청장이 중앙긴급구조통제단장이 됨으로써 긴급구조행정에 관한 총사령관은 소방방재청장임을 명확히 하고 있고, 지역긴급구조 통제단장에게 긴급구조업무총괄과 현장지휘권의 부여와 아울러 치안은 관할 경찰서장과 협의하도록 하여 긴급구조 현장치안에 경찰이 관여함을 명문으로 규정하고 있는점은 매우 적절한 '공조의 원칙'을 잘 표현하고 있다고 평가된다.

제 6 절 재난관리행정에 있어서의 재난복구

재난의 발생의 시계열적 순서에 대한 재난관리행정의 단계, 즉, 재난의 예방과 대비계획, 대응, 복구 등의 네 단계 과정 중 마지막 단계인 복구과정[43]에 해당하는 단계에 대하여 재난 및 안전관리 기본법에서는 특별재난지역의 선포[44] 및 지원[45](제59조 내지 제61조), 인위재난과 국가기반재난의 경우 재난합동조사단 파견(제61조의 2), 보통세 수입결산액의 100분의 1에 해당하는 금액을 재난관리기금으로 적립(제67조), 재난발생시 긴급구조활동 및 응급대책 복구 등에 참여한 자원봉사자, 응급조치 종사명령 받은 자 및 긴급구조에 종사한 민간인 등이 부상, 사망한 경우 치료 및 보상(제65조), 재난상황의 기록관리(제69조) 등을 규정하

43) 상게서, p. 85,91,104.
44) 상게서, p. 139.
45) 상게서, pp. 135-138.

고 있고, 기타 구체적인 재난피해 복구는 자연재해대책법이나 각 주무부처별 개별법에 의하여 실시된다.

재난복구단계에 대한 재난 및 안전관리 기본법의 행정작용법(Verwaltungstattigkeitsrecht)적 평가는 우선 특별재난지역 선포는 중앙본부장의 건의에 의하여 대통령이 선포하도록 되어 있고, 특별재난지역 주민들에 대한 혜택[46]으로는 재난구호와 재난복구에 필요한 행정, 재정, 금융, 의료지원 등으로 규정하고 있다. 우선, 한 가지 고려해야 할 점은 특별재난지역 선포 과정의 신속성과 재해구호법과의 관계를 체계화하여 관련 지원책을 확대하는 것이 재난구호복지행정의 목적에 충실하다고 할 수 있다.

둘째, 재난관리기금의 적립에 관한 평가는 지방자치단체의 재난관리기금의 적립준수 여부와 그 적립금의 관리 및 집행이 적정성과 효율성에 대한 엄격한 평가가 필요하다.[47]

셋째, 재난시 긴급구조활동, 응급복구 등에 참여한 민간인 등이 부상, 사망한 경우 치료와 보상에 대하여 지금까지는 행정법 총론의 법리 중 희생보상청구권[48]의 법리에 해당하는 명문의 규정을 둔 점은 바람직한 입법태도라고 할 수 있다.

---

46) 행정자치부, 전게서, p. 131.

47) 오금호, "지방자치단체 재난관리 관련기금 운용과 예방사업 활성화와 방안", 「2007 재난관리 관련법령 및 기금운영의 효율적 운영방안에 관한 학술대회발표집」, 전라남도, 희망제작소 부설 재난관리연구소, 2007.8.3, pp. 70-71.

48) 석종현, 「일반행정법(상)」, 삼영사, 2003, p. 677; 김춘환, 「행정구제법강의」, 조선대학교 출판부, 2000, p. 161.

제 7 절 정책적 함의

재난 및 안전관리 기본법은 중앙행정기관과 지방자치단체들을 재난관리 책임기관이라고 명시적으로 규정하고 있다. 바로 이러한 입법태도는 국가행정작용 중 여러 주무 부처의 공조행정을 생명으로 하는 대표적 분야가 재난관리행정이라는 사실을 입증한다고 할 수 있다. 재난관리행정은 그 특성상 하나의 재난관리 행정기관이 각 단계별 재난관리행정을 신속히 완벽하게 수행할 수 없다. 여러 주무 부서와 유관기관 및 민간과의 철처한 협조와 공조에 의하여 달성할 수 있는 통합작전과 같은 성격을 가지고 있다.[49]

그러므로 여러 주무 부서와 유관기관 그리고 민간간의 소위 '우왕좌왕'과 '부처간의 갈등'이라는 부작용이 발생할 수 있다. 이러한 부작용을 최소화하려면 평소에 철처한 훈련과 원활한 의사소통시스템을 구축하여야 한다.

국가위기관리에 있어서 재난관리행정의 근거가 되는 재난 및 안전관리 기본법에 대한 검토를 마무리하면서 강조해야 할 점은 재난예방, 즉, 안전의 실천은 사회복지의 시작과 연계되며 예방적 사회복지에 해당한다는 사실이다. 이 점을 행정법학적인 측면에서 보면 재난관리행정은 급부행정법적 성격과 규제행정법적, 경찰행정법적 성격을 동시에 내포하고 있기 때문이라고 할 수 있다. 실무 차원에서는 최근 소방방재청 안전문화팀[50]에서 그리고 전라남도 재난민방위과에서 추진하는 '안전복

---

49) 문현철, 전게 전라남도 공무원 교육원 교재, 2007.6, p. 46.

50) 이석환, 장시성, "민간의 안전문화활동 증진을 위한 법적 제도적 접근", 「2007 재난관리 관련법령 및 기금운영의 효율적 운영방안에 관한 학술대회 발표집」, 전라남도, 희망제작소, 2007.8.3, p. 1.

지'운동의 실천에서 잘 나타나고 있다.

현재 재난관리 행정실무에서 사회복지행정부서의 업무 영역에 해당하는 것은 앞에서 언급한 재난이 발생한 이후 재해구호법 등에 의한 재해구호행정이라 할 수 있다. 그러나 '안전복지의 개념'은 단순히 재난이 발생한 이후의 재해구호행정의 차원을 넘어서서 재난의 예방을 위한 각종 활동까지 포함하는 광범위하고도 적극적인 개념이라고 할 수 있다.[51)]

'안전복지'는 재난관리 행정기관, 사회복지 행정기관만이 아니라 모든 행정, 공공기관은 물론 민간 분야에서도 적극적으로 추진해야 할 필요가 있다. 재난관리행정은 행정기관과 민간이 함께 하는 철저히 협조와 참여가 이루어져야 그 목적을 효과적으로 달성할 수 있다.

위기상황으로부터 나와 나의 가족을 보호하는 '국가위기관리체계'의 첫 단추는 재난예방이라는 안전에 대한 교육이다. 철저히 재난을 예방하는 사회적 시스템, 그것은 결국 선진사회, 복지국가로 진입하는 선결조건이다.[52)]

결국 선진국인가 아닌가의 척도는 재난관리행정이 얼마나 체계적으로 잘 구축되어 있는가에 달려 있다. 재난예방을 위한 '국가위기관리체계'의 문화가 얼마나 잘 구축되어 있으며, 국가의 재난관리행정에 국민들이 얼마나 동의하고 적극적으로 협조하는가 등이 그 척도라고 하겠다.

국가위기관리의 효율성의 극대화를 위하여 중앙정부 산하의 위기관리 행정기관과 지방정부의 위기관리 행정기관과의 연계성, 공조성, 그리

---

51) 문현철, 소방방재청, 경북 문경새재 "제3회 민관합동 안전문화 혁신 연찬회" 자료집, 2007.3, p. 48; 문현철, 전라남도, 「2007 도민 안전문화 확산을 위한 권역별 순회 재난안전교육 및 포럼 교재」, 2007.5, p. 92.

52) 독일 베를린의 훔볼트 대학교 부속병원 응급의료센터와 바이에른주 뉘른베르크시 재난방재과, 베를린 주정부 재난관리청, 독일 연방정부 재난관리청(BBK) 및 캐나다 밴쿠버시 소방서, 경찰서, 일본 도쿄와 오사카의 시민단체를 방문하여 많은 시사점을 발견하였다.

고 인근 지방정부의 위기관리 행정기관 상호간의 공조성, 연계성, 그리고 군부대, 경찰, 유관행정기관, 공공기관간의 협조, 공조 등을 통하여 매우 치밀하게 구축해야 할 필요가 있다. 이것이 재난 예방을 위한 제도가 매우 잘 발달된 '안전'을 최우선시하는 안전사회라는 것이며, 재난이 발생한 경우의 민·관이 매우 잘 협조가 되며,[53] 그 후 재해구호 체계, 그리고 재해발생 후 사회복지시스템이 즉각 작동되어 재난 부서와 사회복지 부서가 한쌍의 바퀴로 굴러간다는 사실이다.[54]

우리나라 국가재난관리체계에 대한 법적 고찰을 통해 강조하고자 하는 것은 재난상황에서 주민들이 법에 규정된 조치를 잘 따르지 아니하는 경우, 검찰은 재난관리 관련 법률에 규정된 여러 권한들을 적극 행사하여, 예를 들어 행정형벌권 등의 발동 등, 재난상황에서 국민들의 생명과 재산을 보호하는 일에 앞장서야 할 것이다.[55] 또한 행정법학에서 논하는 행정의 '의무이행 확보수단론' 등의 법리들 중 의무자가 의무를 이

53) 이석환·장시성, 전게논문, p. 8.

54) 독일이나 캐나다의 경우 아이 혼자 집에 있거나, 어린아이 혼자 자동차가 다니는 길가에 혼자 나오면 그 부모가 처벌받을 정도로 어린이 안전에 대하여 만전을 기하고 있고, 독거노인이나 거동이 불편한 노인, 장애인들은 비상시 사회복지행정기관과 직접 긴급히 통신이 가능하도록 장비가 구축되어 있고 노인이 외출시에는 외출표지를 대문에 하도록 함으로써 독거노인이나 거동불편 노인, 장애인이 혼자서 위험상 상황에 처하지 않도록 하는 제도가 확립되어 있는 이른바 재난 예방을 위한 안전한 사회, 더 나아가 안전한 복지사회의 구현, 즉, 안전복지사회제도를 매우 정밀하게 구현하고 있다. 일본의 경우도 일본 특유의 지진과 태풍에 대비한 안전복지제도가 매우 정밀하게 짜여져 있기로 유명한 나라이다. 일본은 재난예방을 위한 방송제도는 물론이고 유치원에서부터 재난예방 안전교육이 매우 잘 정착되어 있고 지진이 매우 빈번한 나라이므로 실제 태풍, 지진이 발생한 경우 대피에서부터 주택이나 주요 시설이 파괴된 경우 재해 구호 복지체계가 세계가 부러워 할 정도로 잘 정비되어 있다. 슈퍼마켓에 가면 15일을 외부와 고립되어서도 버틸 수 있는 비상식량, 비상생활필수품 등이 하나의 상품처럼 불티나게 판매되고 있고, 좁은 도로에서 교통사고가 거의 없을 정도로 교통안전문화가 잘 구축되어 있고, 특히 응급의료시스템도 매우 우수한 체계를 구축하고 있다.

55) 문현철, "재난관리행정에 있어서 검찰의 역할에 대한 연구", 「초당대학교 논문집」 제12집, 2007.2, p. 21-22; 졸고, "국가인명구조행정작용에 대한 방재행정법학적 검토", 「금촌 육종수 박사 정년기념논문집」, 2002, p. 452.

행하지 아니하는 경우에 직접적으로 의무자의 신체 또는 재산에 실력을 가함으로써 의무의 이행이 있었던 것과 같은 상태를 실현하는 행정상 강제집행(Zwangsvollzug) 중의 하나인 직접강제(unmittelbarer Zwang)의 법리[56)]와 목전의 급박한 행정상의 장해를 제거해야 할 필요가 있는 경우에 미리 의무를 명할 시간적인 여유가 없거나, 또는 그 성질상 의무를 명해 가지고는 그 목적을 달성하기 곤란한 때에 직접 국민의 신체 또는 재산에 실력을 가하여 행정상 필요한 상태를 실현하는 작용인 즉시강제(sofortiger Zwang)의 법리[57)] 등을 입법화에 활용하면 재난의 위험을 방지하고, 재난발생시 주민들의 생명과 재산을 보호하기 위한 신속한 조치를 취할 수 있는 수단들이 구비될 것이다. 우리나라 국가재난관리시스템에 대한 법적 고찰을 통하여 제안하고자 하는 것은 국가재난관리시스템의 근거가 되는 개별법뿐만 아니라 행정법의 법리들도 국민의 생명과 재산을 보호하는 데 필요한 많은 수단들이 있다는 것이다.

56) 석종현, 전게서, p. 454.
57) 상게서, p. 462.

제5장

현행 재난관리체계와 개선방안

이상과 같이 법치행정의 원칙상 정책과 제도는 입법화·법제화되어야 국가행정망에 시동을 걸 수 있다. 그리고 공권력을 발동함으로써 그 제도와 정책의 목적을 달성할 수 있다. 이러한 점은 행정학과 행정법은 끊임없이 대화하고 협조하는 한쌍의 바퀴가 되어야 한다는 것[1]을 의미한다.

행정학은 새로운 정책을 개발하고 그 정책의 효율적 집행을 위한 조직의 효율성을 추구하는 역할 등을 수행한다. 그리고 행정법학은 그러한 행정학이 제시한 대안들에 대하여 헌법을 정점으로 적절한 행정법적 법리에 대한 검토와 적용, 그리고 고유한 행정목적에 부합하는 법체계의 위치를 찾아 입법화하고 입법화된 이후 행정현장에 적용하는 과정에 대한 배려와 지원 등이 중요한 역할을 담당해야 한다.[2]

이하에서는 우리나라 국가재난관리체계에 대한 총괄적 지침법인 재난 및 안전관리 기본법에 규정된 중앙정부와 지방정부의 역할에 대하여

1) 서원우, "행정학과 행정법학의 대화", 「고시연구」, 1997.4, p. 31-41.
2) 상게 논문, p. 40.

그 규정들을 분석하면서 나타난 문제점들을 제시하고 이에 대한 개선 입법론을 제시한다.

첫째, 중앙정부에 집중된 중앙정부 위주의 재난관리행정체계의 문제점을 안고 있다. 우리나라는 중앙집권국가이기는 하지만 재난관리행정은 근거리 행정을 통한 신속성 확립이 무엇보다 중요하다는 점에서 지방자치단체의 역할이 매우 중요하다. 지방자치단체의 역할이 강화되는 구조로 재구성할 필요가 있다.

구체적으로는 중앙정부 단위에서는 비슷한 성격의 위기관리행정시스템이 중복적으로 업무를 추진하고 있다는 점이다. 예를 들어, 비상대비자원관리법상의 국가비상기획위회가 주관하는 전시대비자원관리업무, 통합방위법상의 합동참모본부가 주관하는 통합방위업무, 민방위기본법상의 소방방재청이 주관하는 민방위업무, 재난 및 안전관리 기본법상의 행정자치부와 소방방재청이 주관하는 재난관리업무 등으로 나뉘어 있다는 점을 지적할 수 있다. 즉, 전시대비와 평시 재난대비 등의 업무를 통합하는 통합기본법을 제정하여 중앙부처의 재난관련 비슷한 업무들을 통합할 필요가 있고, 지방자치단체의 재난관리 등의 업무담당자의 숫자를 확충하고, 전문성을 제고시킬 필요가 있다.

둘째, 지방자치단체의 허약한 재난관리행정체계를 지적할 수 있다. 앞에서 지적한 것에 대한 논리적 연결이지만, 지방자치단체는 각 지방자치단체별로 재난관리행정의 주무 부서들이 그 명칭이 각각 다르고, 아직도 일선 지자체에서는 인위재난은 재난관리, 자연재해는 방재 등으로 나누는 인식들이 있다. 지방자치단체 중에서도 광역자치단체와 기초자치단체의 역할 분담을 분명히 할 필요가 있고, 또한 기초자치단체의 역할에 대하여 더욱 인력을 보강하여 초동단계의 조치가 잘 될 수 있는 분명한 입법조치가 필요하다. 구체적으로는 광역·기초 지방자치단체의 경우도 중앙정부의 경우와 마찬가지로 재난관리와 관련된 업무가 여러 부처에 흩어져 있는 경우가 많다. 지방자치단체에서도 비상대비관련 업무, 재난관련 업무 등을 통합할 필요가 있다.

셋째, 재난현장 지휘체계에 대한 관련 규정의 문제점이다. 재난현장의 지휘는 현 재난 및 안전관리 기본법에서 소방서장이 긴급구조통제단장을, 지방자치단체장은 재난안전대책본부장을 맡도록 하고 있으나, 재난안전대책본부장인 지방자치단체장과 재난현장 지휘자인 긴급구조통제단장과의 지휘체계 등에 대하여 아무런 언급이 없다는 점이다. 이 점에 대하여 재난안전대책본부장과 긴급구조통제단장과의 지휘체계계를 입법적으로 분명히 규정할 필요가 있다. 이러한 입법적 조치는 재난발생시 필연적으로 발생하는 초동조치의 신속성과 우왕좌왕을 막는 근본적 대책이 될 수 있다.

넷째, 계속 지적된 문제이지만 재난 부서 담당 공무원의 잦은 인사이동으로 인한 전문성 결여의 문제점과 기피 부서로 인식되어 사기가 매우 저하되어 있다는 점도 심각한 문제점이다. 결국 국민의 생명과 재산의 보호에 사명감이 아닌 기피라는 논리가 성립될 수 있다는 점에서 중요한 문제로 지적할 수 있다. 이 점에 대한 법적 보완대책이 필요하다. 즉, 재난관리업무 담당자의 전문성 확보는 그 관할 지역주민의 생명과 재산을 보호하는 척도와 관련되는 문제이므로 재난관리업무 담당자들을, 예를 들어 경찰이 수사경과제도를 도입하여 격무에 시달리는 수사업무 담당경찰관들의 전문성과 인사고과 반영으로 인한 근무의욕을 고취하는 것과 같이, 재난관리 직렬을 신설하여 재난관리 업무에 대한 전문성을 확보하고, 인사고과 반영시스템을 체계화하여 근무의욕을 고취시킬 수 있는 근본적 방안을 입법화하여야 한다.

다섯째, 재난대비 인적·물적 자원이 효율적으로 운영되지 못하고 있다는 점이다. 국가위기관리 관련자원의 관리 문제는 전시대비 군사적 안보 대비용으로는 매우 치밀하게 잘 지정·준비되어 있으나, 이러한 전시대비 인적·물적 자원을 재난대비 물적·인적 자원으로 호환하여 사용할 수 있는 입법적 조치가 필요하다.[3)]

통합방위법상의 인적·물적 자원, 민방위기본법상의 인적·물적 자원, 비상대비자원관리법상의 인적·물적 자원과 재난 및 안전관리 기본법상의 인적·물적 자원들을 서로 호환하여 사용한다면, 자원의 중복관리 지정 등 행정력의 낭비를 막고, 국민들의 세금으로 구성된 국가예산을 절약하고, 궁극적으로는 재난관리행정의 효율성을 극대화시킬 수 있다.

여섯째, 재난예방과 대응에 대한 강력한 공권력 집행의 근거가 되는 법조항이 미흡하다는 점을 지적할 수 있다. 긴급안전점검, 대피명령, 퇴거명령, 출입금지 조치 등에 대하여 벌금형이나 과태료 규정보다는 필요에 따라 강도 높은 제재조치를 행사할 수 있도록 해야 한다. 재난현장에서 주민들에게 대피와 주민안전에 대한 조치를 경험한 공무원들은 한결같이 주민들이 현장 공무원의 조치에 따르지 않으려 한다는 문제점을 호소한다. 과태료 조치는 결과적으로 그 부과와 징수에 또 다른 행정력이 필요하여 행정력의 낭비를 불러온다.

재난예방과 관련된 강력한 하명조치, 그에 상응하는 의무이행 확보수단의 구축과 재난현장에서의 강력한 인적·물적 즉시강제 조치 등이 필요한 이유는 '불편을 감수한 안전의 확보'를 추구함으로써 궁극적으로는 불편한 법적 조치가 역설적으로 재난 지역 주민의 생명과 재산을 보호하는 길이 될 수 있기 때문이다.

일곱째, 지역주민들에 대한 생활 속에서의 재난예방을 위한 안전교육, 훈련 관련 조항을 검토할 때 그 실효성 등이 부족하다는 점과 주민들의 참여도를 제고하는 수단 등이 미흡하다는 점이다. 학교에서의 재난관리

---

3) 전시대비 인적·물적 자원에 대한 법률로는 전시대비자원관리법, 민방위기본법, 징발법, 병역법, 국제선박등록법 등이 있다.

교육 등이 미흡하다는 것이 원인이기도 하겠지만, 지역주민들에게 생활 속에서의 안전교육, 훈련에 대한 인센티브제도 등을 도입하는 것도 고려할 필요가 있다.4)

예를 들어 현대생활은 주로 아파트 생활이라고 본다면 아파트 반상회를 주민 재난교육과 훈련의 기회로 만들고, 포상과 안전한 아파트 인증제도 등을 도입함으로써 지속적 안전교육과 훈련이 이루어질 수 있는 자발적 시민참여형 재난예방 안전교육과 훈련이 정착되도록 관련 법조항을 정비할 필요가 있다.

여덟째, 재난관리체계에 있어서 민방위기본법의 민방위대, 자연재해대책법의 자율방재단, 재해구호법의 재해구호협회, 대한적십자사법의 대한적십자단체, 소방법의 의용소방대, 자원봉사기본법의 자원봉사자, 기타 각종 민간단체, 자원봉사단체 등에 대하여 재난관리와 관련하여 비슷한 성격의 단체들은 정돈과 개선이 필요하다.

민방위 업무의 실무자들에 대한 면담결과 재난이 발생하여 실제 민방위대가 동원된 사례는 거의 없는 것으로 나타나고 있다. 세계적으로 보기 드문 편성체계를 갖추고 있는 민방위대에 대하여 동원율이 낮은 원인 등을 정밀 분석하고 그 문제점을 개선하는 것이 필요하다. 아울러 한국 재난안전네트워크5)를 중심으로 재난과 관련한 여러 민간단체들이 활발한 활동을 하고 있으나 일부 단체의 경우 중복 가입된 경우가 많고, 그 성격이 비슷한 단체들이 많은 점도 개선될 필요가 있다. 또한 자원봉사자의 재해현장 및 복구현장에 투입시 철저한 교육과 훈련을 통하여 기본적 지식과 능력이 함양된 후 참여하는 것이 바람직하다.

아홉째, 재난관리 예산편성에 있어서 복구 위주의 예산편성을 지적할

---

4) 문현철 외 공저, "도민 안전을 선도할 맞춤형 안전복지 상품개발,「전라남도 공무원 정책연구 보고서」, 전라남도, p. 37.

5) 경상남도,「2007 재해구호 종합훈련 시나리오」, 경상남도, 2007.11.2, p. 11.

수 있다. 예산은 제2의 법이라는 말이 있듯이 아무리 좋은 입법도 그 법을 집행하기 위한 예산이 수반되지 않으면 그 법이 추구하고자 하는 행정목적은 실현될 수 없다. 재난관리는 예방이 최선이므로 복구 중심의 예산편성에서 예방과 교육, 훈련 중심의 예산체계로 바꾸는 것이 바람직하다.

열째, 안전복지 실현을 위한 법조항이 미흡하다. 안전은 결국 예방적 사회복지이므로 국가적 차원에서 안전문화 운동이 활발하게 전개되어야 한다.[6] 따라서 재난에 대한 안전관련 입법조치가 필요하다는 점에서 안전문화진흥법(안)을 조속히 입법화하는 것이 바람직하다.

---

6) 소방방재청 예방안전본부 안전문화팀에서는 2006년부터 '안전복지포럼'을 조직하여 전국적으로 전라남도에서 첫 강연이 시작되어 활발한 운동이 펼쳐지고 있다.

제6장

선진화된 안전사회를 위하여

국가행정작용 중 여러 주무 부처가 반드시 공조해야 할 대표적 분야가 재난관리행정 분야라고 할 수 있다. 재난관리행정은 그 특성상 재난관리행정 부서 한 곳으로 재난의 각 단계별 행정을 신속하고도 완벽하게 수행할 수 없다. 여러 주무 부서와 유관기관 및 민간의 철저한 협조와 공조에 의하여 달성할 수 있는 통합적인 전략이 재난관리행정이다.

따라서 통일성, 신속성을 확보하지 못하면 반드시 소위 '혼란'과 '부처간 갈등'이라는 부작용을 표출하게 된다. 이러한 부작용을 최소화하거나 극복하려면 철저한 훈련과 의사소통시스템을 구축하여야 한다.

국가위기관리에 있어서 재난관리행정의 근거가 되는 재난 및 안전관리 기본법에 대한 검토를 마무리하면서 재난예방, 즉 안전의 실천이 곧 복지국가의 시작이며 예방적 사회복지를 실현하는 것이라는 점을 강조하고 싶다. 현재 재난관리행정 실무에서 사회복지행정 부서의 업무 영역에 해당하는 것은 재난이 발생한 이후의 재해구호법 등에 의한 재해구호행정이라고 할 수 있다. 그러나 '안전복지 개념'은 단순히 재난이 발생한 이후의 재해구호행정의 차원을 넘어서서 재난을 예방하기 위한 각종 활동까지 포함하는 매우 적극적인 개념이라고 평가할 수 있다.

'안전복지'는 재난관리행정기관, 사회복지행정기관만이 아니라 모든 행정, 공공기관은 물론 민간 분야에서도 적극적으로 추진되어야 한다. 즉, 재난관리행정은 행정기관과 민간이 함께 철저한 협조와 참여가 이루어져야 그 목적을 달성할 수 있다.

국가위기관리가 왜 필요한 것인가에 대한 해답은 바로 우리에게 있다. 안전에 대한 의식과 국가위기관리체계는 한 사람, 그리고 우리 모두에게 주어진 한 평생의 삶을 내 스스로 타인, 또는 국가에 전가시키지 않고 '나의 의지'로, '나의 힘'으로 평화롭고 행복한 삶을 영위할 수 있도록 하는 '보호장치'라는 것이다.

위기상황으로부터 나와 나의 가족을 보호하는 '국가위기관리체계'의 첫 단추는 예방적 차원에서의 안전에 대한 교육이다. 그러한 재난예방에 대한 교육과 훈련이 철저한 사회일수록 선진국이며, 그것은 행복한 삶을 보장하는 안전사회로의 지름길이다. 철저히 재난을 예방하는 사회적 시스템, 그것은 결국 선진사회 · 복지국가로 진입하는 선결조건이다.

결국 선진국인가 아닌가의 척도는 재난관리행정이 얼마나 잘 구축되어 있는가, 재난예방을 위한 '국가위기관리체계'의 문화가 얼마나 잘 정착되어 있으며, 국가의 재난관리행정에 국민들이 얼마나 잘 따르고 적극적으로 협조하는가 등이 그 척도라는 사실을 깨닫게 되었다.

안전한 사회는 국가위기관리행정의 효율성 극대화를 위하여 중앙정부 산하 위기관리행정기관과 지방자치단체의 위기관리행정기관과의 연계성, 공조성이 중요하다. 각각의 지방자치단체의 위기관리행정기관 상호간의 공조성, 연계성, 그리고 군부대, 경찰, 유관행정기관, 공공기관간의 협조, 공조 여부의 정도는 재난현장 대응능력을 가늠하는 중요한 척도다. 특히 재난예방을 위한 제도가 잘 발달되어 있다는 것은 '안전'을 최우선시하는 사회라는 것을 의미하고, 선진화된 안전사회는 재난에 대해 민·관이 잘 협조하고, 그 후 재해구호체계, 그리고 재난발생 후 사회복지시스템이 즉각적으로 작동되어 재난 부서와 사회복지 부서가 하나로 운영되는 사회일 것이다.

제2편

재난관리 예산과 관리기금 운용

제7장

재난의 이해

제1절 들어가는 말

언론 지상에 수시로 등장하는 것 가운데 우리가 다반사로 보고 있는 것은 사건사고이다. 이러한 보도를 보면서 사람들은 특별한 감정과 함께 의문을 가질 것이다. 감정으로 보면 안타까운 감정과 함께 다른 한편으로는 분통이 터지는 감정이다. 누구나 드는 의문으로는 '어쩌다가!', 그리고 '왜 발생했지?', '관리 주체는 무엇을 했지?, 왜 저렇게 허술했지?' 등일 것이다. 하지만 모든 결과는 그 원인이 있는 것이며, 그 원인은 바로 사람들 때문이라는 것을 알고 나면 더욱 더 울화가 치미는 경험을 했을 것이다.

가장 최근에 발생한 국가적 재난은 태안 앞 바다에서 발생한 '허베이 스피리트호 기름유출' 사건이다. 2007년 12월 7일에 발생한 사건은 연말 분위기와 함께 대통령선거 때문에 초기에는 국민들의 가슴에 크게 와 닿지 못했다. 그러나 그 피해 규모가 알려지고, 더욱이 관계 당국의 예방과 대응체계, 그리고 복구과정을 보면서 많은 국민들은 분노하였다. 또 피해에 따른 책임소재를 가리는 과정, 손해배상과정 및 법적 검토 등에 대한 과정에서 직접적인 피해 당사자는 물론 많은 시민들이 답답해했다. 피해 규모와 사태의 심각성은 세계적인 뉴스가 되었다. 아울러 거의 100% 자원봉사만으로 유출기름의 제거가 이루어진 사례는 다시 한 번 세계의 뉴스거리가 되었다. 자원봉사 인원이 130만명....

다른 사건을 예로 보자. 국보 1호로서 대한민국 서울을 상징하는 숭례문 화재이다. 서울 한복판을 600여 년 동안 지켜온 숭례문이 4천만 시민이 지켜본 가운데 전소(全燒)되었다. 고가사다리 차 1대와 여기저기 몇 대의 소방차에서 뿜어 나온 물줄기는 지켜보는 사람들로 하여금 울화가 치밀어 오르지 않을 수 없도록 하였다. 지붕에다 물만 뿌리면 어쩌자는 것인가? 내부 화재진압시설은 왜 없었는가? 우리의 문화재에 대한 인식수준이 이것밖에 되지 않았는가?

이 두 가지 사례에서 우리나라의 고질적인 재난관리에 관한 문제점이 드러나게 된다. 첫째는 예방에 관한 대책이 턱없이 부족했다는 것이고, 둘째는 사건 초기 사안의 중대성을 인식하지 못하고 안이한 대응을 했다는 점이며, 셋째는 각종 장비의 마련이라든지 사전훈련 등에 대한 충분한 준비가 없었는데 그 이유가 바로 예산 부족이었다는 것이다.

이 책은 위와 같은 사건이 발생하기 이전 우리나라 재난관리와 관련하여 일반적으로 문제가 되어 온 재난관리에 대한 국가의 예산이 어떻게 조성되어야 하고, 조성된 예산의 효율적인 활용을 위해서 어떤 사전 조치들이 진행되어야 하는지에 대한 조사를 바탕으로 썼다.

아무리 관리 매뉴얼을 잘 만들어 놓았다 하여도 그것을 실행하는 예산이 확보되지 못하면 탁상공론 밖에 되지 못한다. 그리고 아무리 예산을 확보해 놓았다 하여도 재난예방을 위한 다양한 방법의 개발과 핵심적인 사업을 하지 않는다면 재난관리는 실패하게 된다.

[그림 7-1] 숭례문 화재 대응과 잔해(2008.2.18)

재난(災難)에 관한 미국의 연방재난관리청(FEMA)의 정의를 살펴보자. "재난이란 통상적으로 사망과 상해, 재산피해를 가져오고 일상적인 절차나 정부의 지원으로는 관리할 수 없는 심각하고 규모가 큰 사건으로, 이러한 사건은 보통 돌발적으로 발생하기 때문에 정부와 민간조직이 인간의 기본적인 수요를 충족시키고 복구를 신속하게 하고자 할 때 즉각적 · 체계적 · 효과적인 대처를 하여야 하는 사건"으로 규정하고 있다.

우리의 경우 「재난」이라 함은 국민의 생명 · 신체 및 재산과 국가에 피해를 주거나 줄 수 있는 것으로서(재난 및 안전관리 기본법 제3조), ① 태풍 · 홍수 · 호우(豪雨) · 폭풍 · 해일(海溢) · 폭설 · 가뭄 · 지진 · 황사(黃砂) · 적조 그 밖에 이에 준하는 자연현상으로 인하여 발생하는 재해(자연재난), ② 화재 · 붕괴 · 폭발 · 교통사고 · 화생방사고 · 환경오염사고 그 밖에 이와 유사한 사고로 대통령이 정하는 규모 이상의 피해(인위재난), ③ 에너지 · 통신 · 교통 · 금융 · 의료 · 수도 등 국가기반체계의 마비와 전염병 확산 등으로 인한 피해(사회적 재난)로 규정하고 있다.

이렇게 보면 재난은 우리 생활과 멀지 않은 곳에 있다. 하루에도 수없이 많은 사건 사고를 목격하고, 그리고 듣고 있다. 사소한 집안의 사고에 의한 개인들의 상해(傷害)는 물론 교통사고에서부터 화재(火災), 나아가 개인의 부주의로 발생한 재해, 그리고 자연으로부터 연유되는 대형의 풍수해 및 지진 등이다. 이러한 경향은 지구온난화가 심화될수록 더욱 빈번해지고 대형화되고 있다.

따라서 우리 주변을 둘러보면 인간은 재난과 함께 생활하고 있고, 특별한 조치들이 강구되지 못한다면 미래에도 영원히 재난과 분리되지 못할 것임은 자명하다. 개인들은 자신과 가족에게 다가올 사건 사고를 최소화하기 위해 주의를 기울이는 한편, 불가피한 경우에 대비하여 각종 상해 및 생명보험에 가입함으로써 그 피해를 최소화하는 것이 일반적이다. 그러나 개인의 그와 같은 노력은 한계가 있을 수밖에 없다. 따라서 집단적이고도 체계적인 대응이 필요하다.

이런 이유 때문에 국가는 다양한 재난발생을 어떻게 최소화할 것인가에 대하여 많은 노력을 기울이고 있다. 각종 안전사고 및 재난에 대비하여 다양한 매뉴얼을 제작·배포하는 한편, 다양한 안전기준을 마련하여 적용시키고 있으며, 시민들에게 이를 인지시키는 작업도 게을리하지 않고 있다. 국가는 또 발생한 재난을 어떻게 빠른 시일 안에 복구할 수 있을 것인가? 어떤 방법으로 2차 피해를 최소화할 것인가에 대하여 다양한 대책을 마련하고 시행해 오고 있다.

자연재난의 극복을 위하여 개인의 노력이 한계가 있듯이 개별국가의 노력으로도 완전하게 대비하기 어려운 점이 있다. 그러므로 근래에 들어 재난에 관한 대응과 복구를 위하여 지구적으로 대응을 하고 있으며 이로써 그 효과를 극대화하고자 하고 있다. 즉, 세계적으로도 자연재난을 최소화하기 위하여 각종 협약을 통해 공동으로 대응하고 있다.

과학기술의 발전은 인간의 1차적인 행복을 달성하는 기본요건, 즉 의식주를 해결하는 데 결정적인 역할을 했다. 이러한 과학기술의 발전은 궁극적으로 생명의 보전과 안전수준을 향상시켰고, 그리고 인간의 삶의 질을 획기적으로 개선시켜 왔다. 한편, 태고적(太古的)부터 변하지 않은 사람들의 염원은 자연재난으로부터의 안전이었음을 확인할 수 있다. 그리고 이를 피하기 위해 자연현상에 대한 숭배와 각종 의식(儀式)들이 발달해 오고 있으며 오늘날까지 전해지고 있다. 물론 근대에 들어 과학의 발전에 따라 다양한 자연현상의 원인이 규명(糾明)됨으로써 그러한 관습과 비과학적인 행태들이 사라지기는 하였다. 이로써 과학의 궁극적 목적달성과 가장 중요한 가치(價値)를 확보해 온 것은 사실이지만 과학의 한계 등으로 인하여 인간의 두려움을 완전히 해소하지는 못하고 있는 것이 현실이다.

1. 재난의 원인과 유형

재난은 과학의 시대인 오늘날에도 여전히 그 가공할 파괴력을 지니고 있고 그 규모와 빈도는 더욱 커지고 있다. 이는 인구의 기하급수적인 증가, 산업 발전에 의한 대량소비는 불가피하게 자연자원의 소모와 함께 자연환경의 파괴를 불러일으킨 결과라는 것을 우리는 알고 있다. 즉, 산업발전과 함께 급속도로 이루어진 환경파괴에 의한 지구 온난화는 현재의 지구를 커다란 위험으로 몰아가고 있다. 자연재난에 있어서는 엘리뇨(El Nino) 현상에 의한 태풍(허리케인, 사이클론 등)과 수해, 극지의 빙하 소멸, 가뭄, 국지성 폭우 및 폭설 등은 세계적 기상이변으로 알려지고 있으며, 빈번한 대규모의 지진, 대형화재 등이 인류 생존권을 위협하고 있다. 홍수, 태풍, 지진, 해일, 화산폭발, 가뭄, 폭우, 폭설, 황사 등이다.

자연재난은 그 성격상 현재의 기술로는 예방이 어렵지만 발달한 과학기술에 의하여 그 발생을 예측할 수 있게 되었다. 아울러 발생 원인을 확인하고 그 원인제공 요인을 제거함으로써 장기적이긴 하지만 지구적 관점에서 재난을 최소화할 수 있을 것이다. 이런 점에서 자연재난은 발생 자체를 최소화할 수 있는 생활환경의 변화를 장기적으로 도모해야 하는 것이 1차적인 과제이다. 그리고 이로부터 나타나는 2차 피해를 최소화하고자 하는 데 중점을 두어야 하고, 이는 적극적이고도 신중한 예방 전략을 선택함으로써 소기의 목적을 달성할 수 있을 것이다.

[그림 7-2] 미국의 9 · 11 테러 이후 ground zero로 명명된 세계무역센터 지역

한편, 인위재난(人爲災難)으로 분류되는 각종의 재난들은 산업발전의 결과와 인간의 부주의 및 잘못된 인식과 판단에 의한 것이며, 이러한 추세는 향후에도 지속될 것이라는 점에서 각별한 관심과 함께 전 지구적 · 국가적 대응이 필수적이다. 인위재난은 자연재난과 달리 우리가 충분히 통제할 수 있는 종류들이다. 즉, 구조물 붕괴, 이산화탄소 발생으로

인한 오존층 파괴, 대기·수질·해양 오염, 유해물질 유출, 가스폭발, 각종의 대형화재, 도로·철도·항공·해상사고, 방사능사고, 전기·유류사고, 독극물사고, 산불, 공연·행사장·유원시설·청소년수련시설·사회복지시설사고 등등이다. 이러한 인위재난은 인간의 생활양식을 변화시킴으로써, 그리고 충분한 주의를 기울임으로써 피해를 최소화할 수 있다.

이외에도 전쟁, 테러, 폭동 등은 사회재난으로 볼 수 있는데 이는 사회학적 영역으로서 연구 분야는 상이하지만, 이마저도 재난의 범주에 포함시키는 추세이며 국가간 갈등조정, 이해집단간 이해의 조정(coordination of interests)을 통해 충분히 방지할 수 있을 것이다.

이와 같이 재난발생의 원인도 대부분 인간의 생활로부터 비롯되었다는 점에서 인류가 그 피해를 최소화할 수 있는 열쇠를 가지고 있다. 즉, 통제 가능한 범주 속에 있지 않은 재난은 거의 없다는 것이다. 태양의 흑점 폭발에 의한 지구기상 이변에 따른 재앙과 지구 내부적으로 나타난 지진을 제외하면, 그 이외의 자연재난은 어느 정도 혹은 상당 부분의 원인요인을 제거할 수 있으며 피해도 경감시킬 수 있다는 것을 의미하는 것이다.

재난의 특성을 정리하면 다음과 같다. ① 실질적인 위험이 크더라도 그것을 체감하지 못하거나 방심한다. ② 본인과 가족과의 직접적인 재난피해 외에는 무관심하다. ③ 시간과 기술·산업 발전에 따라 발생빈도나 피해 규모가 다르다. ④ 인간의 면밀한 노력이나 철저한 관리에 의해 상당 부분 근절시킬 수 있다. ⑤ 발생과정은 돌발적이며 강한 충격을 지니고 있으나 같은 유형의 재난피해라도 형태나 규모, 영향범위가 다르다. ⑥ 재난발생 가능성과 상황변화를 예측하기 어렵다. ⑦ 고의나 과실이든 타인에게 끼친 손해에 대한 배상의 책임을 가진다(이종열, 2007).

2. 재난관리의 현실적 제약

현대는 물론 미래에 있어서도 재난발생은 지속될 것이고, 그 피해는 인간생활에 막대한 영향을 끼칠 것이다. 이러한 재난의 발생을 근본적으로 억제하는 방법을 찾는 것이 핵심적인 인류의 과제이다. 다른 한편으로는 재난으로 인한 2차 피해를 최소화하기 위한 것이 당면한 지구적·국가적 과제이기도 하다. 그러나 이러한 과제들을 수행하고 그 목표를 달성하기는 쉽지 않다. 당위성은 있으나 이를 현실에 적용시키고자 한다면 다양한 제약이 따른다. 즉, 사람들의 재난에 관한 인식 변화가 이루어지지 않고, 보다 근본적으로는 재난발생을 최소화할 수 있는 생활양식의 변혁 등도 이루어지지 않고 있는 점이다. 이 부분의 변화는 근본적이고 장기적인 차원에서 노력해야 한다.

따라서 재난예방에 있어서는 가장 중요한 현실적 제약으로는 재원확보의 문제이다. 당장 현실화되지 않고 있는, 그리고 미래에 있을지도 모르는 재난에 대응하여 현재 시점에서 각종 조치를 취하고자 할 때는 분명 매우 통찰력 있는 결단과 비전, 국민설득이 필요하다. 그리고 정치적 이해관계의 제약이다. 정부기관의 장과 지자체의 장은 임기가 정해져 있고, 선출직 정치인들은 단기적인 성과와 업적을 중시하므로 장기적으로 나타나는 효과에 대해서는 무관심 할 수밖에 없다. 자신의 임기 내에 나타나지 않을 성과와 효과에 대해 한정된 예산을 대규모적으로 투입한다는 것은 분명 경제적으로 비효율적이라고 판단할 수 있지만 더 중요한 것은 정치적 이해관계 때문에 충분히 예산이 투입되지 못하고 있다.

무엇보다 매몰비용(sunk cost)으로 비춰질 수밖에 없는 대규모 예산을 조달하는 것이 가장 큰 장애로 나타난다. 그리고 정부구조 혹은 정치구조가 현실적인 제약으로 작동한다.

새로운 과학기술의 개발, 기술혁신, 새로운 공법을 개발하고 적용한다든지, 각종 재난에 관한 예방적 차원의 일을 수행한다든지, 현시(顯示)된 피해를 신속하게 복구한다든지 하는 것은 모두 예산이 소요된다. 그러한 예산에 있어서도 재난의 특성상 대규모 예산이 소요되고, 그 성과를 측정함에 있어서도 장기적이고 지속적으로 추진되어야 하는 만큼 그에 필요한 예산의 안정적인 확보는 재난관리에 있어서 중요한 과제일 수밖에 없다. 중앙정부와 지방자치단체는 경제적 관점에서 최소의 비용을 투입하여 최대의 효과를 달성해야 한다. 그러므로 중앙정부와 지방자치단체는 재난관련 예산과 기금에 대해 소요된 예산을 어떤 방식으로 염출할 것인가 고민해야 한다. 그리고 마련된 재원을 효율적으로 활용하여야 할 의무가 있다.

그러나 정부는 매년 예산을 편성함에 있어서 예방 부문에 대한 충분한 고민을 하고 있다고 보기에는 부족한 점이 한두 가지가 아니다. 이제까지의 정부예산 편성을 살펴보면, 재난의 특성에서 비롯된 측면이 있기는 하지만, 예산 수립에 있어서도 어떤 기준을 두고 책정하지 못했고, 편성된 예산마저도 그 활용에 있어서 효과적이었다고 분석할 근거도 없는 것이 현실이다. 국가예산 편성의 점증주의(incrementalism)적 방식에서 오는 문제점이라고 미루어 놓을 수 없다.

제 2 절 재난관리 이론과 연구

1. 불확실성과 복잡성

과학기술의 발전과 함께 재난을 인간의 힘으로 극복하고자 하는 노력들이 체계화되고는 있으나 선진국을 제외한 대부분의 국가에서는 여전히 의식주 해결을 더 우선순위로 할 수밖에 없는 현실에서 벗어나지 못하고 있다. 이는 발전된 국가에서도 그러하다. 보다 더 높은 생활수준에 도달하고자 하는 차원에서 경제성장과 발전을 우선순위에 놓고 있다. 생활수준의 향상은 단순히 소득수준의 향상만을 의미하는 것이 아니라는 점을 충분히 인식하지 못하고 있다. 즉, 위험으로부터의 안전, 이를 위한 재난발생의 최소화 노력도 생활수준 향상의 한 축이라는 사실을 망각하고 있는 게 아닌가 한다.

불확실성은 위험이 그만큼 높다는 것을 반증한다. 인구가 증가하고 시대가 복잡다기해질수록, 그리고 사회경제적인 변화가 빠를수록 조만간 다가올 미래를 예측하지 못하는 위험성은 더욱 증가한다. 위험은 인간을 중심으로 볼 때 생명과 재산의 상실과 손실이라는 물리적인 형태로 나타날 뿐만 아니라 심리적·정신적 충격과 위해로도 나타난다. 따라서 French(1991, 130)는 불확실성이야말로 위험의 의미에서 가장 핵심적인 요소라고 한다. 위험은 현재 발생하지는 않았지만 조만간 다가올 위협적인 요소들과 불가분의 관계를 가지고 있다는 점에서 Beck(1992, 33)은 "위험은 예방되어야만 하는 미래를 의미"한다고 한다. 그러나 미래는 여전히 불확실성을 지니기 때문에 예방을 위한 전략과 다양한 전술은 신중하게 구사되어야 한다고 한다(Wildavsky, 1988: 80).

재난은 개인이나 조직 그리고 국가 전체 차원에서 위기라 할 수 있고 이러한 위기에 대응하여 위기관리체계가 성립되었다고 볼 수 있다. 체계적 위기관리에 관한 연구는 완화, 준비, 대응, 복구 등 네 단계로 정리되어 연구와 실행이 이루어지고 있다. 따라서 위기관리는 네 단계에 관련한 내용 및 활동들을 개발하고 집행하는 과정으로 구성되어 있다(Drabeck, 1991: 3-29, Godschalk, 1991: 131-160).

이와 관련하여 우선, 재난배양이론(Disaster Incubation Theory)이

있다. 이는 재난은 발생 이전부터 사회 속에 내재되어 있으므로 재난으로 진화하는 초기 단계인 배양(incubation) 단계에서부터 사회 속에서는 재난이 잠재・누적되고 있다는 것이다. 따라서 '위험평가' 시기부터 사회・문화적 조건들을 충분히 감안하여야 하며, 위험과 관련된 조직문화의 맹점, 부적절한 정보, 의사소통의 문제점, 오차수정의 실패, 안전규제 도입의 실패 등을 성찰해야 한다는 것이다(Turner, 1978; Short & Rosa, 1998).

다음으로는 정상사건이론(Normal Accidents Theory)이 있다. 복잡하고 치밀하게 구성된 기술적 체계는 필연적으로 사고(accidents)를 발생시킬 수밖에 없다는 것으로서 그 체계를 구성하는 요소들간에 일어나는 작용을 인간들이 정확히 이해하기 어려우며, 따라서 불확실성이 높아진다는 것이다. 복잡한 만큼 실패가 여러 형태로 나타나며, 나아가 연속적・가속적・확대재생산의 양태를 가지고 나타난다는 것이다(Perrow, 1984).

이재은 외(2006)는 위험사회와 위기, 재난의 유형과 재난관리, 한국의 재난관리체계, 외국의 재난관리체계 및 재난관리사례연구 및 실증분석을 종합적으로 다루면서 한국의 위기 및 재난관리에 관한 총체적인 접근을 통해 우리나라의 재난관리와 위기관리에 관한 지침서로서의 역할을 제공하고자 했다. 다만 아쉬운 것은 예산체계와 기금 등에 관한 실태와 분석이 제외되었다.

2. 국내 관련연구

재난관리에서의 예산 및 재정과 관련한 학계의 연구는 크게 진전되지 못하고 있다. 주로 정부 및 관련 부처에서 다루어 왔지만 국회의 예산정책처가 만들어지면서 전반적으로 다루어지기 시작하였다. 방재사업의 경제성 분석은 건교부(2005)가 대표적이며 예비타당성 조사는 KDI의 공공투자관리센터에서 이루어져 왔다. 건교부는 기존 치수사업의 경제성 평가기법을 개선하는 한편 직·간접 편익 산정 방법을 제시하고 있다. 그러나 이와 같은 연구도 편익 항목의 산정의 문제가 있는 등 경제성 분석에 대한 비용·편익 항목을 어떻게 구성해야 하는지에 대한 탄탄한 토대가 이루어지지 못한 한계들이 있다. 우리나라의 재난관리에 대해 국가 위기관리 차원에서 다음과 같은 종합적인 의견이 제시되어 있다. 감사원(2005)에 따르면, 현재의 재난관리체계가 중앙정부와 지방자치단체간의 협력체계를 구축하는 데는 성공하였지만, 지방자치단체의 재난관리 역량을 높이는 데는 미흡하고 재난에 대응하는 데 급급하다고 지적하였다. 아울러 재난관련 예산에 관한 전반적인 분석은 예산정책처(2005)의 중기투자계획과 12개 부처에서 집행한 예산집행 내역과 법적·현실적인 고찰이 그 종합판이라 할 수 있다.

이상의 분석은 그동안의 운영체계의 문제점이라든지, 우리나라의 예산 수립의 문제점 등에 대한 개선안을 제시하고 있으나 일반적인 결론을 벗어나지 못하고 있다. 이것은 재난의 특성에 따른 것이기도 하지만 각 부처의 예산 수립과정에 대한 근본적인 문제점을 충분히 감안하지 못한 것이라 할 수 있다. 또 재난관련 재정운용의 과제에서 이원희(2007)는 예산 집행체계와 예산을 활용하는 각 사업에 대한 문제점, 예비비 지출에 대한 문제점, 정책적 대안을 제시하고 있다.

재난관리 기금에 대해 경실련(2002)은 기금의 대부분을 자치단체가 소유·관리하고 있는 시설에 사용하고 있다는 점과 인적·물적 피해에 대한 배상책임이 사고의 원인자에게 있을 시 기금활용이 불가하다고 지적하였다. 신학용(2006)은 재난관리기금의 누적잔액이 지나치게 높고, 형식적 관리와 낮은 집행률, 그리고 재원의 비효율적인 활용을 지적하였다. 그리고 오금호(2007)는 일반예산과 기금의 근본적 차이를 인식할 때 비로소 두 기금의 효과적인 활용이 가능하다고 평가하고, 재난관리 기금을 예방 중심으로 활용하는 것은 자칫 일반예산으로 진행해야 할 예방사업까지 기금으로 활용할 우려가 있으므로 오히려 예산의 경직성을 가중시킬 수 있다고 지적하고 있다. 그리고 김종익(2007)은 재난관리 기금의 활용이 매우 필요하지만 너무 세부적인 시행규칙에 의해 그 활용이 충분하지 못하며, 기금운용위원회의 민간전문가 참여와 예방에 관한 연구용역 사업이 상당히 미비하다는 점을 지적하였다.

한편, 소방방재청(2008)에서 연구지원한 보고서 '방재의 경제성 분석 및 국가경제파급효과(김홍배 외 5)'가 가장 최근에 이루어진 경제성 분석이다. 이 보고서는 방재사업의 평가에 대한 구체적 모형이 설정되지 않은 가운데 그 프레임워크를 제시한 것에 큰 의미가 있다. 구체적으로는 방재사업의 유형별 비용·편익 항목을 제시하고 이에 근거하여 경제성 평가를 위한 종합적인 표를 제시함으로써 우리나라의 방재예방에 관한 경제성 분석의 중요한 틀 하나를 제시하고 있다.

이상과 같이 재난관련 예산과 기금분석에 관한 이론적 접근은 희귀하며, 특히 실증적 분석은 찾아볼 수 없다. 이러한 배경으로는 재난의 경제적 효과(긍정적 혹은 부정적)에 대한 인식 부족이라 할 수 있을 것이다. 다시 말하면 재난관련 예산 투입과 성과에 대한 경제적 효과를 당국이 충분히 분석하지 않은 결과라고 하겠다. 이는 재난관리 담당자 측면에서는 주어진 예산을 활용하는 점에만 관심을 두고 있고, 국가 전체적으로는 어떤 근거를 통해서 예산을 확보할 것인가에 대한 진지한 고민이 없기 때문이다.

물론 재난관리 부문에 대한 대규모 예산확보가 반드시 필요한 것인가에 대해서는 별도의 논의가 필요하지만, 재난관리 담당 부서에서는 주먹구구식이 아닌 논리적 체계와 실증적 검증자료를 통해 예산확보와 사업을 진행해야 하는 것이 급선무일 것이다. 재난관리가 중요하다면 사전적 작업으로서 재난에 관한 최고의사결정권자를 설득시키고자 하는 노력이 반드시 필요한데, 이는 충분한 데이터의 확보와 과학적 분석을 통한 예산수립 등의 뒷받침이 요구된다.

한편, 규모면에서 매우 작은 재난관리기금은 현장에서의 예방기능 수행과 직결된다는 중요성에도 불구하고 체계적인 분석은 거의 없다. 그 이유로는 첫째, 기금은 축적되어 있으나 지방자치단체는 법정 적립수준에 우선순위를 두고 있다. 둘째, 재난관리기금의 집행이 지역 현장에서 구체적으로 이루어지기 때문에 분석을 하고자 한다면 모든 집행내역을 비교분석해야 하는 번거로움과 어려움이 있다. 셋째, 재난관리기금을 관리 감독하는 주체인 자치단체의 장(長)과 지방의회의 인식부족과 전문성 부족 때문이라고 할 수 있다. 결과적으로 전국적 단위의 기금에 대한 평가는 방재청의 자체 점검과 특히 국회 해당 위원회의 지적 정도로 마무리된다. 또한 국회 차원의 점검은 기금확보율과 집행률에 대한 가벼운 언급수준으로 끝나는 것이 현실이다. 즉, 체계적으로 접근했다고 볼 수는 없고 재난관리 재정현황 전반을 다루면서 재난관련 기금의 현황을 소개하는 데 그치고 있다. 따라서 우선 고려해야 할 것은 전국의 지방자치단체의 재난관련 예산과 기금활용에 관한 기초적인 자료를 수집하고, 이에 대한 세밀한 분석이 필요하며, 이를 근거로 관련예산과 기금의 효율성 및 적절성에 대한 가이드라인을 만드는 것이 최우선 과제이다.

제8장

재난관리 예산분석

제 1 절 재난관리 예산분석의 기본방향

1. 공공재와 비용편익분석의 어려움

기본적으로 공공 부문에 대한 다양한 국가사업에 있어서는 비용편익분석(B/C Analysis)의 어려움이 있다. 그러나 대형 투자 사업이나 기자재 구입과 관련하여 비용 대비 편익을 고려하여 결정하려는 노력은 지속되고 있다. 재난관련 투자비의 경우 미래를 예측하는 것이 어렵고, 특히 인명과 관련된 사업이기 때문에 편익을 합리적으로 예측하기가 어렵다. 그러므로 국가 및 정부 차원에서 보면 다른 투자 사업에 비해 우선순위에서 미루어질 우려가 있다. 재난관련 투자 사업에서 필요성을 합리적으로 설득하기 위한 모형 개발이 필요하다는 요구가 전문가들의 일치된 주장이다. 따라서 여기서는 비용편익분석의 활성화를 위해서 먼저 국가는 어떤 관점에서 접근해야 하는지를 기초적으로 제시해 보고자 한다.

재난에 대한 관리와 복구에 있어서 그 대상은 대부분 공공시설물들이라는 점에서 사회간접자본(SOC)이라 할 수 있다. 그러므로 이는 공공재(public goods)적 성격이 크며, 따라서 공공재(public goods)의 기본적인 성격, 즉 소비의 비경합성(non-rivalry)과 비배재성(non-exclud-ability)이 핵심적으로 작동하고 아울러 무임승차(free rider)라는 측면을 고려하여야 한다. 비경합성은 한 사람이 추가적으로 소비한다고 해서 다른 사람의 소비가능성이 감소하지 않는다는 것이며 비배재성은 대가를 치르지 않고서도 그것을 소비하려는 사람을 배재할 수 없다는 의미이다. 그리고 무임승차는 비용을 지불하지 않고 시설물의 혜택을 사용하고자 하며 따라서 정확한 소비자들의 비용지불의사 혹은 지출 규모를 파악할 수 없는 한계점들이 공공재가 갖는 특수성이라 하겠다.

먼저 비용편익분석은 민간 부문과 공공 부문으로 나눌 수 있다. 기업에서는 일반적으로 투자계획을 실행에 옮길 때 첫째, 목표달성을 위한 여럿의 투자계획을 수립하고 둘째, 각 대안을 실행할 경우의 결과를 예측하고 셋째, 비용과 편익을 추정하고 이윤창출 가능성을 타진하여 결정한다. 여기에는 잘 알려진 현재가치(present value)법과 내부수익률(internal rate of return)법 및 편익-비용비율(benefit-cost ratio)법이 있다.

그러나 공공 부문에서는 사업의 특수성 때문에 다음과 같은 사안을 고려해야 한다. 첫째, 공공 부문은 이윤의 창출이 아닌 복합적인 목표를 지니고 있으므로 그 효과를 다양한 각도에서 포착하고 포괄적인 평가를 하여야 한다. 특히 외부효과(externality)의 존재와 시장의 불완전성 등을 감안하여야 한다. 여러 가지 목표란 ① 총소비 증대를 통한 후생증진, ② 소득재분배, ③ 산업발전의 기반제공, ④ 고용수준의 제고, ⑤ 경제자립도의 제고, ⑥ 가치욕구의 충족(merit wants) 등이다(이준구,

2006: 325). 둘째, 비용과 편익을 계산할 때 기업은 시장가격으로 할 수 있지만 공공 부문은 불완전한 시장정보에 입각하여 계산할 수 있다는 점이다. 이렇게 되면 기회비용(opportunity cost)을 충분히 반영할 수 없는 한계가 있다.

따라서 재난에 관해서는 공공 부문의 관점에서 보면 먼저 실질적 편익(real benefit) ⇨ 직접적 편익(direct benefit) ⇨ 유형적 편익(tangible benefit) ⇨ 중간적 편익(intermediate benefit) ⇨ 내부적 편익(inside benefit)의 흐름으로 분석하여야 하며, 이 과정에서 기초자치단체나 광역자치단체별로 구획을 지어 평가를 하게 된다면 몇 가지 맹점은 보완될 수 있을 것이다.

2. 피해 양상과 고려해야 할 점

재난의 결과는 궁극적으로 인명피해와 경제적 피해로 귀결된다. 그리고 이러한 피해를 예방하고 복구하는 비용이 천문학적으로 발생한다. 국가는 제한된 예산을 적절한 배분을 통해 해결하고 있다. 예산은 국가 차원의 자원배분 효율성과 관련된 사안이다. 따라서 재난관리와 관련한 재원의 합리적인 배분은 재난예방과 복구에 있어서 가장 핵심적인 사안이라고 할 수 있다. 예방과 복구는 구분할 수 있는가? 예방은 사전적 의미이고 복구는 사후적인 의미이므로 구분이 가능하다. 그러나 복구는 다시 말하면 예방적인 기능도 포함되어 있다. 예방은 피해 규모를 최소화할 수 있는 것이고, 복구도 마찬가지로 차후에 발생할 사안에 대한 피해를 최소화하고자 하는 것은 물론 재발방지에 목적이 있다는 점에서 다소간의 차별이 있다. 그러나 여기서는 사안 발생을 중심으로 예방과 복구로 단순구분하였다.

경제적 손실의 형태는 다음과 같다. 크게 네 가지로 구분할 수 있는데 인적 손해, 물적 손해(직접손해), 기업 활동 중지손해(간접손해), 그리고 배상책임손해로 구분된다. 이러한 손해 양상은 대부분 복합적인 것이지만 사안에 따라 단독적으로 발생할 수 있다.

인적 손실은 그 비용을 추계하기 어렵다. 어린이와 성년, 그리고 노인, 남자와 여자, 직업인과 비직업인 등 연간 소득수준을 감안하여야 하는데 이를 일률적으로 계산할 수 없기 때문이다. 그러나 물적 손실은 어느 정도 추계가 가능하다. 각종 시설물의 직접가치를 계산하는 방식이지만 이것도 충분하지는 않다. 예컨대 기계의 경우 감가상각을 고려하면 그 가치는 zero(0)의 가치를 갖지만, 그러나 생산 중지로 인한 경제적 손실이 있다. 또 사유재산에 관한 피해 규모는 개인이 평가할 때와 정부가 평가하는 것이 차이가 있다. 김용달(2003)에 의하면 우리나라의 경우 피해자의 주장이 정부의 평가보다 1.3~3.8배가 많다는 것이다. 아울러 공공시설도 마찬가지로 이미 초기 투입된 비용에 대비하여 편익이 훨씬 커서 목적을 달성한 시설일 경우 그 가치를 산정하기는 어렵기 때문이다. 한편 간접손실은 H. W. Heinrich의 이론에 따라 직접비용의 네 배로 계산하고 있다.

언급한 바와 같이 재난관리에 있어서의 예산수립과 집행의 문제는 매우 핵심적으로 고려해야 할 사안이다. 예방과 대비, 그리고 복구까지 소요되는 예산은 국가나 각급 정부의 재정지출 차원에서 다른 분야, 예컨대 사회복지, 경제발전 등도 고려해야 하므로 예산제약(budget constrain)이 따른다. 특히 현실화되지 않은 재앙(災殃)에 대비하여 재정을 충분히 비축하는 것은 쉽지 않다. 그렇기 때문에 평상시에는 최소 예산을 비축하며(예비비와 각종 기금), 대규모의 재난이 발생할 경우 의회를 통해 긴급하게 추가경정예산을 편성하고 있다. 이는 재난의 특성 때문이기도 하지만 국가 예산의 효율성을 감안하면 불가피한 일이다.

재난과 관련한 예산의 중요성에 불구하고 재난예방을 위해 국가가 전체 재정운용에 있어서 얼마나 예방 투자를 계획하고 지출할 것인지에 대해서 객관적인 기준과 근거가 매우 부족하다. 각 부처에서 필요한 예산을 산출하고 이를 합산한 이후 부처조정기능을 통해 결정하는 정도이다. 그리고 각급 의회에서 계수조정을 통하여 결정되고 만다. 이러한 절차가 잘못되었다고 볼 수 없지만 현실적으로 계수조정소위원회의 활동을 분석해 보면 주먹구구식이 아니라고 할 만한 근거를 찾을 수 없다. 이는 국가적으로, 그리고 각 자치단체별 중장기적인 재난 예방대책의 결여 때문이라 할 수 있는데, 보다 근본적인 이유는 재난에 관한 인식수준이 낮기 때문이라 할 수 있다.

한편, 아무리 많은 예산을 투입한다고 하여도 재난은 발생한다. 각종 시설물의 설치기준을 영구적으로 할 수 없기 때문이다. 가령, 모든 시설물의 기준을 리히터지진계에서 측정되는 진도(震度) 10 이상으로 하거나, 태풍의 경우 바람의 속도를 초속 200m 이상의 기준으로 하거나, 또 전국의 모든 하천을 시간당 강우량 300mm를 기준으로 대비 및 축조할 수 없다. 물론 이렇게 할 수 있는 재원이 충분하다면 가능할 수 있겠지만 한정된 재원을 고려해야 한다. 또한 각종 과학기술의 발전을 감안해야 한다. 기술의 발전에 따라 위와 같은 시도에 따라 소요되는 비용이 현저히 낮아질 수 있기 때문이다.

1) 비용곡선

이상과 같은 점을 감안하여 다음과 같은 접근을 시도해 볼 필요가 있다. 첫째, 정부나 지방자치단체는 재난관리 총비용을 최소화하는 데 역점을 두어야 한다. 둘째, 재난관리 대 수요자 효용(만족)극대화를 달성해야 한다. 현재와 같이 재난관리 재원의 수요가 급증한 경우에도 1차적으로 국가 전체적인 관점에서 재난관리 수요를 충분히, 그리고 면밀히 예측할 필요가 있다. 어느 지역에 어떤 사업이 왜 필요한지에 대해서 충분하고 엄격한 조사를 시행해야 한다. 2차적으로는 그러한 사업의 우선순위를 충분히 고려하여 연차적으로 시행할 것을 계획하여야 한다. 물론 이 과정에서는 가능한 과학적 기법을 총동원해야 함은 물론이다.

이를 바탕으로 예컨대 5년간 혹은 3년간의 재난피해비용을 추산하여야 하며, 동시에 동 기간 동안에 소요된 재난관리비용을 계산하여야 한다. 이 두 가지 비용의 계산은 어렵지 않을 것이다. 물론 동시에 전국적인 안전수준(혹은 지표)을 지수화하여야 한다. 재난피해 규모는 재난발생의 빈도와 규모에 따라 연도마다 차이가 있을 수 있다. 따라서 아무리 재난관리비용을 막대하게 투입한다 하여도 피해를 제거할 수는 없다. 그러므로 재정의 효율적인 활용 차원에서 적정한 규모가 산출되어야 한다. 반면 안전수준에 대한 시민들의 욕구는 무한대이다. 그리고 아무리 완벽하게 위험을 제거한다 하여도 국가 전체적으로 보면 안전에 있어서 완벽함을 실현할 수 없다.

여기서 재난에 관한 안전수준과 재난예방비용의 관계를 보자. [그림 8-1]은 비용과 안전수준의 관계를 나타낸 것으로서 재난관리비용의 적정성을 살펴볼 수 있다. 재난총비용곡선(disaster total cost curve: DTCC)은 재난발생과 재난관리에서 나타나는 모든 비용을 의미한다. 재난관리비용곡선은 예방비용과 함께 복구비용 등을 합한 것이다. 재난피해비용은 재난이 발생하였을 때 나타나는 직간접 손실 규모이다.

총비용은 재난관리비용과 재난피해비용을 합산 것이다. 물론 정부로서는 두 가지 비용을 최소화하는 것(궁극적으로 zero)이 목표가 되어야 한다. 그러나 이것은 현실적으로 불가능하다. 이는 안전에 관한 시민들의 만족도가 무한대이기 때문이지만, 그 수요에 대한 정확한 가격을 산출할 수 없는 공공재적 특성에서 기인한다. 아울러 재난발생의 위험은 항상 존재하고 예측불가능하기 때문이다.

이 [그림 8-1]은 재난관리비용이 과소투입될 경우 재난피해비용이 커지고 있음을 나타내지만, 반대로 재난관리비용을 계속적으로 증가시킨다 하여도 천재지변으로 발생하는 재난피해비용은 완전히 제거할 수 없다. 또한 투입비용 대비 안전수준도 크게 나아지지 않고 있음을 보여준다. 한편 재난피해비용은 안전수준이 높아짐에 따라 점차 감소하지만, 어느 정도 수준을 넘게 되면 투자한 비용만큼의 효과를 거둘 수 없음을 보이고 있다. 즉, 비용에 있어서의 수확체감 법칙(law of diminishing returns)이 작동된다고 보는 것이 현실적으로 타당하다.

인간의 안전에 대한 욕구는 무한하다. 그렇지만 재난관리비용을 무한대로 사용할 수 없는 것 또한 현실이라면, 당위적으로 최소투입 최대효과의 원칙 아래에서 집행되어야 한다. 따라서 총비용곡선의 최저점에서 재난관리가 이루어지는 것이 예산제약(budget constraint)을 받고 있는 현실에 타당하다는 것을 시사하고 있다.

다시 [그림 8-1]을 보자. 점 A는 재난관리비용에 관한 투입이 부족할 뿐만 아니라, 부족한 만큼 재난피해비용도 크게 발생하고 있음을 의미한다. 반면 점 B는 안전수준은 높아지지만 재난관리비용도 증가함으로써 총비용곡선은 상승한다. 따라서 점 E에서 이루어지는 것이 재난관리 총

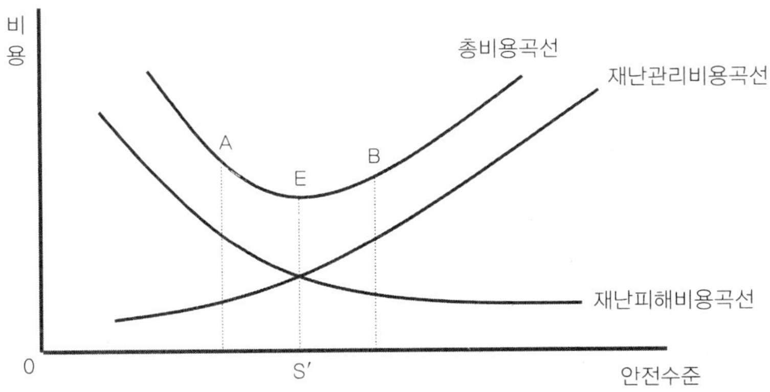

[그림 8-1] 재난비용과 재난안전수준과의 관계

비용 관점에서 최소점이 된다. 한편, 높은 안전수준을 달성할 수 있는 과학기술의 발전에 따라 안전 수준 S′가 우측으로 크게 이동하게 되는데, 이는 재난관리비용곡선의 기울기가 매우 작아지기 때문이다.

2) 효용 · 만족(Utility & Satisfaction)의 극대

다음으로는 수요자 효용극대 차원에서 예방과 복구 그리고 시민들의 만족도 관계를 살펴보자. 재난관리는 정부가 직면한 예산제약과 시민만족도가 일치되는 선에서 이루어져야 한다. 이는 재난관리가 개인 차원에서도 이루어지지만, 대체적으로 공공 차원에서 이루어지고 있기 때문이다. 즉, 개인은 사적 영역에서 자기의 재난에 관한 예방과 복구를 하지만, 재난관리의 공공재적 성격으로 인하여 무임승차(free rider) 등을 감안하여야 한다.

먼저 만족무차별곡선(satisfaction indifference curve: SIC)은 안전욕구에 관한 국민의 만족도이다. 무차별곡선의 경제학적 정의는 다음과 같다. 즉, 소비자에게 동일한 만족 혹은 효용을 주는 상품의 조합들 중에서 한 조합만 선택하라고 하면 어느 조합을 선택해도 상관없다. 이와 같이 동일한 만족을 주는 상품의 조합들에 대하여 소비자는 무차별하다고 말할 수 있다. 이러한 무차별한 상품의 조합점들을 연결한 곡선을 뜻한다. 개인의 재화와 서비스 소비에 관한 효용(utility)은 주관적이지만 이를 측정가능하다는 전제를 가지고 만들어진 선이다. 여기에는 기수적(cardinal) 측정과 서수적(ordinal) 측정이 있으나, 무차별곡선은 서수적 측정을 전제로 한다. 즉, 동일한 만족을 주는 상품조합이 여러 개 있다고 할 때 임의의 조합 ①과 ② 가운데 어느 것이 더 선호되는가 아니면 덜 선호되는가? 혹은 동일한가? 하는 선호의 순서만을 구분하는 측정이다. 우리는 여기서 항상 발생하는 재난을 주어진 것으로 받아들이면 재난관리를 임의로 예방과 복구로 나눌 수 있다. 즉, 수요자(소비자)가 직면한 상품은 안전도를 높게 할 수 있는 상품 Y재(재난예방)와 상품 X재(재난복구)로 볼 수 있다. 이렇게 되면 재난에 관한 수요자의 만족무차별곡선은 성립된다.

만족무차별곡선(SIC)은 첫째, 원점에서 멀리 떨어질수록 더 높은 만족도를 나타낸다. 이는 재난에 대한 수혜자들의 무한대에 이르는 만족을 요구하기 때문이다. 둘째, 우하향한다. 이는 만족에 대한 다다익선(多多益善)을 나타낸다. 이는 대체관계가 존재함을 의미한다. 즉, 동일한 만족수준을 유지하면서 상품간 대체는 우하향선을 만들어 낸다. 셋째, 무차별곡선은 겹치거나 교차할 수 없다. 교차하면 다다익선과 동일한 만족도조합간에 모순이 발생한다. 넷째, 곡선은 우하향하면서 원점에 대해서 볼록(convex)하다. 이는 수요자 선택에 있어서 두 상품간에 존재하는 한계대체율(marginal rate of substitution of X in terms of Y)과 한계대체율 체감의 법칙(law of diminishing marginal rate of substitution)이 적용되기 때문이다. 한계대체율은 수요자의 X재 1단위에 대한 Y재의 주관적인 교환비율이다. 체감의 법칙이란 동일한 만족수준을 유지하면서 Y재를 X재로 대체해 감에 따라 한계대체율이 점차 감소하는 현상이다.

다음으로는 소비자 혹은 수요자의 재난에 관한 효용극대를 보자. 수요자는 개인의 만족을 극대화시키고자 하지만 그것은 자기에게 주어진 예산(budget)의 범위 안에서 이루질 것이다. 즉, 예산제약이 나타난다는 것이다. 개인에 있어서도 예산의 제약이 있지만 여기서는 정부의 예산제약이다.[1] 이는 공공재에 있어서의 무임승차를 감안하고 소비자가 지불하는 조세의 비보상성을 받아들이면 개인의 예산제약식은 극단적으로 0으로 가져갈 수 있으며, 따라서 정부예산 제약선으로 가져가도 무리

1) 사적 영역에 대해서는 별도의 논의가 필요하고 개인의 관점에서 동일한 논리전개가 가능하지만 여기서는 이를 생략하고 예산의 제약을 정부의 예산제약으로 대체하였다.

가 없을 것이다. 아무튼 재난관리를 예방과 복구로 나누어 접근하면 정부가 직면하는 재난관련 예산제약식은 다음과 같다.

$$I = P_x \cdot X + P_y \cdot Y \quad (1)$$

여기서 I는 국가예산, P_y는 재난 예방비용, P_x는 복구비용이다. 그리고 재난만족도는 일반의 재난에 관한 효용(utility)으로 바꿔 쓸 수 있다. 위의 식(1)을 Y에 대해서 정리하면 다음과 같다.

$$Y = I/P_y - P_x/P_y \cdot X \quad (2)$$

이렇게 되면 I/P_y는 수직절편, $-P_x/P_y$는 기울기이다. 주어진 예산을 예방에 모두 투입할 수 있으며 반대로 복구에 모두 투입할 수 있다. 그리고 배정된 예산의 규모에 따라 원점에서 바깥쪽으로 혹은 안쪽으로 이동할 수 있다. 이제 [그림 8-2]를 보자.

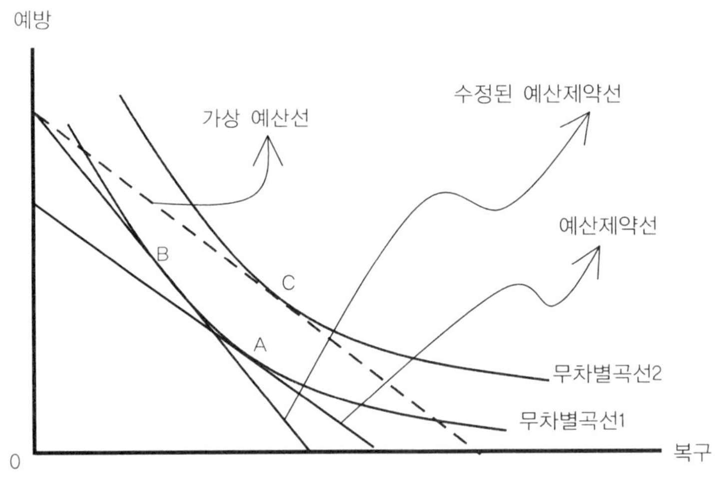

[그림 8-2] 예산선과 효용극대화

먼저, 예산제약선은 정부가 현재 직면하고 있는 예산이다. 이 선은 현재 시민의 만족도(효용)를 나타내고 있는 무차별곡선(SIC) 1과 점 A에서 접하고 있다. 이 점은 어떻든 현재 주어진 여건(과학기술, 자원 등)에서 최적의 정책이라고 할 수 있다. 그렇다면 우리는 동일한 만족 수준을 유지하는 가운데 예산선을 변경할 수 있다. 이는 예방에 더 중점을 둘 수 있으며 반대로 복구에 더 중점을 둘 수 있는 현실을 반영하고 있다. 수정된 예산제약선은 동일한 만족수준을 내타내는 무차별곡선의 만족수준을 해치지 않은 가운데 복구비용보다 예방비용을 더 배정한 것을 나타낸다. 점 B는 새로운 예산제약식이 무차별곡선 1과 접한다. 따라서 만족수준은 변함이 없다.

무차별곡선(SIC) 2는 무차별곡선 1보다 재난에 관한 시민들의 만족도 수준이 더 높은 것을 나타낸 것이다. 점선으로 표시된 예산선은 가상의 예산선이다. 이는 다음으로부터 추론될 수 있다. 예방투자를 더 높이게 된다면 재난피해 규모를 줄일 수 있다는 것이 통설이라고 할 때, 동일한 비용의 복구비를 예방투자로 전환하게 되면 보수적으로 보아 재난피해가 감소하게 된다. 피해가 감소하게 된 만큼 소비자들의 만족(효용)도는 더 높아지게 된다.

반대로, 정부는 복구비를 더 집행할 수 있으며 마찬가지로 더 높은 수준의 무차별곡선과 접할 수 있게 된다. 이렇게 되면 단기적인 국민의 만족수준은 높아질 수 있지만 궁극적으로 경제적 피해가 더 커지는 상황을 초래하게 된다. 여기서 국민의 만족수준은 재난발생 이후 신속한 복구작업으로 도로와 시설 등이 새로이 보수되며, 그 결과 재발(再發) 우려가 낮아짐에 따른 불안심리가 크게 해소되는 것이다. 또 복구 중심의 재난관리는 피해 규모가 더 커지고 있는 주요한 원인이 되며 그러므로 예방 중심으로의 정책적 전환이 필요하다(이재은 외, 2006)는 것은 이미 검증된 사안이다. 그렇기 때문에 주어진 여건에서의 복구비를 더 증가시키는 선택은 합리적이지 못하다.

따라서 예방에 관한 투자비용을 더욱 크게 가져가는 것이 중장기적으로 만족도를 증가시킬 수 있음을 나타낸다. 결론적으로 정부의 제한된 예산배분(예산제약선)을 어떻게 움직이느냐에 따라 시민의 만족도를 증가시키고, 궁극적으로 재난피해를 최소화할 수 있으며, 재난관리를 효과적으로 할 수 있는가에 대한 시사점을 준다. 물론 재난관리의 공공재적 성격에 있어서 수요자들의 정확한 욕구를 파악할 수 없는 한계는 근본적으로 존재한다.

그럼에도 불구하고 정부의 재난예산과 관련한 예산집행 기준은 현재와 같은 절차(수립과 집행)로는 재난피해를 최소화할 수 없음은 분명하다. 또한 재난관리를 위한 예산을 최우선 순위로 하거나 또한 무한정 배정할 수 없으므로, 재난 관련한 예산 책정과 배분의 합리성 및 과학적 접근 방법이 필요하다.

제 2 절 재난관리 조직과 예산

1. 재난관리와 재정

각종 재난과 관련해서 국가가 하는 일은 매우 절대적이다. 예방에서부터 복구까지 거의 모든 단계에서 중앙정부와 지방정부의 역할이 필요하다. 이는 우리나라만의 현상이 아니고 국가 구성형태에 따라 약간의 차이가 있지만 모든 국가가 동일하다. 특히 한정된 자원을 효율적으로 활용해야 하는 중앙정부의 입장에서는 일반적으로 예산을 편성하고 추가경정예산을 통해 확보한다든지, 법령에 의해 재난에 대비할 수 있는 시스템을 구축하는 차원에서 기금(fund)을 적립하도록 하고 있다.

예산의 문제는 매우 핵심적으로 고려해야 할 사안이다. 예방과 대비, 그리고 복구까지에 소요되는 예산은 국가 재정지출 차원에서 다른 분야도 고려해야 하므로 예산의 제약이 따른다는 것은 앞서 살펴보았다. 특히 현실화되지 않은 재난에 대비하여 재원을 비축하는 것은 쉽지 않다. 이는 국가예산 수립과 집행이 단년도(單年度) 세출을 미리 예측하고 이에 대한 세입을 결정하는 방식이기 때문이다. 따라서 재난을 예방하고 복구하기까지 대규모의 예산이 소요된다. 그러나 대부분의 예산은 사건 이후 긴급하게 편성된다. 즉, 재난이 발생하게 되면 추가경정예산을 편성하는 것이 일반적이다.

또 현실적으로 예측하지 못한 재난에 대비하여 국가예산을 배정하는 것은 비효율적이기 때문이다. 정부의 재난예산 편성은 발생하지 않은 사안을 근거로 모든 비용을 추산해야 하는 것이므로 적정한 예산을 편성한다는 것은 사실상 불가능하다. 이런 점을 보완하기 위해 정부는 안정적인 재원확보를 위한 방편으로 특정한 목적에 활용할 수 있는 기금을 설립하여 운용하게 되며, 재난관리 부문에 있어서는 대표적인 것이 재난관리기금과 재해구호기금이다.

먼저 재난관리 예산을 분석하기 위해서는 정부의 일반적인 예산의 수립과 그 효과를 보아야 한다. 일반예산 수립에 있어서 재난분야 예산뿐만 아니라 모든 예산수립의 일반원칙은 소위 점증주의(incrementalism)적 방식[2)]에 의존한다. 이 방식은 정부의 각 부처가 다음 연도의 예산을 편성할 때 부처의 올해 예산을 일정한 비율로 계산해서 단순하게 확대된 예산을 책정하는 방식이다. 이에 따라 합리적인 근거가 부족하다는

2) 이러한 문제점을 보완하고자 하는 것이 합리주의적 시각이다. 이는 중위투표자이론이나 투표자연합과 같은 공공선택의 개념을 활용하여 예산편성의 과정을 체계화하려는 것이다.

것이다(이준구, 2005: 310). 즉, 경제여건이나 여러 사회여건이 변화하였음에도 불구하고 변화된 상황을 충분히 반영하지 못한다. 그럼에도 불구하고 이 방식을 선호하는 것은 막대한 양의 정보 및 정확하게 수집한 정보가 필요하고 또 시간과 경비가 충분히 지원되어야 하기 때문이다. 그러나 이 방식은 차년도 예산 편성시 올해의 예산에 λ배를 더한다고 보았을 때, λ의 크기가 시간에 따라 차이가 남에도 불구하고 이러한 변화(증가 혹은 감소)에 대한 설명을 충분히 하지 못하고 있다. 아울러 각 부처마다의 차이를 보이는데 이에 대한 설명도 합리적이지 못한 측면이 있다.

한편 지방정부의 재정자립도에 따라 중앙에서 지원하는 교부금이 있다. 교부세의 종류는 보통교부세・특별교부세・분권교부세 및 부동산교부세가 있다(지방교부세법 제3조). 국가가 재정적 결함이 생기는 자치단체에 교부하는 것으로서 매년 국가 예산에 계상하고 있다. 재난관련 교부금은 특별교부세를 통해 이루어진다.

예산수립의 이와 같은 문제점에도 불구하고 재난관리에 관한 예산 책정은 이러한 점증주의적인 방식도 활용되지 못하고 있다. 왜냐하면 재난의 발생은 불규칙적이며 예측할 수 없기 때문이다. 다시 말하면 매년 풍수해가 나타날 것으로는 예상하지만 그 규모와 피해가 예측할 수 없기 때문이다. 쉽게 생각해 볼 수 있는 일반적인 분석 방법으로는 최근 몇 년간의 피해 지역과 피해 규모를 면밀히 분석하고 추세적 동향을 감안할 수 있다. 그러나 자연재난의 특성상 이러한 방법으로도 불가능하다. 이러한 배경들이 재난관리 예산의 분석이 잘 이루어지지 못한 이유가 된다. 다만, 지속사업의 경우 하부 단위에서 진행시키는 과정에서 설계 변경으로 예산을 증가시키는 방법이 활용된다. 물가 상승이나 인건비 상승과 같은 것은 일차적으로 정부사업이 발주가 되면 예산에 반영시키는 것이 쉽지 않다. 이러한 한계 때문에 우리나라의 재난에 대한 정책은 예방보다는 복구 중심으로 진행되며, 그리고 재난예산의 전체 활용에서도 예방보다는 복구에 치중할 수밖에 없다.

이러한 한계에도 불구하고 우리나라의 재난예산의 투입과 그 효과에 대한 분석은 이루어져야 한다. 예산 집행에 따른 효과의 경제적 분석과 집행에 대한 평가 등이다. 경제적인 효과분석이 매우 중요함에도 불구하고 이와 관련한 연구는 찾아보기 어렵다.

1) 예산과 기금

재정(public finance)은 정부가 공공욕구를 충족시키기 위하여 수행하는 모든 경제적 활동으로 정의(이준구, 2005: 28)되며, 여기서는 광의의 정부를 뜻하므로 예산에 의거하지 않은 정부활동도 그것이 공공의 욕구를 충족시키기 위한다는 목적에서는 이 모두를 재정에 포함시킬 수 있다. 또한 세분화시킨 정부는 중앙(central government)과 지방(local government)으로 구분하고 이에 따른 재정흐름을 구분할 수 있다.

국가 및 지방공공단체의 살림살이에 소요되는 자금(資金)을 공공재정(公共財政)이라고도 한다. 재정의 특징은 첫째, 정부의 각종 예산집행으로 나타난다. 예산(budget)은 세입과 세출로 구성된다. 둘째, 정부가 생산하여 제공하는 서비스 혹은 편익(便益)의 극대화를 목표로 한다. 이는 다른 경제주체들이 추구하는 효용 극대화와 이윤극대화를 추구하는 것과는 다른 성격이다. 셋째, 재정은 일반보상원칙에 의하지만 사적 영역은 개별보상원칙에 의하여 운영된다. 넷째, 재정은 다음 연도에 소요될 지출의 규모를 결정하고 세수입을 확보하는 양출제입(量出制入)의 원칙이다. 다섯째, 재정은 공권력에 의한 강제원칙으로 운용된다.

기금은 정부가 특별한 목적을 수행하기 위한 특정한 자금을 예산과는 독립적으로 운용할 필요가 있을 때 법에 의해 설치된다. 기금은 예산과 반대로 운용의 경직성(硬直性)이 낮은 편이다. 예산은 의회의 심의와 까

▶ 표 8-1 ◀ 예산과 기금의 비교

구 분	일 반 회 계	특 별 회 계	기 금
설치사유	· 자치단체 고유의 일반적 재정활동	· 특정세입으로 특정 세출에 충당 · 특정사업 운영 · 특정자금 보유운용	· 특정목적 및 시책추진을 위해 특정자금을 운용할 필요가 있는 경우
재원조달 및 운용형태	· 공권력에 의한 지방세 수입과 무상적 급부의 제공이 원칙	· 일반회계와 기금의 운용형태 혼재	· 출연금, 부담금 등 다양한 수입원으로 융자사업 등 사업수행
확정절차	· 사업부서 예산요구, 예산부서 예산안 편성, 지방의회 심의·의결	· 좌 동	· 기금운용부서 계획 수립, 예산부서 협의·조정, 지방의회 심의·의결
집행절차	· 집행과정에서도 합법성에 입각한 통제가 가해짐 – 예산의 목적외 사용 금지원칙	· 좌 동	· 집행과정에서는 합목적성 차원에서 자율성과 탄력성이 보장
수입과 지출의 연 계	· 특정한 수입과 지출의 연계 배제	· 특정한 수입과 지출의 연계	· 좌 동
계획변경	· 추경예산 편성	· 좌 동	· 주요 항목(장·관·항) 지출금의 10분의 5초과 변경시 지방의회 의결[3]
결 산	· 지방의회 심의·승인	· 좌 동	· 좌 동

자료: 행정자치부, 「지방자치단체 기금운용기준」, 행정자치부예규 제237호(2007.5.7), 오금호, 2007에서 재인용.

다로운 규정을 준수해야 하지만 이런 측면에서 기금의 활용은 유연하다고 볼 수 있다. 따라서 기금은 예산 밖에서 예기치 못한 사태의 발생에 신속히 대응하고 국민의 요구에 적기에 부응할 수 있어서 탄력적인 운

3) 지방자치단체 기금관리법 제13조에서는 재난관리기금과 재해구호기금의 경우에는 규모에 관계없이 지방의회의 의결없이 기금운용계획의 변경이 가능토록 하였다.

용이 가능하다. 아울러 기금은 목적세와 유사하게 정부가 특정한 수입을 특정한 지출에 사용할 수 있도록 하고 있다. 이러한 점 때문에 정부는 경쟁적으로 기금을 설치해 운용하고 있다. 정부가 직접 관리하는 정부 관리기금과 정부투자기관이나 정부출연기관 등이 관리하는 민간관리기금들이 바로 그것이다.

2) 재정흐름과 규모

우리나라의 재정은 UN, IMF, OECD 등의 지침 제시를 기준으로 하여 재정의 범주를 정하고 있다. 즉, 중앙정부예산과 지방정부예산, 그리고 비영리 공공기관의 예산을 그 범위로 한다. 국가 재정은 전체적으로 공공 부문과 민간 부문으로 나누어 볼 수 있다. 그러나 민간은 사적 영역이므로 제외되어 있다. 공공 부문은 정부 부문과 공공기관으로 나눈다.

그러나 공공기관은 정부가 특정한 목적을 달성하기 위해 초기 출자(出資) 및 출연(出捐)을 하고 기관 자체적으로 독립적 예산과 수익모델을 통해 운용하지만 정부의 책무는 최후의 담보자 역할이다. 예컨대 민영화되기 이전의 한국전력에 대한 부채가 국가부채에 속하는지에 대한 논란이 있었으나 최후의 담보자로서의 역할이 국가에 있다는 점에서 국가부채로 삼기로 하였다. 정부 부문은 중앙 부문과 지방 부문으로 나누며, 중앙 부문은 일반회계와 특별회계, 그리고 기금으로 구성된다. 지방 부문은 일반재정과 교육재정으로 나누며 교육은 교육비특별회계로 충당된다. 일반재정은 중앙과 마찬가지로 일반회계 및 특별회계, 그리고 기금으로 구성되어 있다. 앞서 설명한 바와 같이 재정은 국민의 세금을 통해 조성되고 여기에는 중앙정부가 활용하는 국세와 지방정부의 주 수입원인 지방세가 있다.

먼저 중앙정부의 일반회계는 세입과 세출로 구성된다. 세입은 각종 내국세와 관세 등을 통해 얻어지는 조세수입과 차관(借款) 및 판매수입

등의 세외수입으로 구성된다. 이는 14가지 국세로 구성되며 10가지의 내국세와 관세 그리고 교육세, 교통세 및 농어촌특별세가 있다. 특별회계는 예산사업의 성격상 특별회계로 관리하는 것이 효과적일 때 구성한다. 즉, 사업의 성격이 독특하거나, 세입과 세출을 단일하게 하여 별도관리가 필요한 경우 운용한다. 이는 설립목적, 운용 주체 등 관련 사항을 개별적으로 법제화하여 운용하고 있으며, 행정부가 편성하고 국회심의를 거쳐야 한다. 기업특별회계[4]와 재정융자특별회계[5] 및 기타특별회계 등 총 21개의 특별회계를 운용한다. 이로써 중앙정부의 재정은 2006년 12월 현재 202조원의 일반 및 특별회계와 61개의 기금 358조 2,000억원 규모이다.

지방정부의 재정도 크게 다를 바가 없다. 우리나라 지방정부 재정은 오랜 기간 중앙집권적 행정체계에 의해 지방재정의 역할이 제한되어 왔다(이준구, 2005). 지방은 각 지역의 특수한 사정과 지역주민의 선호를

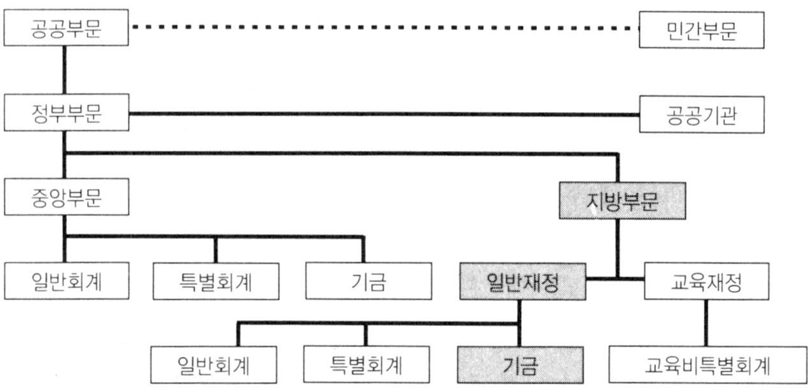

[그림 8-3] 공공 부문의 재정조직과 각 정부의 재정흐름도

4) 공기업의 활동과 관련한 회계이며 여기에는 양곡관리, 철도사업, 통신사업, 조달특별회계가 있다.

5) 정부의 재정을 관리하기 위한 것으로서 융자계정과 차관계정으로 구성된다.

충실히 반영하여야 하지만 그렇지 못하다. 지방세 수입비중은 2002년 이후 2006년까지 22%~23%를 유지하고 있을 정도이다. 연방제국가인 미국과 독일의 47%~48%와 비교하면 큰 차이를 보이고 있다(2007). 지방재정은 도세 7가지와 시군세 10가지로 수입이 이루어진다. 그리고 지방재정의 구성은 일반회계(73조 9,000억원, 2005년 기준)와 특별회계(공기업회계 및 교육회계 27조 4,000억원, 2006년 기준), 그리고 2,150여개의 기금 14조 9,000억원으로 운용되고 있다.

2. 재난피해와 대응

지난 10년간 우리나라의 재난피해 규모는 연평균 약 2조원 규모이다. 2006년 피해 규모 3조 5천억원, 2003년 4조 8천억원, 2002년 6조8천억원 등 그 규모는 1990년대와 비교하면 크게 증가하고 있다. 아울러 인명피해는 연평균 120명의 사망자가 발생하고 있어서 재난후진국의 면모를 엿볼 수 있다. 그리고 우리나라의 재난피해의 80% 정도가 풍수해로 인한 것이며 태풍 59.3%, 호우 27%, 폭풍 5.1%, 기타 8.5%(소방방재청, 2006)로 나타나고 있고 최근 태풍피해의 비중은 점차 증가하고 있는 추세이다.

이러한 피해에 대비하여 국가정책은 그동안 외면되었던 수요자 중심의 방재정책으로 전환하고, 토지이용 및 지역특성을 고려한 방재대책을 만들어 가고 있는 과정이다. 아울러 토사재해 및 유목대책, 합리적인 예방 중심의 체계 구축, 효율적인 사후 평가체계 구축 등으로 정책의 전환이 필요하다(심우배, 2007). 사후약방문식이 아닌 사전대비를 통한 피해의 최소화가 관건이라는 점을 인식한 정책 전환이 필요하다.

한편 세계적으로는 IMF(2003)에 따르면 주요 자연재난으로 인한 경제적 피해 규모는 1990년대를 기준으로 볼 때 1950년대보다 15배나 증가

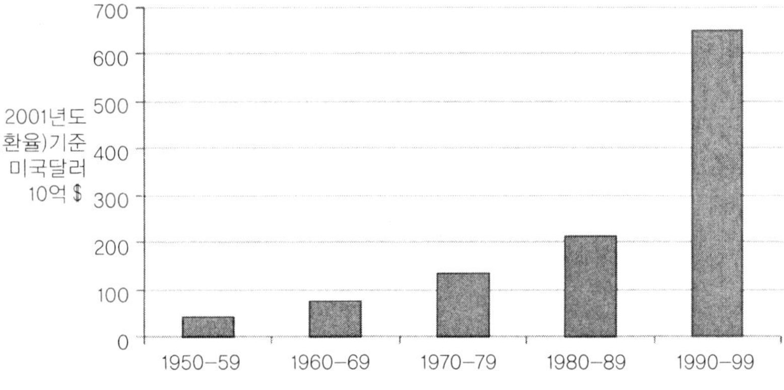

자료: IMF, 2003.

[그림 8-4] 재난의 경제적 피해 규모

했다. 그리고 그 피해 규모는 6,520억달러에 달한다고 발표하였다. 이 규모는 사소한 피해와 소규모는 제외한 수치라는 점에서 그 규모는 천문학적으로 늘어날 수 있다. 아울러 인적 비용(human cost)도 증가하고 있다는 통계를 내 놓았다. 즉, 1984년~1993년까지 자연재난으로부터 영향을 입은 사람의 숫자가 약 16억명이었으나 1994년~2003년까지는 그 숫자가 거의 26억명에 이른다는 것이다(Guha-Sapir, Hargitt, and Hoyois, 2004).

또한 대규모 자연재난 빈도수도 매 10년마다 50%의 증가율을 나타내고 있다(그림 8-5). 특히 여기서 주목해야 할 것은 세계적으로 자연적 사건에 의해 재난이 발생한다 하여도 GDP기준 혹은 수익기준 관점에서의 비율로 보면 선진국들(developed countries)보다 개발도상국들의 재난손실이 훨씬 더 크다. 개도국에서 재난의 피해가 더 크게 나타나는 불균형적인 현상은 다양하게 설명된다. 개도국들은 개발 자체만 목적이 있고 이로부터 나타날 재난충격을 완화시키고자 하는 개발의 재난관리 기여도 결여, 낮은 건설 품질과 건축일반에 관한 잘못된 추세, 대지 등록

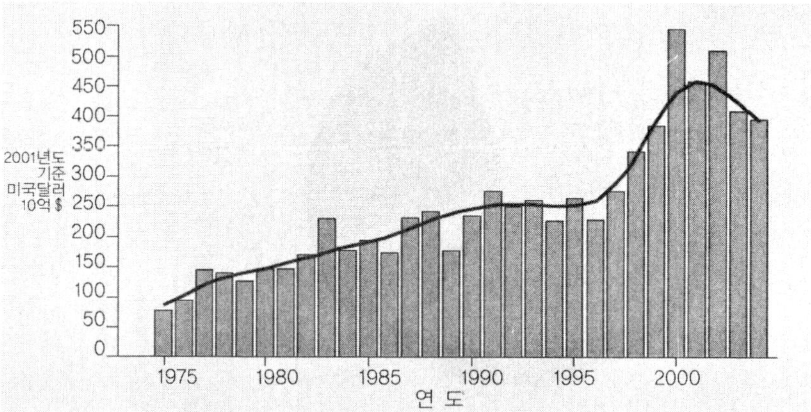

자료: EM-DAT : The OFDA/CRED International Disaster Database, 2007.

[그림 8-5] 재난발생 빈도

(등기) 과정(land registration process), 기타 정부규제 체계의 부족, 특히 자연사고로 나타난 위험보다는 다양한 개발 우선 논리에 따른 지형 재배치에 대한 관심 집중 등의 이유로 설명할 수 있다.

선진국에서는 복구보다는 재난예방에 관한 관심과 논의가 활발하다. 일본의 재난관리 체계는 이미 예방 중심으로 전환하였다. 즉, 재난예방의 경제성을 확인한 대응이다. 재난예방에 대한 예방투자가 어느 정도의 경제적 효과를 가져 올 수 있는가? 지구환경보고서에서도 자연재난 예측 및 저감기술의 개발을 통해 연구개발(R&D) 1달러 투자로 재난복구비용 7달러를 절약하게 되어 결국 7배 이상의 투자효과를 가져온다고 제시하고 있다. 또 미국 국립건축과학연구소의 다중재난예방위원회가 2005년에 연구한 결과에 따르면, 미국의 경우 1달러를 재난예방에 투자하면 사회 전체적으로 4달러의 재난비용이 절감되는 효과가 있는 것으로 밝혀지고 있어(아시아경제, 2007.8.31) 재난예방사업의 당위성이 더욱 강조되고 있다.

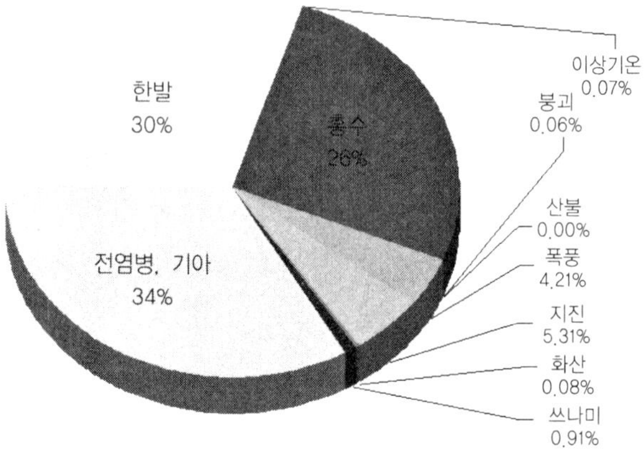

자료: EM-DAT : The OFDA/CRED International Disaster Database, 2007.

[그림 8-6] 아시아에서의 재난으로 인한 사망자 비율(1900-2005)

이처럼 전 지구적으로는 재해 양상의 대규모화, 광역화, 다발성으로 인해 재난피해 규모가 증가 추세에 있다. 그리고 예방투자에 대한 경제적 효율성이 검증되어 세계는 이러한 추세로 발 빠르게 전환하고 있다. 이는 세계적인 현상일 뿐만 아니라 우리나라도 예외일 수 없다. 자연재난은 위와 같은 생태환경의 변화에 의해서 이루어지는 것이 가장 근본적이다. 그런 점에서 재난예방에 대한 투자는 아무리 강조해도 지나치지 않다.

우리의 경우에도 이런 점을 감안하여 재난관리를 예방정책에 초점을 맞추고 있으나 여전히 구호에 그치고 있다. 우리 정부는 대구 지하철 참사 이후 각종 재난을 총괄하고 효과적으로 대응하기 위해서 기존의 각 부처별로 분리되어 있던 대응 기구를 하나로 통합하였다. 즉, 2004년 6월 1일 소방방재청의 신설이 그것이다. 다양한 재난, 다시 말하면 태풍과 수해, 지진, 폭설로 인한 자연재난 교통, 테러, 붕괴 등 인위재난의 효과적인 관리 차원에서 통합기구가 만들어졌다. 이는 재난에 관하여 예방에서부터 복구 및 차후 수습까지를 이 기구가 담당해야 한다는 의미이다.

예방은 각종의 위험으로부터 인명과 재산상의 손실을 최소화할 수 있는 첩경이다. 이런 점에서 예방에 있어서도 전략적 접근이 필요하다. 최병선(1994: 80)에 의하면 예방전략은 잠재적 또는 가상적 위험을 예측하고 이를 사전에 방지하기 위해 노력을 기울이는 것을 말한다. 예방전략은 ① 어떤 물건이나 시설 또는 기술에 내포되어 있는 잠재적 위험 또는 가상적 위험을 미리 정확하게 예견할 수 있고, ② 그 위험을 예방할 수 있는 방법이 있고 또한 그것을 알고 있으며, ③ 그 위험을 예방하는 것이 사회적으로 득이 될 것이 확실하다는 전제 하에서 가장 바람직한 위험대응전략이라 할 수 있다고 지적하고 있다.

따라서 예방에 있어서는 자연재난의 특성상 지구적 차원에서 선진국이나 후진국을 가릴 것 없이 공동으로 대응해야 하고 국가적으로는 정부는 물론 국민의 동참이 절실하다. 재난예방에 있어서는 선진국과 개발도상국의 노력이 후진국의 노력보다 훨씬 커야 하는데 이는 발전과정에 있어서 1인당 소비수준이 후진국민보다 많고 자연과 환경의 파괴를 더욱 더 크게 해왔기 때문이며, 따라서 선진국과 개도국들은 여기에 대한 응분의 책임을 져야 한다.

국가적으로는 전체 국민의 동참이 필요하지만 더욱 중요한 것은 정부의 역할이 핵심적이다. 국가의 기본책무는 국민의 생명과 재산의 보호에 있다. 이를 위해 국가는 국민들로부터 세금을 징수하고 있으며 국민들은 기꺼이 납부한다. 국가는 민간이 할 수 없는 대규모 자원의 동원과 법적 강제력을 보유하고 있다. 이러한 공권력을 동원하여 각종 재난으로부터 발생할 수 있는 위험을 최소화하는 것이야말로 국가의 기본적인 존재 이유라고 하겠다.

3. 재난관리 조직체계

여기서는 우리나라 재난관리체계를 살펴보고자 한다. 대규모의 재난이 빈번해짐으로써 국가적으로는 대규모의 인적·물적 손실이 발생하며, 반복된 예산 투입은 국민의 삶의 질을 저하시키는 원인이 된다. 이와 같이 재난은 지역적, 발생별로 대응하기 보다는 국가적 관리가 필요하다. 과거 전통적인 위기관리는 냉전체제의 산물이라 할 수 있는 외부의 군사적 강압으로부터 국민과 영토를 수호하는 것, 즉 안보(安保) 관점에서 접근했다. 그러나 냉전 이후 복지국가를 추구하고 있는 현 시점에서는 국가의 위기를 재난의 영역까지 확대해야 할 필요성이 대두되었다.

우리나라도 이런 측면이 반영되어 국가안전보장회의(1962.12)가 설치된 이후 2003년 3월 안보회의 사무처를 확대 개편하면서 목표를 확대한다. 즉, "안보·재난·국가핵심기반 전 분야에서 완벽한 국가위기관리 능력을 구비한다."인 것이다. NSC는 짧은 기간에 국가위기관리 전담조직을 설치하고 국가위기관리 기본지침(2004.07)과 위기관리 표준매뉴얼(2004.09)을 작성하는 한편 위기대응 실무매뉴얼(2005.11)까지 완성했다. 기본지침은 국가 위기관리의 개념 및 방향, 분야별·기관별 위기관리 활동의 기준을 포괄적으로 제시하였고, 표준매뉴얼은 32개의 위기 유형별 범정부 차원의 지휘체계와 각 기관의 임무 및 역할을 규정하였으며, 실무매뉴얼은 상황발생시 각 기관의 행동절차와 조치사항을 꼼꼼히 규정하였다(NSC, 2007).

그동안 각 부처에 분산되어 집행된 각종 위기관리 프로세스를 망라하였음은 물론 효과적인 대응을 위한 구체적 지침까지 포괄한 것으로서 방재선진국 혹은 위기관리 선진국으로의 진입에 초석을 다진 것으로 평가된다. 그렇지만 유사시 업무의 집행은 주어진 역할에 따라 소방방재

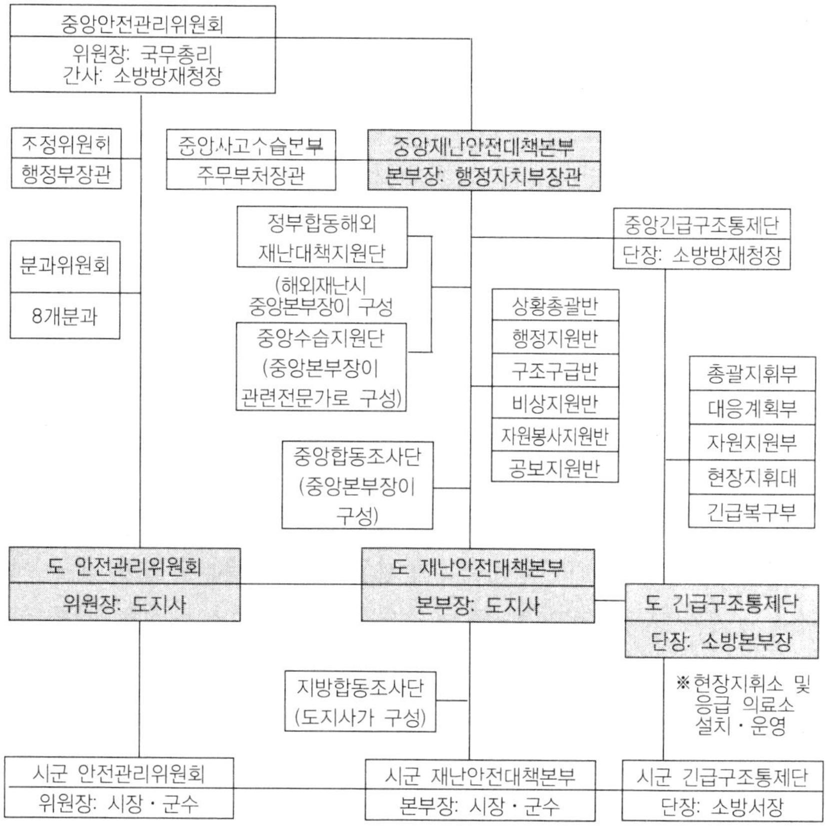

[그림 8-7] 재난관리 조직도

청과 관할 부서에서 각각 독립적으로 하도록 되어 있다. [그림 8-7]은 재난관련 위기 발생시 역할분담에 관한 중앙과 광역자치단체 및 기초자치단체에 관한 조직도이다.

4. 재난관리 네 단계

우리나라는 일본, 중국과 함께 재난을 발생유형별로 관리해 오고 있으나 미국,[6] 영국,[7] 프랑스,[8] 독일 등은 종합관리체계를 유지하고 있다. 종합관리와 유형별 관리의 장단점이 있겠지만 대체적으로 후자의 경우는 기능과 조직의 중복, 업무 누락 등으로 효율적이지 않으며, 더욱 중요한 것은 재난발생시 계통 및 체계가 복잡해지기 때문에 업무 집행자는 물론 피해자에게도 혼란을 초래한다.

따라서 선진국에서는 1970년 대 이후 통합관리체계를 채택해 오고 있다. 통합관리방식(integrated emergency management system)은 재난의 전 과정, 즉 예방-준비-대응-복구단계를 종합적으로 관리한다는 것으로써 대응기능별 담당기관을 사전에 지정하고 긴급시 이러한 기관들을 조정 및 통제하는 것을 말한다. 우리나라의 경우에는 여전히 재난유형별로 관리하고 있으나 소방방재청이 설립되면서 일부 통합관리를 겸하게 될 가능성이 크다. 통합관리가 필요한 점은 다음과 같다. 모든 재난은 발생원인만 차이가 날 뿐 결과는 규모만 다르고 동일하다. 즉, 인위재난인가 아니면 자연재난인가가 구분되며 인명과 재산의 피해로 귀결되면서 그 규모가 다를 뿐이다. 따라서 예방단계는 각 분야에서 이루어지지만 대응에서의 구조 및 복구활동, 피해 규모의 산정과 국가 및 민간단체의 지원 등은 동일한 절차라는 것이다. 그러므로 각 단계의 전문성 제고와 자원의 효율적인 배분과 활용 측면에서 보면 장기적으로는 통합관리 방식으로 전환하는 것이 필요하다. 재난관리 단계는 예방, 준비, 대응, 복구, 네 단계로 나눈다.

---

6) Integrated Emergency Management System.
7) Fire & Emergency Planning Department(소방비상계획부).
8) Direction de la Securite Civile의 Red Plan과 SAMU(Serviced Aide Medicale Urgente).

1) 예방(prevention)

예방계획과 그의 실행은 저비용고효율의 경제적 행위이다. 특히 한 지역 혹은 국가 전체가 참여함으로써 지역 혹은 국가 전반에 걸친 가종의 재난 원인 요소들을 분석하고, 지역은 지역대로 국가는 국가대로 그 역량을 펼치며 이에 적합한 대책들을 수립·실시하는 것으로서 가까운 장래에 있을 재난피해를 최소화하는 것이다.

자연재난에 관한 예방의 이점들은 다음과 같이 대별할 수 있다. ① 경제적 손실을 최소화한다. 여기에는 개인과 국가의 재산은 물론 사회기반시설과 농어촌의 농산·어업물 등이 포함된다. ② 가장 중요한 인명피해를 최소화할 수 있다. ③ 사회적 비용을 최소화한다. 개인의 스트레스에서 비롯된 심리적인 동요, 그리고 이로부터 비롯된 사회적 혼란과 동요를 최소화할 수 있다. ④ 공무원과 정부의 직무유기라는 비판을 면할 수 있으므로 정책의 신뢰를 확보할 수 있다(이재은 외, 2006: 30-31, 68, 131-136).

예방에서의 주요한 과업은 다음과 같다. 중앙 및 광역단계, 그리고 기초자치단체에서의 모든 재난에 관한 ① 예방대책의 수립, ② 재난영향 예측, 기상정보 분석, ③ 취약시설 주기적 점검·시정조치, 안전기준 설정, ④ 방재시설관리계획 수립, ⑤ 방재전담요원 확보와 경보 점검, ⑥ 피해감소 방안 마련, ⑦ 사전 재난영향 평가 및 위험측정, ⑧ 예방홍보 활동 등이다. 이것들은 행정조직을 동일하게 진행하여야 하며 상호 교차점검이 필요하다. 즉, 기초자치단체에서의 계획수립을 상급단체가 확인하고 점검하며 민간 차원에서 검증이 이루어져야 한다.

따라서 예방이 어느 정도 잘 준비되고 있는가는 국가가 어느 정도 관심을 가지고 중점적으로 점검하는가에 달려 있다. 발생하지도 않은 사건을 사전에 예방한다는 것은 경제적 관점에서 비효율적인 것으로 치부

되기 쉽지만, 국가의 기술력(과학 및 건설)과 민관의 안전의식 등을 확인할 수 있는 것으로서 선진국일수록 충분한 예방이 이루어지고 있다. 특히 국가의 준비와는 별개로 민간 분야에서의 예방단계도 필수적이다. 일반적으로 재난은 그 원인을 불문하고 국가의 책임으로 인식하고 있으므로 민간 영역에서는 도외시하고 있다. 피해를 최소화하고자 한다면 민간에서의 예방계획 참여가 재난관리에 대한 성패의 관건이 될 수 있음을 유념해야 한다. 그러므로 재난의 예방부터 복구까지 어느 것 하나 국가의 총체적 역량이 투입되지 않은 것이 없겠지만 2차 피해 규모의 최소화를 목표로 한다면 예방이야말로 일상적으로 실시되어야 할 가장 중요한 과업이라고 할 수 있다. 그 결과 재난발생 후 복구까지의 비용을 최소화 할 수 있다. 재난발생으로 인한 인명 및 재산피해의 최소화, 신속한 복구를 할 수 있으므로 정상적인 경제활동으로의 빠른 회귀는 기회비용(opportunity cost) 관점에서 매우 중요하며 새로운 접근 방식이 필요하다.

2) 준비(preparedness)

예방단계가 아무리 철저하더라도 계획에 의한 교육과 훈련, 시뮬레이션 등 실제상황을 염두에 둔 각종 대비가 충분하지 못하면 예방 효과를 크게 떨어뜨린다. 이런 점에서 재난발생시의 대피경로 확보 및 확인, 안전한 대피소의 관리, 각 단계에서의 자원봉사자(단)의 효율적인 업무수행을 위한 관리 및 훈련 등은 실제상황에서 그 효과가 나타난다.

준비단계의 구체적인 실행 내용으로는 직접적인 방재계획, 비상동원계획에 의한 운영, 통신계획과 실행, 긴급시 필요한 사회자원(social resources)의 확보 및 이러한 자원의 적재 · 적소 · 적시 지원을 위한 수송체제의 완비, 재난과 관련된 모든 유관기관과의 원활하고 합리적인 의사조정 및 집행계획의 실행 등이며, 이러한 모든 절차와 계획이 충분하고 완벽하게 작동되는 것인지에 대한 훈련과 교육이 주요 골자이다. 사실 현장에서의 이러한 각종의 계획 가운데 하나라도 차질이 발생한다면 대응에서의 혼란가중으로 피해는 더욱 커질 수밖에 없는 것이다. 이런 관점에서 준비에 투입되는 예산과 재정의 분석은 필수적이다.

가령, 해상재난은 대부분 악천후에 발생한다. 2007년 태안 앞 바다에서 발생한 허베이 스피리트호 기름유출의 경우도 마찬가지였다. 그럼에도 불구하고 평상시의 준비단계에 실전훈련을 기상상태가 가장 좋은 날을 잡아서 한다는 것은 현실과 매우 동떨어진 대응이었다. 대부분의 실전 훈련이 이렇게 실시되고 있으며, 숭례문 소실(燒失)도 이러한 훈련의 결과가 아니라고는 장담할 수 없는 정도이다.

3) 대응(response)

극단적으로 예방과 준비가 철저하다면 대응에서의 역할을 크게 줄일 수 있다는 주장도 있다. 그러나 불확실성과 예측의 어려움을 그 특징으로 하고 있는 것이 재난인 만큼 예방조치를 취한다 하여도 완벽할 수 없다. 그리고 완벽한 재난예방은 물적 · 인적 자원이 투입되어야 하므로 이것은 경제적 효율성(efficiency)을 고려하지 않을 수 없다. 예컨대 국지성 호우 때문에 1000년 만에 다가올 재앙(災殃)을 예견하고 댐을 건설하거나 하천의 제방을 쌓을 수 있겠지만, 그렇게 될 경우 사회적 자원의 낭비와 자원의 비효율적인 활용이라는 문제에 부딪치게 된다. 그러므로 과학이 예측할 수 있는 범위 내에서, 그리고 국가 전체 예산제약 때문에 자원동원의 범위 내에서 이루어질 수밖에 없을 것이다. 다만 각 정부의 재정 범위라 하여도 현재와 같은 후순위 재정투융자의 경우가 문제이며, 현재와 같이 사후 처리하는 방식이 더욱 크게 문제가 된다고 본다.

한편 대응에서의 구체적인 활동들은 다음과 같이 제시할 수 있다. ①

인명구조와 그리고 관련된 응급의료의 실시 및 긴급 구호물자 전달, ② 재해로 인한 2차 피해 확산의 저지, ③ 모든 발생 사안에 대한 지휘 및 통제, ④ 재난상황실 운영을 통한 피해상황 파악, ⑤ 시기적절한 응급복구 등으로 나눌 수 있다. 이러한 대응단계의 활동들은 재난이 발생하여 재난 원인 요인이 사라지지 않은 가운데 이루어지는 것들로서 신중하고 정확하게, 그리고 적절한 시기(speed and timeliness)에 집행된다. 그러므로 재난관리 네 단계 중 가장 엄밀하게 이루어지는 특징이 있다. 이러한 것을 Perry(1991, 201)는 불확실성, 긴급성, 집중성, 비상심리, 주민역할변화, 계약과 일반적인 관계의 붕괴나 약화를 특징으로 한다고 요약했고, 그동안의 국가와 사회가 계획하고 훈련한 것들이 합리적이었는지 그리고 실효성이 있었는지가 확인되는 단계라는 것이다.

[그림 8-8] 태안 앞 바다 기름유출 사태 이후 자원봉사자들의 복구

4) 복구(recovery)

재난 원인요인의 소멸과 긴박한 상황의 종료 이후의 단계로서 재난 발생 이전 상태로의 물리적 회복을 위한 활동이다. 엄밀하게 말하면 재난 이전상태로의 복구는 있을 수 없다. 말로는 가능하지만 인명피해와 재산피해를 재난 이전의 상황으로 되돌릴 수는 없는 것이다. 따라서 사고 수습과 함께 이재민들이 최소한의 생활을 할 수 있도록 하기 위한 수준에 그칠 수밖에 없다. 그러므로 국가 및 사회, 그리고 당사자들에게 피해 지역의 물리적 복구와 재기를 위한 최소한의 토대를 구축해 주는 것이며, 모든 관계자들의 다양한 노력인 것이다. 주요 활동은 다음과 같다. ① 지형 혹은 하천 및 시설 복구 작업과 복구장비와 인력의 동원, ② 이재민들의 생활을 위한 구호물자 모집과 전달, ③ 최종적인 피해상황의 집계와 원인요인 분석, ④ 재발 방지를 위한 법적 제도적 보완과 응급복구 이후의 항구적인 원상복구, ⑤ 피해 지역민과 관계자들의 정신적 고통에 대한 지속적인 치료 등이 있을 수 있다.

한편 복구도 예방적 기능을 가지고 있다. 이런 점에서 보면 예산배분과 활용의 측면에서 용처(用處)의 비중에 대한 논의는 큰 의미가 없다. 여기서 문제가 되는 것은 설사 복구에 많은 재원을 투입한다 하여도 충분한 사전적인 분석과 이에 근거한 철저한 복구가 이루어진다고 하였을 때 이에 대한 문제제기가 의미가 없다는 것이다.

예방이 본연의 의미를 다하고자 한다면, 재난에 관한 철저한 사업 분석이 이루어지고 전수조사를 통해 정확한 사업들이 확정되고 집행되어야만 의미가 있다. 즉, 현재와 같이 예방의 범주에 대한 수많은 사례에 대해 그 구분이 불분명하거나 어떤 사례에 대한 어떤 예방이 이루어져야 하고, 그 효과는 어떤지에 대한 충분한 분석이 이루어지지 못한다고 한다면 예방에 집중한다는 정책전환에 따라 대규모의 예산낭비를 가져

오게 될 것이며, 이로써 피해 규모가 커질 수 있음을 유념하여야 한다.

이상의 재난관리 4단계를 활동 내용별로 정리하면 <표 8-2>와 같다. 대응단계와 복구단계는 예방과 대비단계와는 구분이 명백하다. 그러나 예방단계와 대비는 구분이 불분명하지만 대비단계에서 재난피해를 최소화하는 것은 물리적으로 어려움이 따르며, 따라서 예방단계에서 수많

표 8-2 재난단계별 주요 활동

단계	주요 활동 내용
예방	① 지역별·유형별 재난취약 요인분석, 피해저감대책 등 위기관리계획 수립 ② 구조물 설계시 재난대비 안전기준 검토, 시설물/설비 방재기준 설정 등 ③ 실질적 현장 점검 및 평가를 위한 전문인력의 확충, 재난예방 연구기능 확대 ④ 위기 상황 대응 메뉴얼 작성, 교육 및 연습훈련을 통한 대응태세유지, 현장대응 능력 강화, 대국민 위기대응 및 안전교육 ⑤ 시민단체, 자원봉사자 등 민간 참여활성화 및 일원화된 관리체계 구축, 지역별, 전문 분야별 인력 DB구축 관리, 자원봉사자 지원체계 제도화
대비	① 위기경보체제 구축 운영, 재난원인에 대한 감시 태세 가동 ② 부처/기관별 운영되는 안전, 재해, 긴급구조, 기상 등의 정보관리시스템의 통합, 재난관련 정보 표준설정을 통한 위기 의사결정 시스템 발전 ③ 현장 중심 재난관리를 위한 수송, 통신, 소방, 의료, 장비 지원, 탐색/구조, 식품, 에너지, 구호 및 이재민관리, 홍보/기획, 공공근로/기술지원 등 긴급 현장지원 기능 구축 ④ 지방자치단체 재난관리 기능을 국가 위기관리체계에 맞춰 정비, 유관기관 및 실부기관과 긴밀한 협조체제 유지
대응	① 피해 지역의 신속한 현장지원 및 정보수진·전파를 위한 현장지휘소 설치·운영, 중앙 및 지역 재난안전 대책본부 등과 실시간 정보공유 및 신속한 수습방안 강구 ② 중앙 및 자연재난 안전 본부간 공조체제와 지방자치단체와 긴급구조 등 통제단간 긴밀한 협조체계를 동원 현장대응 및 지휘체계 강화 ③ 신속한 대응으로 인명 및 재산피해를 최소화하기 위한 인적 물적·자원 동원, 경찰, 군 등의 유관기관과 적극협조 ④ 민·관·군 위기대응 조직간 현장지휘체계 일원화와 긴급 현장시스템 가동
복구	① 피해조사 및 복구계획 수립을 위한 관련 연구기관과 연계한 과학적원인조사실시 ② 필요시 특별재난지역 선포 및 효과적 복구를 위한 지방자치단체 상호간 협력 ③ 조기 지역복구·회복 및 재발방지를 위한 안전대책 마련

자료: 이재은 외(2006)를 재구성.

은 모의실험(simulation)을 통해 긴급시를 준비해야 한다.

한편 재난관리의 모든 단계에 대한 예산투입의 성과분석이 중요하다. 최근 정부는 대규모 시설공사의 경우 사전적으로 예산투입에 대한 예비타당성 조사를 실시하고 있다. 물론 재난피해 복구의 시급성으로 인하여 이 부분에 대해서는 적용되지 않고 있지만, 응급 및 임시 복구 이후 항구적인 복구를 시도하고자 할 때는 철저한 고려가 필요하다. 즉, 총사업비가 500억원 이상인 예산 또는 기금사업으로서 건설공사가 포함된 대규모 신규 개발사업(예산회계법시행령 제9조의 2, 기금관리기본법 제8조의 4)에 대하여 실시할 수 있도록 되어 있다.

그러나 이러한 예비타당성 조사도 그 자체로서 문제가 있을 뿐만 아니라 강제규정이 아닌 임의규정이라는 점도 문제이다. 국가예산이 투입되는 다양한 사업에 대한 예비타당성 조사는 당위적으로 필요할 뿐만 아니라, 특히 재난관련 예방 복구 사업은 그 피해의 무차별성으로 보아 이 분야에 대해서는 특별하게 이루어져야 한다. 다시 말하면 현재는 건설공사가 포함된 총사업비 500억원 이상의 신규사업에 대하여 사업시행 이전에 경제성 분석과 정책적 추진 필요성 등을 감안하여 사업 타당성을 종합적으로 평가하고 있다.[9] 그러나 현재는 방재사업 규모가 이 기준에 못미칠 경우와 규모는 충족되지만 여러 개의 단위사업으로 나누어 진행될 경우 예비타당성 조사가 이루어지지 못하고 있다. 기존시설을 복구하는 데 있어서 사업의 타당성 조사가 무의미할 수 있으나 기존시설의 위치나 내구성 등을 충분히 감안하여야 한다.

---

9) 중앙 및 지방안전관리계획에서 제시된 총사업비 500억원 또는 국비 보조 300억원이 넘을 경우 국가재정법 제38조에 의해 예비타당성 조사를 할 수 있음.

제3절 재원 투입

1. 중기 분야별 재원배분계획

한편 정부는 중기적으로 재난과 재해의 경감을 위해서 제1차 국가안전관리 기본계획(2005~2009)을 16개 분야에 걸쳐 수립하였다.[10)]2005년부터 2009년까지 11개 부처 및 시도에 대해 총 27개 사업을 대상으로 모두 36조 8천억원을 투자할 계획을 수립하는 한편, 이를 기초로 하여 같은 기간 국가재정운용계획에 "재해 · 안전 · 복지 분야에 대해 사전 예방적 투자를 강화하기로 하여 사후 복구소요예산을 최소화함으로써 재정 부담이 줄어들도록 하는 계획을 세웠고 이를 자원배분 12대 원칙으로 제시하였다. 정부수립 이후 최초의 일이라는 평가를 받고 있다.

그러나 예산정책처의 분석(2005)에 따르면 12개 부처의 과거 사용예산을 분석하고 다음과 같은 문제점을 지적하였다. 첫째, 소방방재청으로 하여금 국가 전체 차원에서 복구사업을 총괄할 필요가 있다. 둘째, 다부처에 걸친 예산의 수립과 집행이라는 현행 예산체계 안에서 발생하는 여러 가지 비효율을 제거할 수 있고, 특히 경제적 측면에서 복구가 지연됨으로써 발생하는 점들을 최소화할 수 있어야 한다. 셋째, 예산편성의 신축성과 효율성을 기할 수 있다는 것이다. 즉, 복구를 기금사업으로 전환하여 연차별 편성과 신축적인 운용을 할 수 있다. 넷째, 능동적이고 신속한 피해복구와 안정적인 재원의 확보가 가능하다는 점에서 재해복

10) '03~'12년 기간 중 총 59조 512억원 투자계획 ⇒ 192개(신규발굴과제116개+'03수해방지대책기획단76개) 세부추진 사업에 총 50조 8,408억원 투자토록 계획된 바도 있었다(참여정부 국가재난관리시스템 사례분석, 2007.7).

[그림 8-9] 국회 예산결산위원회에 출석한 국무위원들

구기금을 신설할 것을 제안했다(천우정 · 나아정, 2005). 그러나 복구기금 설치에 대해서는 좀더 세심한 고찰이 필요하다. 즉, 현재와 같은 기금운용의 문제점들이 제거되지 못한다면 재난관리에 관한 비효율이 더 커질 수 있을 것이다.

앞서 국회예산정책처의 재난관리 재정분석에 의하면 1995년~2004년간 재난피해로 인해 1,309명이 사망하였고, 재산피해액도 17조 7천억원이 발생하여 복구비만 하여도 연간 2조 7천억원이 소요되었다. 따라서 정부는 예방사업에 재난관리 재정을 충분히 배정하도록 정책방향이 수립되었다. 하지만 2006년~2010년 국가 중기 예산 분야별 재원배분계획을 보면 재원배분의 우선순위가 그렇지 않은 것을 엿볼 수 있다.

특히 정부가 예방사업에 집중하겠다는 의도 속에 진행된 2006년도 예산안(재난관리재정사업예산)을 보면 소방방재청 등 13개 부처에서 수행하도록 되어 있고 일반회계, 5개 특별회계 및 복권기금 등으로 총 4조 2,334억원이 편성되어 2005년 대비 -1.7%를 보여주고 있다(천우정 · 나

▶ 표 8-3 ◀ 분야별 재원배분계획 (단위: 억원, %)

분 야	2006	2007	2008	2009	2010	연평균 증가율
사회 복지	505,153	562,926	611,757	668,411	730,471	9.7
보 건	55,108	55,488	57,471	60,213	63,654	3.7
교 육	287,650	308,890	337,104	363,788	392,565	8.1
수송및교통	152,862	155,439	154,262	154,067	153,739	0.1
지역 개발	31,374	26,792	33,336	39,096	42,490	7.9
농림해양수산	155,121	159,254	161,540	163,338	165,234	1.6
산업중소기업	123,955	125,085	123,692	125,056	127,593	0.7
통 신	61,125	62,323	64,452	67,654	69,665	3.3
환경 보호	37,927	40,337	42,711	45,385	48,170	6.2
문화및관광	27,972	28,693	30,339	32,041	33,859	4.9
국 방	222,906	240,485	263,009	287,752	307,710	8.4
공공질서및안전	110,383	108,976	112,897	118,147	124,559	3.1
통일 외교	25,514	24,489	27,292	28,907	32,226	6.0
일반공공행정	388,821	428,668	455,633	479,401	509,562	7.0
과학 기술	29,476	31,188	33,215	33,817	34,428	3.9
예 비 비	25,498	26,000	29,775	32,375	34,537	8.0
합 계	2,241,082	2,385,033	2,538,482	2,699,447	2,870,463	6.4

아정, 2006).

2. 재원별 복구 및 시도별 복구비

재난이 발생하면 일정한 절차에 따라 피해의 규모가 추정 및 조사되고 현장 조사에 근거하여 중앙 및 지방정부에서 예산을 지원한다. 여기에는 국고지원, 의연금에 의한 지원, 지방비에 의한 지원 그리고 융자를 통하여 지원한다. 아울러 특별재해 또는 재난 지역으로 지정[11]되면 정

▶ 표 8-4 ◀ 최근 10년간 재원별 복구비 현황 (단위: 백만원)

구분	총복구액	중앙지원						자력복구
		복구액	국고	의연금	지방비	융자	자부담	
1996	653,263	653,263	400,937	11,203	56,061	81,005	104,058	-
1997	294,846	262,164	121,842	6,738	89,887	30,090	13,608	32,682
1998	2,231,095	2,176,080	1,393,183	18,258	454,343	190,917	119,379	55,015
1999	2,083,632	2,056,479	1,353,500	15,053	402,084	198,185	87,658	27,152
2000	1,533,024	1,479,259	1,032,710	4,968	342,249	71,302	28,030	53,766
2001	1,864,868	1,785,149	863,272	2,627	233,587	539,908	145,756	79,719
2002	9,048,617	8,950,353	6,839,456	49,243	1,207,390	621,782	232,483	98,265
2003	6,740,085	6,674,159	4,672,226	34,693	844,404	761,297	361,539	65,927
2004	1,882,126	1,813,940	945,715	168	328,934	463,865	75,259	68,186
2005	1,648,669	1,609,725	8,66,656	581	224,706	415,625	102,157	38,944
평균	2,798,023	2,746,057	1,848,950	14,353	418,364	337,397	126,993	51,965

주: 당해년도 가격기준.
자료: e-나라지표.

부에서는 응급대책비와 재해구호, 복구에 필요한 행정재정금융세제 등의 특별지원을 할 수 있다. 아울러 재정 및 보상에 관한 내용은 제62조(비용의 부담), 제63조(응급지원에 필요한 비용), 제64조(손실보상), 제

11) 제59조(특별재난지역의 선포 건의) 중앙본부장은 대통령령이 정하는 재난의 발생으로 인하여 국가의 안녕 및 사회질서의 유지에 중대한 영향을 미치거나 당해 재난으로 인한 피해의 효과적인 수습 및 복구를 위하여 특별한 조치가 필요하다고 인정되는 경우에는 중앙위원회의 심의를 거쳐 당해 지역을 특별재난지역으로 선포할 것을 대통령에게 건의할 수 있다.
제60조(특별재난지역의 선포 등) ① 제59조의 규정에 의하여 특별재난지역의 선포를 건의받은 대통령은 당해 지역을 특별재난지역으로 선포할 수 있다. ② 재난관리책임기관의 장은 제1항의 규정에 의하여 특별재난지역이 선포되는 경우에는 재난복구계획을 수립·시행할 수 있다.
제61조(특별재난지역에 대한 지원) 국가 또는 지방자치단체는 제60조의 규정에 의하여 특별재난지역으로 선포된 지역에 대하여는 대통령령이 정하는 바에 의하여 응급대책 및 재난구호와 복구에 필요한 행정·재정·금융·의료상의 특별지원을 할 수 있다.

65조(치료 및 보상), 제66조(국고보조 등)이다.

이상과 같은 법과 시행령 및 규칙에 의하여 지원된 복구비는 <표 8-4>와 같다. 지난 10년간 평균 복구비는 2조 7,980억원이 소요되었다. 이 중 국고지원은 1조 8,489억원이며, 지방비는 4,183억원이 평균적으로 소요되었다. 아울러 의연금도 연평균 1,453억원씩 투입되었다. 복구비 중 국고 비중은 67%, 지방비 비중은 15%, 융자는 12%, 그리고 의연금은 0.5%를 평균적으로 점하고 있다.

▶ **표 8-5 ◀ 최근 10년간 시도별 재산피해 현황** (단위: 억원)

구분	1996	1997	1998	1999	2000	2001	2002	2003	2004	2005
계	4,830	1,909	15,828	12,197	6,454	12,562	61,153	44,082	12,304	10,498
서 울	–	5	514	105	9	584	75	19	4	1
부 산	5	41	18	87	47	8	184	3,327	16	182
대 구	–	–	88	27	5	–	43	717	17	–
인 천	22	49	274	110	144	321	29	4	1	–
광 주	3	26	9	116	9	5	57	9	98	308
대 전	4	113	91	18	4	54	7	46	681	–
울 산	–	8	55	1	9	–	138	1,046	19	322
경 기	1,640	60	4,611	3,846	1,940	4,802	858	101	90	88
강 원	2,695	73	715	2,827	213	2,288	27,495	8,066	975	231
충 북	21	398	1,441	167	167	694	2,594	531	3,246	92
충 남	145	289	914	804	485	2,228	758	391	3,651	371
전 북	232	126	215	295	294	182	3,206	448	272	5,067
전 남	36	289	807	1,265	1,107	66	4,404	2,785	1,286	2,492
경 북	19	156	4,673	1,150	741	1,110	9,370	7,098	1,508	821
경 남	3	218	1,381	1,084	1,133	213	11,329	19,111	343	477
제 주	4	58	11	294	146	13	604	482	94	45

주: 천만원 단위에서 반올림.
주: 당해년도 가격기준.
자료: 소방방재청 2006국감자료.

복구에 있어서 여전히 중앙지원에 의존하고 있음을 나타낸다. 이는 지방재정자립도와 관련된 것이긴 하지만 지방 현지에 합당한 자체계획을 수립하고 복구하는 데 장애로 작용할 수 있으며, 지원시기의 지연 등에 의한 조기복구에 있어서도 합리적이지 못한 측면이 있다.

<표 8-5>의 시도별 재산피해(민간) 규모는 대도시 중심의 피해보다 대도시가 아닌 지역의 피해 규모가 훨씬 더 심하다는 것을 알 수 있다. 그리고 상습풍수해 지역의 피해가 더 많은 것을 볼 수 있다. 이는 사회간접자본시설의 차이와 평소 예방에 관한 정부의 관리의 차이에서 비롯된 것으로 볼 수 있다. 즉, 인구가 집중된 대도시 지역에서는 대체적으로 관리가 잘 되어 있으나 그렇지 않은 지역은 관리가 되지 못하고 있음을 의미한다. 물론 이것은 제한된 예산과 인력부족 때문으로 볼 수 있겠지만 최일선의 행정단위에서부터 평소 철저히 점검하고 그 결과를 종합 보고하여 조치를 받을 수 있다면, 이와 같은 반복된 피해는 줄일 수 있을 것이다. 따라서 상습피해지구와 농어촌에 관한 장기적인 예방전략이 매우 시급하다고 하겠다.

<표 8-6>에서 나타난 바와 같이 복구비가 피해 규모보다 큰 원인으로는 여기에 사유재산뿐만 아니라 공공기관 소유의 재산피해에 대한 복구까지 포함되어 있기 때문이다. 아울러 복구비용이 대규모인 것은 물론 완전복구와 재발방지라는 차원에서 피해 지점보다는 광범위한 지역을 대상으로 하기 때문이다. 그런데 문제점은 복구비도 마찬가지로 대도시보다는 농어촌 지역과 상습풍수해 지역에 더 많이 소요되고 있음을 볼 수 있다. 그리고 대체적으로 그 피해 규모도 클 뿐만 아니라 반복적으로 발생하고 있다는 점이다. 이런 점에서 예산의 중복투입과 비효율적인 집행이라는 비판이 나오고 있다.

따라서 복구에 임시복구 차원도 있겠지만 재발방지 차원의 철저한 복구계획의 수립과 공사가 이루어져야 함을 의미한다. 즉, 지형별 복구공

▶ 표 8-6 ◀ 최근 10년간 시도별 복구비 현황 (단위: 억원)

구분	1996	1997	1998	1999	2000	2001	2002	2003	2004	2005
계	6,533	2,948	22,311	20,836	15,330	18,649	90,486	67,401	18,821	16,487
서 울	12	6	886	207	16	1,361	150	54	3	1
부 산	11	77	26	253	70	8	306	3,592	14	234
대 구	–	–	106	62	17	–	90	1,106	18	–
인 천	24	83	423	243	274	440	32	15	4	3
광 주	7	29	25	267	122	15	142	23	199	404
대 전	4	123	154	33	20	104	11	76	838	2
울 산	–	12	87	60	15	–	261	1,217	24	409
경 기	2,269	91	6,411	5,870	3,874	6,240	2,041	280	186	232
강 원	3,538	102	917	4,321	516	3,424	34,650	12,002	1,896	333
충 북	38	442	2,114	303	471	997	4,594	1,020	4,945	171
충 남	239	437	1,274	1,456	1,168	3,207	1,498	621	4,504	689
전 북	295	208	357	552	883	561	4,790	868	453	8,219
전 남	54	643	1,369	2,368	2,883	164	8,062	3,743	2,293	3,322
경 북	24	229	6,198	1,938	1,891	1,676	13,371	11,461	2,568	1,623
경 남	3	335	1,933	1,947	2,930	434	19,253	30,254	633	736
제 주	2	114	10	883	241	13	1,058	1,045	232	100
본 부	9	15	20	68	26	3	175	24	8	7

주: 천만원 단위에서 반올림.
주: 당해년도 가격기준.
자료: 소방방재청 2006국감자료.

법의 적절한 적용은 물론 과장 및 허위복구비의 감시, 그리고 지역민원을 해결하는 복구지원의 억제, 자연환경과 어울리는, 즉 친환경적인 각종 시설물의 배치 등이 반드시 필요하다 하겠다.

<표 8-7>은 연도별 시설별 복구비 현황이다. 굵은 글씨체로 나타나듯이 피해시설에 투입되고 있는 비용의 대부분은 하천과 도로교통시설이며 아울러 수리시설의 복구에 집중적으로 투입되고 있다. 문제는 이

▶ 표 8-7 ◀ 최근 연도 시설별 복구비 현황 (단위: 억원)

연도	2000	2001	2002	2003	2004	2005
계	16,848	20,598	100,246	73,051	19,224	16,487
이재민	22	15	747	345	214	58
주택	184	91	2,546	1,786	134	220
도로교통	*1,217*	*1,069*	*14,356*	*7,340*	1,038	715
하천	**5,370**	**2,082**	**22,649**	**12,148**	**1,813**	**2,114**
상하수도	233	107	1361	1,057	112	154
항만	21	–	423	454	5	258
수리시설	677	532	7,031	4,440	*1,046*	514
방조제	452	1	396	336	–	–
농경지	72	108	4,489	1,501	217	272
농작물	141	97	1,238	1,064	256	376
어항	168	4	228	1,552	33	321
선박	1	–	28	700	–	31
교실	22	–	–	175	40	43
통신	–	9	44	–	0	1
사방	176	276	2,796	2,249	408	*980*
철도	32	–	0	779	84	18
소규모시설	689	772	6,820	5,681	1,595	606
기타	7,369	15,434	35,094	31,143	12,227	9,806

주: 2005년 가격기준.
자료: 소방방재청 재해연보.

러한 흐름이 지속적이라는 것이다. 복구에서의 문제점도 있겠지만 예방에서의 문제가 더 크다고 하겠다. 즉, 지난 10년간의 시설별 피해복구비도 마찬가지로 이 분야에 집중되어 있다. 추세가 그렇다면 이러한 시설에 대한 충분한 사전 점검 및 예방이 이루어져야 함에도 불구하고 그렇지 못하다는 점을 파악할 수 있다.

또한 복구비 가운데 기타로 처리하고 있는 항목의 비중이다. 2000년부터 전체 복구비 가운데 기타 시설에 투입된 복구비 비중이 43.7%, 74.9%, 35.0%, 42.6%, 63.6%, 59.4%로 평균 53.2%를 차지하고 있다. '기타' 항목의 구체적인 복구내역을 세세 항목으로 나누어 분석해야 한다. 세세 항목이 드러나지 않은 상황에서는 '기타' 항목 속에 수백억의 예산낭비 요소가 포함되어 있을 개연성은 충분하다. 따라서 이러한 의혹의 해명과 투명성 확보 차원에서 주요 시설별 복구현황에 있어서 '기타' 항목을 충분히 공개해야 할 의무가 있다.

[그림 8-10]은 2005년까지 피해 규모와 복구비를 나타낸 것이다. 다만 2005년의 복구비는 10년 평균의 재산피해 규모와 복구비의 평균 차이가 약 1.59배가 되었고 따라서 피해 규모에 이만큼을 가산하였다. 전체적인 추세를 살펴보면 2002년과 2003년의 피해 규모 및 복구 규모를 제외하여도 우상향하는 추세를 확인할 수 있다.

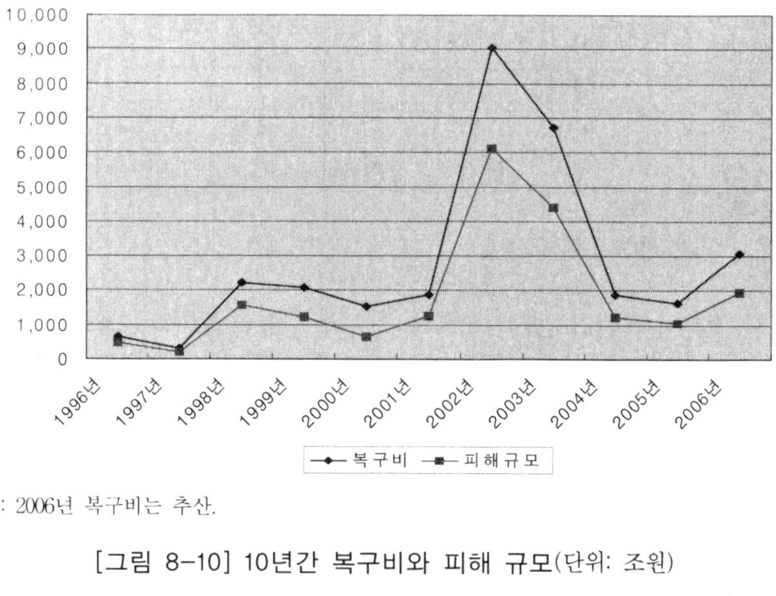

주: 2006년 복구비는 추산.

[그림 8-10] 10년간 복구비와 피해 규모(단위: 조원)

한편, 피해 규모와 복구비 규모에 비추어 보아 방재와 관련한 비용투입과 예상성과들은 엄밀하고 체계적인 방법으로 평가되어야 하지만 앞서 언급한 바와 같이 극히 제한적으로 이루어졌다. KDI의 공공투자관리센터에서 수행한(1999년-2006년) 예비타당성 조사 총 275건 가운데 방재사업 관련한 것은 겨우 두 건에 불과하다. 이와 같은 현실에서 볼 때 국가예산 투입의 효율성 제고나 경제적 효과 극대화는 공염불에 지나지 않음을 알 수 있고 복구비의 과다는 물론 반복된 피해가 나타날 수 밖에 없는 것이다.

3. 교부세[12] 지원 등

재난과 관련하여 또 하나의 중요한 재원은 교부세이다. 이 가운데 특별교부세는 지역특별, 우수특별, 시범특별, 재해특별교부세로 지원된다. 특별교부세는 보통교부세의 획일적 산정 방법으로 포착할 수 없는 재정수요에 대한 보완적 재원으로서 가령 전국체전, 행정구역개편 등 지역현안사업에 대한 재정수요라든지, 연도 중에 발생한 재해 등 예측할 수 없는 사태에 대비하여 지급하고 있다.

<표 8-8>은 지난 10년간 중앙에서 지원된 보통교부세와 특별교부세 총액이다. 2005년과 2006년의 특별교부세 지원액 중 재난관련 지원 규모는 각각 187,939백만원과 315,595백만원이다.[13] 문제는 특별교부세

12) 당해연도 내국세(목적세 및 종합부동산세와 다른 법률에 의하여 특별회계 재원으로 사용되는 세목 "주세"의 당해금액을 제외) 총액의 1만분의 1,924.

13) 현재 특별교부세(06년 7,400억원, 07년 7,936억원 규모)의 경우 그 50%는 재해대책비로, 나머지 50%는 지역별 특별현안수요에 대처하기 위한 목적에 사용되는데, 이 중 특별현안수요에 사용되는 특별교부세의 경우 그 목적의 불분명함과 지방자치단체 사업 지원 과정의 불투명성으로 인해 정치권의 부당 개입에 의한 대표적인 나눠먹기 예산으로 오래 전부터 폐지논란에 휩싸여 왔다(심재옥, 2007, 지방교부세개선 토론회).

가운데 50%를 재난관련 비용으로 지급하기로 되어 있으나 2005년과 2006년을 살펴보면 26.4%와 42.7%에 머물고 있다.

한편, 소방방재청의 예산 중 재해예방과 관련된 예산은 소하천정비사업과 재해위험지구 정비사업으로 나누어진다. 그런데 현재 이 예산들은 모두 농어촌구조개선특별회계와 균특회계로 편성되고 있다. 2005년 이전에 양여금의 형태로 보조되던 것이 국고보조금과 지방비의 매칭펀드 방식으로 예산을 투입하고 있는데 이러한 형태가 오히려 지자체의 사업비와 예산의 부담으로 전이되고 있다. 더욱이 피해상황이 극심한 지역에 피해 규모에 따라 국비를 배분하는 것이 아니라 재정자립도나 재난관리 평가 결과, 소하천 미정비율 등을 국비배분의 세부기준으로 삼고 있어서 피해 규모에 비해 더 많은 국비를 배분받는 사례가 발생하고 있다. 지방비를 많이 확보할 수 있는 지자체가 예산배분에서 우선순위를 선점하고 있다는 결과로 재해예방 및 관리라는 사업의 효과성에서는 부

▶ 표 8-8 ◀ 지방교부세 연도별 교부내역 (단위: 백만원)

연도	지방교부세			비고
	계	보통교부세	특별교부세	
2006	21,456,737	18,691,488	738,741	
2005	19,488,534	17,931,100	711,700	
2004	14,314,154	13,012,867	1,301,287	
2003	13,462,374	12,238,522	1,223,852	
2002	11,973,400	10,884,910	1,088,490	
2001	12,231,491	11,119,539	1,111,952	
2000	8,215,545	7,468,678	746,867	
1999	6,360,770	5,782,518	578,252	
1998	6,989,226	6,353,842	635,384	
1997	6,756,932	6,142,666	614,266	

자료: 지방교부세백서, 2007, 전국공무원노동조합에서 재구성.

정적일 수밖에 없는 요인이 되고 있다.

다른 한편으로 균특회계로 배분받은 사업들이 어느 정도 사업수행이 잘 되고 있는지를 분석한 채연하(2007)의 결과는 부정적이다. 즉, 재해예방에 관한 예산 중 균형발전특별회계로 편성되어 있는 사업들의 사업평가 결과를 살펴보면 대부분 C 정도의 부정적 평가를 많이 받고 있다. 농림부 소관 사업인 한발대비용수개발사업의 경우, 2005년도에는 가장 최하의 평가를 받았으며, 2006년도에도 평균점수 2점을 넘지 못하고 있다. 그 외에도 재해위험지구관리 사업 역시 좋은 평가를 받고 있지 못하다.

제9장

외국사례와 시사점

제1절 일본과 미국의 재난관리 예산

1. 일본의 재해대책과 예산운용[1)]

일본의 재난관리를 위한 시책은 방재예산을 구분하기 위한 기준으로 과학기술연구, 재해예방, 국토보전, 재해복구 등 네 개 분야에 대해 수립한다.

우선 방재에 관한 과학기술연구 추진에 관하여 살펴보면, 1981년 장기적인 관점에서 전 국토를 대상으로 연구개발 목표를 설정한 '방재에 관한 연구개발 기본계획'이 결정되었다(1993년 개정). 이를 기점으로 1999년 '지진조사연구추진'을 수립하고, 2006년 '제3기 과학기술기본계획'에서 '건강과 안전을 지킨다'라는 이념 하에 '안전을 자랑하는 국가'라는 상위 정책목표와 '국토와 사회 안전확보' 및 '삶의 안전확보'라는

1) 이호동의 "일본방재관련예산"(2007)을 요약하였다.

하위목표를 설정하였다. 이에 따라 정부연구개발투자전략 및 연구개발 추진대책을 정한 '분야별 추진전략'을 수립하고, 사회기반 분야에 대한 방재 10개 항목의 주요 연구개발과제와 연구개발목표 및 성과목표를 제시하였다. 구체적으로는 ① 지진관측, 감시, 예측 등의 조사연구, ② 지질조사연구, ③ 내진화나 재해대응, 복구, 부흥계획의 고도화 등의 피해경감기술, ④ 화산분화예측기술, ⑤ 풍수해, 토사재해, 설해 등의 관측, 예측 및 피해경감기술, ⑥ 위성 등에 의한 자연재해관측, 감시기술, ⑦ 재해발생시의 감시, 경보, 정보전달 및 피해예측 등의 기술, ⑧ 구조 등의 초동대처, 응급대책기술, ⑨ 재해에 강한 사회형성에 도움이 되는 연구, ⑩ 시설 등에 있어서 안전확보, 사고경감 등의 기술 등의 각 과제별로 그 연구 내용과 성과목표를 구체적으로 명시하여 집행하고 있다.

그리고 재해예방 강화를 위한 시책을 살펴보면, 재해에 의한 피해발생을 사전에 방지하거나 혹은 경감하기 위하여 재해에 강한 국가 및 지역 만들기를 추진하고, 국민 개개인의 방재의식을 고취하기 위한 시책

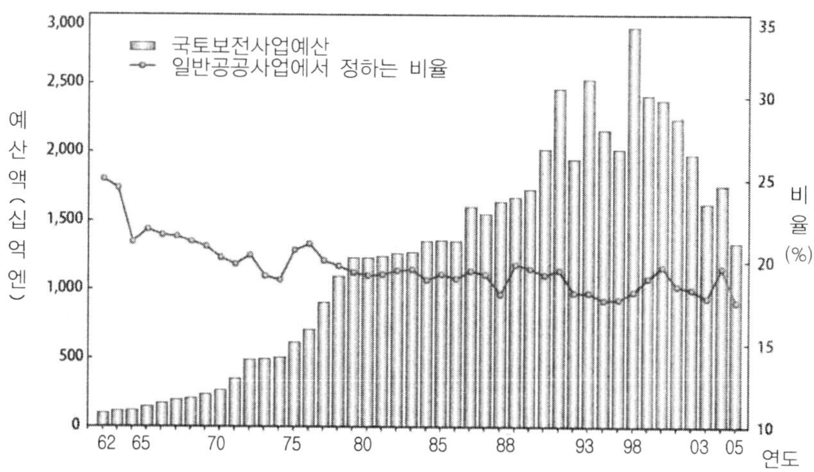

[그림 9-1] 국토보전사업 예산 추이

실시 및 방재훈련 실시 등을 중요한 과제로 삼고 있다.

우선 재해에 강한 국가·지역 만들기를 위하여 ① 국토보전사업 추진, ② 재해에 강한 마을 만들기, ③ 재해에 강한 농산어촌 만들기, ④ 지역의 방재거점 정비, ⑤ 광역방재기지 정비 등을 추진하고 있다. 특히 국토보전사업에 관한 예산추이를 살펴보면 [그림 9-1]과 같다. 국토보전 사업예산은 80년대 이후 급격히 증가하다 90년대 중반 이후 감소하고 있으며 그 감소추세가 눈에 띄게 급속히 이루어지고 있다. 일반 공공사업에서 차지하는 비용은 장기적으로 감소추세에 있기는 하지만 큰 차이는 없다. 이는 국토보전사업 예산을 지속적으로 투입한 결과 많은 성과를 나타내고 있음으로써 증가세를 억제하고 있다고 본다. 물론 일본의 공공사업의 규모가 국토보전 사업의 예산보다 크게 증가하고 있다면 국토보전에 관한 예산은 감소할 수밖에 없다.

둘째, 방재에 관한 보급 및 개발을 위하여 ① 방재주간, ② 방재와 자원봉사주간, ③ 학교 방재교육 등을 실시하고 있다. 즉, 스스로를 지킬 수 있도록 하기 위하여 평상시에 방재에 관한 의식고취를 위해 정확한 지식과 기술을 몸에 익히는 것이 중요하고 사회 전체적으로 생명, 신체, 재산을 지킬 수 있는 구체적인 행동을 국민운동으로 전개하고 있다.

2. 일본의 재해구조법

일본은 전후(戰後) 재해발생시 재해 피해자에 대한 지원을 현물급부주의, 구빈주의, 특례주의로 일관해 왔다. 이는 재해발생 직후의 사회질서 유지와 응급대응에 관한 내용을 규정한 재해구조법이 근간이 되었다.

재해구조법은 재해시에 국가가 지방자치단체나 일본적십자사 및 국민의 협력 하에 응급으로 필요한 구조를 행하고, 재해 피해자의 보호와 사회질서의 보전을 도모하는 것을 목적으로 한다(재해구조법 제1조; 2000

년 개정).

이 법률에서 규정하는 구조는 도도부현 지사가 정령(政令)으로 정하는 정도의 재해가 발생한 시정촌(특별구 포함) 구역 내의 해당 재해에 대해 구조를 필요로 하는 자에 대해 행한다고 규정하고 있다(동법 제2조). 이를 위해 도도부현 지사는 구조의 만전을 기하기 위해 항상 필요한 계획을 수립하고 강력한 구조조직의 확립 및 노무, 시설, 설비, 물자 및 자금의 정비에 노력해야 한다(동법 제22조)고 규정하고 있다.

여기서 구조의 종류는 다음과 같다(동법 제23조). ① 수용시설(응급가설주택 포함)의 공여, ② 탕불, 기타에 의한 식품의 지급 및 음료수의 공급, ③ 피복, 침구, 기타 생활필수품의 지급 또는 대여, ④ 의료 및 조산(助産), ⑤ 재해를 당한 자의 구출, ⑥ 재해를 당한 주택의 응급수리, ⑦ 생업에 필요한 자금, 기구 또는 재료의 지급 또는 대여, ⑧ 학용품의 지급, ⑨ 매장, ⑩ 앞의 각호에 규정한 것 이외 정령으로 정한 것 등으로 규정하고 있다.

또한 구조는 도도부현 지사가 필요하다고 인정한 경우에는 제23조의 규정에도 불구하고 구조를 요하는 자에 대해 금전을 지급함으로써 집행하는 것으로 한다. 구조의 정도, 방법 및 기간에 관한 필요 사항은 정령으로 정한다(동법 제23조2, 3항).

이상과 같이 재해발생시에 효과적으로 재해응급에 대응하기 위하여 재해구조법에 의해 도도부현 지사는 동법 제36조에서 규정하는 비용의 지변재원에 충당하기 위하여 재해구조기금을 적립해야 한다(동법 제37조).

즉, 국고(國庫)는 도도부현이 구조에 소요된 비용(동법 제33조) 규정에 의해 지변한 비용 및 일본적십자사가 지변한 비용(동법 제32조) 규정에 따라 보상에 소요된 비용 및 구상에 대한 지불한 비용의 합계액이 정령으로 정한 금액 이상이 되는 경우에 해당 합계액이 지방세법이 정하는 해당 도도부현의 보통세(법정외보통세를 제외)에 관해 표준세율에 따라 산정한 해당년도의 수입예측액의 2/100 이하인 경우에는 해당 합계액에 관해 그 5/100를 부담하는 것으로 하고, 수입예측액의 2/100를 넘는 경우에는 다음과 같은 구분에 의해 부담한다(동법 제36조 1, 2, 3항). 이 경우 수입예측액의 산정 방식에 관해서는 지방교부세법 제14조에서 정하는 것으로 한다(동법 제36조).

① 수입예측액의 2/100 이하 부분에 관해서는 그 금액의 50/100
② 수입예측액의 2/100를 넘고 4/100 이하의 부분에 관해서는 그 금액의 80/100
③ 수입예측액의 4/100를 넘는 부분에 관해서는 그 금액의 90/100으로 한다.

이상과 같은 재해구조법 규정에 의해 재해구조법 적용시의 응급구조에 소요되는 비용에 충당하기 위하여 재해구조기금을 적립하게 된다.

재해구조기금은 각년도 최소액은 해당 도도부현의 해당년도 전년도의 전 3년간 지방세법이 정하는 보통세의 수입액의 결산액의 평균년액의 5/1000에 상당하는 금액으로 하고, 재해구조기금이 그 최소액을 달성하지 못한 경우는 도도부현은 정령으로 정하는 금액을 해당년도에 적립해야 한다(동법 제38조). 또한 이러한 규정에 의해 산정한 각년도 재해구조기금의 최소액이 500만엔에 달하지 못한 때에는 해당년도 재해구조기금의 최소액은 500만엔으로 하는 것으로 한다(동법 38조2항).

재해구조기금의 운용은 ① 재정융자자금에의 예탁 또는 확실한 은행에의 예금, ② 국채증권, 지방채증권, 근업(勤業)채권, 기타 확실한 채권의 응모 또는 매입, ③ 제23조제1항에서 규정하는 지급품의 사전구입 등으로 한다(동법 제41조).

끝으로 기금관리는 재해구조기금관리조례에 의해 집행되며, 도도부현은 관계 각부국과로 구성되는 자금관리회의를 설치하여 해당 기금의 안전 및 적정한 관리·운영하도록 하고 있다.

3. 일본의 방재관련 예산 규모와 추이

2005년도 방재에 관한 과학기술연구, 재해예방, 국토보전, 재해복구

▶ 표 9-1 ◀ 연도별 방재관련 예산액

연 도	과학기술연구		재해예방		국토보전		재해복구 등		합 계
	(백만엔)	%	(백만엔)	%	(백만엔)	%	(백만엔)	%	
1962	751	0.4	8,864	4.3	97,929	47.1	100,642	48.3	208,006
1970	2,756	0.6	36,07	8.2	269,159	60.9	133,998	30.3	441,940
1975	17,795	1.5	159,595	13.3	615,457	51.3	405,771	33.9	1,198,618
1980	29,929	1.2	456,575	18.9	· 1,229,615	50.8	705,168	29.1	2,421,287
1985	27,680	1.1	512,837	20.2	1,355,917	53.5	640,225	25.2	2,536,659
1990	35,382	1.1	625,239	20.0	1,669,336	53.4	796,231	25.5	3,126,188
1991	35,791	1.1	628,596	19.8	1,729,332	54.3	788,603	24.8	3,182,322
1992	36,302	1.1	745,405	22.8	2,017,898	61.6	475,411	14.5	3,275,015
1993	43,152	0.9	866,170	18.6	2,462,800	52.9	1,280,569	27.5	4,652,691
1994	40,460	1.0	747,223	18.9	1,945,295	49.1	1,230,072	31.0	3,963,050
1995	105,845	1.4	1,208,134	16.0	2,529,386	33.5	3,696,010	49.0	7,539,375
1996	52,385	1.2	1,029,658	24.5	2,156,714	51.3	968,182	23.0	4,206,938
1997	49,128	1.2	1,147,102	28.2	2,014,695	49.4	864,370	21.2	4,075,295
1998	62,435	1.1	1,228,539	22.3	2,905,921	52.8	1,310,515	23.8	5,507,411
1999	78,134	1.7	1,142,199	25.0	2,400,534	52.6	941,886	20.6	4,562,752
2000	73,502	1.8	1,011,535	24.4	2,376,083	57.3	689,225	16.6	4,150,346
2001	49,310	1.2	1,060,445	26.7	2,238,816	56.4	618,427	15.6	3,966,998
2002	48,164	1.3	1,202,984	31.9	1,981,686	52.5	543,949	14.4	3,776,783
2003	35,133	1.1	814,101	25.7	1,625,670	51.4	689,255	21.8	3,164,159
2004	30,478	0.7	815,059	19.3	1,753,418	41.5	1,622,112	38.4	4,221,067
2005	11,097	0.4	866,290	28.6	1,426,745	47.0	728,606	24.0	3,032,738

등의 시책을 실시하기 위한 국가 예산, 즉 방재관계예산은 총계 약 2조 9,867억엔이다. 이 중에 과학기술연구에 약 111억엔, 재해예방에 약 8,199억엔(이 중 국제방재협력을 위한 305억엔을 포함), 국토보전에 약 1조 4,271억엔, 재해복구 등에 약 7,286억엔이 사용되었다.

또한 방재관계예산 전체에 차지하는 비율을 살펴보면(표 9-1), 과학기술연구가 0.4%, 재해예방에 27.5%, 국토보전이 47.8%, 재해복구 등이 24.4%를 차지하고 있다.

<표 9-1>은 지난 10년 평균 과학기술연구투자에 1.17%, 재해예방에 25.66%, 국토보전예산에 51.22%, 재해복구 등에 21.94%를 사용하고 있음을 나타내고 있다. 다시 말하면 복구에 21%를 사용하는 반면 예방사업에 그 나머지를 활용하고 있다고 보아야 한다.

일본의 방재예산은 한신·아와지 대지진을 전후하여 그 이전의 10년보다 크게 증가한 것을 볼 수 있으나 점차 감소하고 있으며, 특히 방재예산이 일반회계에서 차지하는 비율도 한신·아와지 대지진 이후 점차

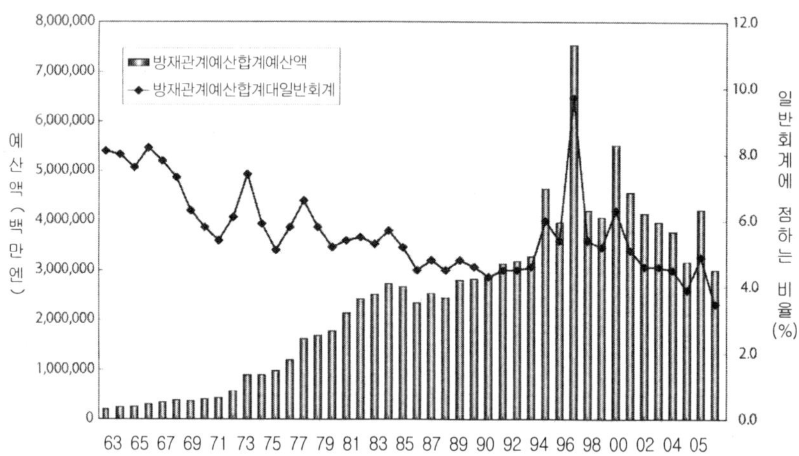

[그림 9-2] 방재관계 예산액의 추이

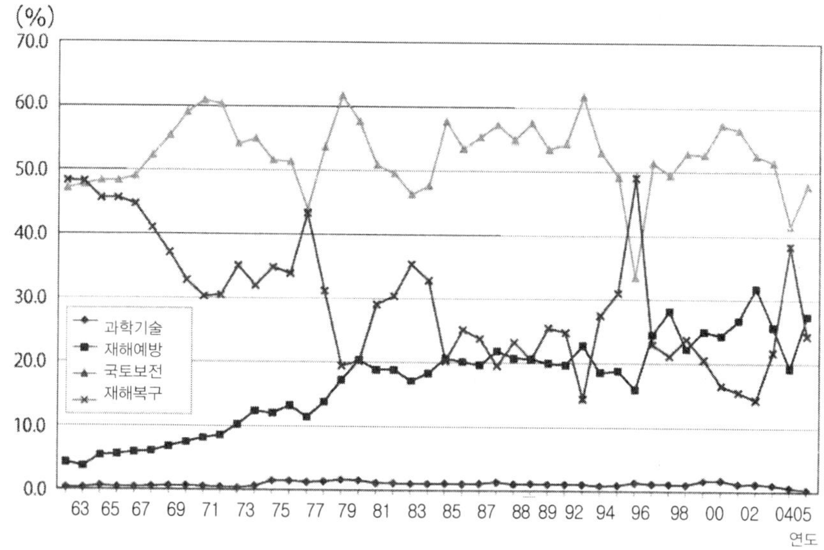

[그림 9-3] 방재관계 예산내역 비율 추이

축소되고 있다. 그럼에도 불구하고 평균 5%를 유지하고 있다(그림 9-2). 한편, [그림 9-3]에서는 방재관계 예산을 크게 네 부분으로 나누어 나타낸 것이다. 장기적인 추세에서 보면 일본의 재난관리가 예방 중심으로 운영되고 있음을 나타내고 있다. 특히 국토보전과 재해복구 예산간의 상호 작용도 눈여겨 볼 만하다.

4. 미국의 재난관리와 예산운용[2)]

미국의 경우 국토안보국(Department of Homeland Security)에 소속된 FEMA가 재난관리 관련 기능을 총괄하고 있다. D.C.에 본부가 있지만 전국 10개 지역(region)과 두 개의 구역(area)에 지사를 두고 있다.

2) 이원희의 "재난 관련 재정운용의 과제"(2007)를 요약하였다.

FEMA가 갖는 가장 중요한 기능은 모든 재난 재해와 관련하여 관리(manage)하고 조정(coordinate)하는 기능을 수행하는 것이다. 그리고 주 정부, 지방정부 그리고 개인에 대한 지원을 하고 있다. 특히 National Incident Management System을 통해 재해로 인한 지방정부와 개인에 대한 지원과 복구와 관련하여 조정 권한을 부여받고 있다. 그리고 예산 배분을 통해 이러한 기능을 수행하고 있다. FEMA가 갖는 가장 큰 특징은 각종 재난과 재해와 관련하여 총괄적 조정 기능을 수행하고 있으며 예산 배분권을 가지고 있다는 점이다.

특히 이러한 기능을 수행하기 위해 기금을 활용하고 있는 특징이 있다. 2008년 예산 기준으로 재난구호기금(Disaster Relief Fund) 2,135억 달러, 사전 재난 완화기금(Pre-Disaster Mitigation Fund) 5만 3천달러, 홍수보험기금(National Flood Insurance Fund) 1,341만달러, 홍수완화기금(National Flood Mitigation Fund) 300만달러, 홍수지도현대화기금(Flood Map Modernization Fund) 409만달러 등이 있다. 이는 자금 운용의 신축성을 보장하기 위한 장치이다.

그리고 재해의 복구와 대응과 관련하여 주, 지방, 개인에 대한 지원 프로그램을 운영하고 있다. 특이한 것은 미국의 전반적인 성과 관리체계의 틀 속에서 재난과 재해관련 재정 지출의 성과관리 체계를 구축하고 있다는 점이다. 예컨대 재해가 발생했을 때, 지원을 필요로 하는 사람과 금액 대비 몇 %를 달성했는가를 평가하는 성과관리하고 있다는 점이다. 그냥 자금이 있는 만큼 지출을 한다는 것이 아니라, 어느 정도의 지원이 필요한가에 대한 자기평가의 기능을 가지고 있다. 그리고 지원의 신속성에 대한 평가도 관리하고 있다.

특히 미국은 위험경감이주프로그램(Hazard Mitigation Grant Program)과 지역사회안전을 위한 재해경감 인프라구축 사업에 중점적으로 예산을 활용하고 있다. 이 부분은 재난관리기금에서 설명하도록 하고자 한다.

제 2 절 우리나라 재난관련 예산체계의 문제점과 특징

1. 예산체계의 문제점

재난관리 관점에서 예산편성과 관련사업 집행이 통합적으로 이루어지지 않고 있다. 먼저 우리의 체계를 보면 13개 부처에서 각 사업별 예산을 편성할 뿐 재난관리만을 위한 예산 편성과 집행은 제대로 되고 있지 못하다.

재난과 관련하여 총괄적인 예산체계는 존재하지 않았으나 2005년 처음으로 5년 중기 국가재난관리 재정투자계획이 수립되었다. 그럼에도 불구하고 소방방재청을 비롯한 13개 부처에서 각 부처가 마련한 기준에 의하여 예산을 수립하고 기획예산처에서 검토 배정하는 방식을 구사하고 있다. 이 계획에 따르면 11개 부처 및 시도의 27개 사업에 총 36조 8,293억원을 투입하고, 여기에는 치산치수, 재난예방, 기술개발 3개 분야로 나누어져 있다. 이 가운데 치산치수사업에 전체예산의 48%인 17조 6,994억원을 투입하고 재난예방대책사업의 12개 사업에 사업비의 49.5%인 18조 1,781억원을 배정하고 있다.

이에 대하여 천우정·나아정(2006)에 의하면, 첫째, 국가재정운용계획에 재난관리 부문의 전체적인 모습을 나타내지 못하고 있으며, 분야별 정책방향 및 투자계획에 있어서도 구체성과 논리체계가 미흡하다고 한다. 둘째, 재해예방사업에 관한 투자가 미흡하고 비효율적인 예산운영이 반복되고 있음에도 불구하고 예방사업의 범위조차 정립하지 못하고 있다. 아울러 피해의 대부분이 발생하고 있는 지방 관리시설에 대한 예방투자가 매우 미흡하며, 관리대상에서 제외된 재해예방사업이 여전히 과다하며 소하천 정비사업의 외면 및 지자체의 투자유인체계도 미흡한 것으로 평가되었다. 셋째, 복구사업의 예산지원 및 집행 관리체계도 문제가 있다. 예산의 집행 및 사후관리에 관한 국가 전체의 총괄기능이 없고, 재해대책 예비비의 경우 총 피해복구비 소요액 전액을 일시에 지원함으로써 지자체의 이월과 재이월이 빈번하다고 한다. 그리고 목적예비비의 설정은 현행 예비비 규정의 취지에 비추어 볼 때 부적합한 측면이 있으며 본 예산 계상 대비 배정시간이 평균 16일이 더 소요되고 있다. 넷째, 하천 유역별 관리체계가 구축되지 않았고 치수 및 방재기능이 유기적인 연계없이 이원적으로 운영되고 있어 재난관리 부문 재정운용은 국가 전체 차원에서 전략적 설계없이 추진되어 시너지 효과를 도모하지 못하고 있다. 태풍 루사와 매미 등의 피해는 소하천 등에서 대부분 발생하였으나, 예산지원은 국가하천 위주로 이루어지고 있는 등 하천 등급별 피해발생과 예산지원이 비례하지 않고 있다. 아울러 치수는 방재의 핵심임에도 불구하고 치수와 방재기능의 이원화로 인해 국가 전체 차원에서 종합적인 재난관리대책 수립이 매우 어려운 실정이라는 것이다.

지방의 재난관리 예산지원에 있어서 매칭펀드 방식의 장점을 살리고 지방의 재정자립도를 감안한 방식을 충분히 고려해야 한다. 이 방식의 장점에도 불구하고 지방비 확보가 용이한 지방이 예산배정의 우선순위가 두어질 수 있는데, 이는 지방재정자립도가 열악한 현실을 충분히 감안하지 못하고 있음은 물론 재난예방을 목적으로 하고 있는 측면에서 보면 예방사업의 효과를 떨어뜨릴 수 있다. 따라서 피해 규모를 감안하여야 함은 물론 평소 재난관리에 관한 예방사업의 집행 등 재난관리 평가를 고려한 정부의 국비배정기준에 관한 세밀한 검토가 필요하다.

2. 예산체계의 특징과 개선점

앞서 재난관련 재정투자를 분석한 예산정책처의 거시적인 지적과 함께 미시적으로 살펴본 우리나라 재난관련 예산체계의 문제점은 다음과 같이 지적할 수 있다. 물론 재난관리의 집중화와 단계별 분산 대응이 각각의 장점을 가지고 있고, 특히 복구와 관련하여 해당 부처가 전문성을 가지고 있다는 점이 크게 작용한 것으로 볼 수 있지만 예산의 합리적인 편성과 효율적인 집행이라는 측면에서 보면 운영의 묘를 충분히 살리지 못하고 있다.

이원희(2007)에 의하면 첫째, 다부처에 걸친 예산 수립과 집행의 분산에 대한 문제를 지적하고 있다. 따라서 자원배분의 합리성을 제고하기 위해 전체적인 관점에서 운영을 조정하는 체계의 구축, 즉 컨트롤 타워가 필요하다는 것이다. 이러한 지적은 앞서 살핀 것처럼 예방사업은 물론 복구까지 이어지는 사업에 있어서 단일한 부서가 총괄하는 것이 아니라 각 부처가 개별적으로 예산을 편성 및 집행하고 있다는 점이다. 행정조직간의 부처이기주의에 의해 한 사안에 대한 충분하고 다양한 정보가 공유되지 못한 결과 사업의 중복과 비효율이 나타날 수 있다. 이러한 부처간 조정의 역할은 우리의 행정체계상 기획예산처가 담당하는 것으로 이해할 수 있으나 비전문적인 영역이라는 점에서 기대치가 높지 않다.

또한 재난의 특성상 예기치 못한 상황의 도래에 따른 예산집행의 경직성이 문제라는 지적과 함께 비용편익분석이 이루어지지 않고 있다는 문제가 있다. 아울러 최종 집행단위인 기초자치단체와 광역자치단체간의 협조부족과 이에 따른 민원의 발생 등이 우리나라 재난관련 예산체계의 특징이며 문제점이다.

따라서 예산의 경직성을 보완하기 위해 예비비와 기금을 활용하고 있는데, 이외에도 집행에 관하여 구체적인 항목으로 규정하는 것도 필요하지만 이러한 범위를 융통성 있게 준포괄적(quasi-inclusive)으로 규정하고 이에 따라 예산도 총액으로 계상할 필요가 있다. 한편 정부사업에 대한 비용편익분석은 알려진 바와 같이 그렇게 정밀하지 못하다. 중앙정부 및 지방정부는 모두 이들이 하고자 하는 사업에 대한 각종 사전평가를 정부의 목적을 달성하기 위한 방편으로 진행한 경향이 없지 않다. 최근 대형투자 사업에 이러한 비용편익분석을 시도하고는 있으나 여전히 미흡하다. 따라서 재난관련 복구사업과 예방사업 등에 대해서도 일정금액 이상은 비용편익분석(benefit-cost analysis)을 의무화해야 한다. 물론 재난관련 투자비는 재난의 특성상 예측이 어렵고 인명과 관련되어 있으므로 한계가 있겠지만 피해가 발생하면 그 규모를 사전적으로 계측할 수 없고 천문학적인 피해가 반복되고 있다는 점에서 무엇보다 필요한 영역이라 할 수 있다.

제10장

재난관련 기금 분석

본 장에서는 [그림 8-3]에 음영으로 표시된 지방 부문의 일반재정에서 기금을 그 분석의 대상으로 한다. 재난관련기금에는 재난관리기금과 재해구호기금 두 가지가 존치되어 있다. 언급한 바와 같이 재난관련기금, 특히 재난관리기금은 일반회계에서 포괄하지 못한 각종 재난에 대비하여 예방용도로 마련된 것이다. 최근 들어 재난발생이 그 규모와 빈도가 증가함에 따라 지속되는 피해를 최소화하기 위한 방법을 모색하게 되었고, 예방이 최선의 대책이라는 결론에 이르게 된다. 이에 따라 예방을 위한 재원으로서 역할이 규정되어 있는 재난기금의 역할과 효율성 등이 주요한 논점으로 대두되었다.

제 1 절 재난관리기금 분석

1. 재난관리기금의 법적 근거

재난관리기금의 법적 근거는 『재난 및 안전관리 기본법』과 지자체(시, 도, 시군구)의 조례에 의하여 설치하도록 되어 있다. 적립의 기준은 매년 최근 3년간 지방세법에 의한 보통세의 수입 결산액 평균연액의 1/100에 해당하는 금액을 적립하도록 하고 있다. 또한 운영의 주체는 시・도, 시・군・구(248개 전 지방자치단체)이며, 아울러 그 기금의 목적과 용도는 각종 재난으로부터 생명과 재산을 사전보호하기 위하여 필요한 안정적인 재원을 마련하는 것 등에 있다고 명시되어 있다. 운용관리기준은 매년 적립하는 법정적립액 총액의 30/100 이상은 금융기관 등에 예치・관리하고, 나머지 금액과 발생한 이자는 용도에 맞게 사용 가능하도록 되어 있다. 이하는 기본법의 해당 조항과 시행령을 살펴보고자 한다.

『재난 및 안전관리 기본법』

제67조(재난관리기금의 적립) ① 지방자치단체는 재난관리에 소요되는 비용에 충당하기 위하여 매년 재난관리기금을 적립하여야 한다.

② 제1항의 규정에 의한 재난관리기금의 매년도 최저적립액은 최근 3년 동안의 「지방세법」에 의한 보통세의 수입결산액의 평균연액의 100분의 1에 해당하는 금액으로 한다. [개정 2007.1.26] [[시행일 2007.7. 27]]

제68조(재난관리기금의 운용 등) ① 재난관리기금에서 생기는 수입은 그 전액을 재난관리기금에 편입하여야 한다.

② 재난관리기금의 용도・운용 및 관리에 관하여 필요한 사항은 대통

령령으로 정한다.

『시행령』

제74조(재난관리기금의 용도) ① 법 제68조제2항의 규정에 의한 재난관리기금의 용도는 다음 각호와 같다.

1. 재난사전대비 점검결과 시급히 보수·정비를 요하는 사업
2. 재난예방이나 경감을 위하여 필요한 연구용역사업
3. 제32조제2항의 규정에 의한 시설[1](지방자치단체가 소유 또는 관리하는 것에 한한다)의 안전진단 및 보수·보강사업
4. 재난피해시설의 응급복구 및 응급조치
5. 재난원인분석 및 침수흔적조사, 침수흔적도 작성·보존 등의 사업
6. 법 제40조 내지 법 제42조의 규정에 의한 대피 또는 퇴거명령을 이행하는 주민에 대한 임대주택으로의 이주지원 및 주택임차비용 융자
7. 그 밖에 행정자치부령이 정하는 재난관리에 필요한 사업[2]

② 제1항제6호의 규정에 의한 이주지원 및 주택임차비용 융자에 필요한 사항은 당해 지방자치단체의 조례로 정한다.

제75조 (재난관리기금의 운용·관리) ① 시·도지사 및 시장·군수·

---

1) 특정관리대상시설

2) 【시행규칙】

제20조(재난관리기금의 용도) 영 제74조제1항 제7호에서 "행정자치부령이 정하는 재난관리에 필요한 사업"이라 함은 다음 각호의 1에 해당하는 사업을 말한다.

1. 소하천 및 하천시설 중 제방·수문·배수관·유수지 및 수위 관측시설 등의 정비사업
2. 하수도시설(하수종말처리장을 제외한다)중 배수펌프장 및 하수관거의 정비사업
3. 농업생산기반시설중 배수장, 보, 용수로·배수로 및 방조제의 정비사업
4. 영 제32조제2항 각호의 규정에 의한 시설로서 지방자치단체가 관리하는 시설의 정비사업
5. 특별시·광역시·도 또는 시·군·구의 조례로 정하는 재난의 예방사업
6. 설해대비 제설용 자재구입
7. 긴급구조에 필요한 특수장비의 구입
8. 상습가뭄재해지역의 임시 용수확보대책사업

구청장은 법 제67조의 규정에 의하여 매년 적립하는 재난관리기금은 전용계좌를 설치하여 관리하여야 한다.

② 시·도지사 및 시장·군수·구청장은 법 제67조의 규정에 의하여 매년 적립하는 재난관리기금의 법정적립액 총액의 100분의 30 이상의 금액은 금융기관 등에 예치·관리하고, 나머지 금액과 발생한 이자는 제74조제1항의 규정에 의한 재난관리기금의 용도에 따라 원활하게 사용될 수 있도록 운용·관리하여야 한다.

③ 그 밖에 재난관리기금의 운용·관리에 관하여 필요한 사업[3)]

시행령 제74조 1항 각호에 의한 기금의 용도는 대체적으로 예방사업에 활용토록 되어 있고 또 응급복구 및 응급조치에 있어서도 활용할 수 있도록 되어 있다. 문제는 법은 규정되어 있으나 적시된 바와 같은 예방조치들이 현장에서 충분히 집행되고 있는지에 대해서는 여전히 의문이 들지 않을 수 없다. 앞에서 밝힌 재난관련 피해 규모와 복구 규모를 보았을 때 재난의 특수성을 감안하고 점차 재난원인이 커지고 예측하기 어렵다 하여도 사전 예방을 위한 충분한 점검과 분석이 진행되었다고 이야기할 수 없다. 해당 지방자치단체에 타당하고 적합한 예방이 이루어질 수 있도록 현장을 조사하고 시뮬레이션까지 진행하는 그런 예방조치가 필요한 것이다. 따라서 지자체 재난관리기금의 구체적인 활용내역을 분석해야 한다.

기금은 일반·특별회계예산과 수지체계가 다르다(<표 10-1> 참조). 기금은 '조성'과 '운용'으로 나눌 수 있다. 조성은 일정시점의 기금 총조성액에서 사용액을 뺀 순조성액으로 표시되고 있는데, 총조성액은 기금에 들어온 자금의 누계로 수입재원별로 구분하여 표시되고, 사용액은

3) 시행규칙 제20조와 함께 전라남도는 "안전사고 예방을 위한 경고판 등 안전시설 설치"도 포함시키고 있음.

기금에서 빠져나가 소모된 자금으로 용도별 또는 사업별로 표시된다. 기금의 운용상황은 1년간의 수입과 지출로 구성되는 기금운용계획에 나타나는데, 수입은 전년도 이월금, 출연금, 융자금 회수액, 적립금이자 등으로 구성되고 지출은 인건비, 물건비, 고유목적 사업비, 융자금 등으로 구성된다(오금호, 2007). 그리고 특정목적사업 수행을 위하여 사업관리기금, 융자기능을 수행하는 융자성 기금, 원금을 이식하는 적립성 기금으로 나누고 재난관리 관련기금은 적립성 기금으로 분류된다. 그러나 시행령 제74조제6항 등의 목적으로 활용하도록 되어 있어서 단순히 적립성 기금이라고 규정할 수 없는 부분도 있다.

한편 시행규칙에 의하면 지방자치단체가 자체적으로 할 수 있는 부분을 조례에서 정하도록 되어 있다. 그렇지만 김종익(2007)에 의하면 시행규칙에 기금운용의 구체적인 항목을 정함으로써 자치단체의 자율적인 판단과 창의성에 의하여 활용하기 어렵다는 것이다. 이에 대한 근거로써 16개 광역자치단체의 「재난관리기금 운용 및 관리조례」의 규정들이 천편일률적이라는 점을 제시하고 있다.[4] 이는 지방자치단체의 특수성과 지역의 수요를 감안하지 못한 것이다.

아울러 재난관리기금을 효과적으로 집행할 수 있도록 하는 기구로서 법에서는 기금운용에 관한 위원회를 두도록 하고 있다. 즉, 「지방자치단체 기금관리기본법」 제13조(기금운용심의위원회)는 "지방자치단체는 기금의 관리 · 운용에 관한 중요한 사항을 심의하기 위하여 기금별로 기금운용심의위원회[5]를 설치 · 운영하여야 한다(필요한 경우에는 심의위

4) 16개 광역시 · 도의 재난관리기금의 용도를 살펴보면, 서울시가 빗물펌프장 · 우수유출저감시설(공공시설에 한함) 등의 신설 및 보강사업, 기금관리업무에 필요한 부대경비를 기금의 용도로 추가하고 있고, 제주특별자치도가 풍수해 감시인 인건비 및 운영에 소요되는 비용을 용도에 추가하고 있는 것이 다를 뿐 지방자치단체의 용도는 같은 항목으로 구성되어 있다(김종익, 2007).

5) 심의위원회는 기금운용계획의 수립 및 결산보고서의 작성, 기금운용의 성과분석, 기타 기금의 관리 · 운용에 관한 중요사항으로서 지방자치단체의 장이 부의하는 사항을 심

원회를 통합하여 설치 · 운영)"고 명시되어 있다. 그리고 동법 시행령 제7조(기금운용심의위원회의 구성)는 "기금운용심의위원회에는 기금운용 또는 기금 관련 분야에 관한 전문지식을 갖춘 민간전문가가 3분의 1이상 참여하도록 하여야 한다."고 명시되어 있다. 그럼에도 불구하고 심의위원으로 민간위원이 참여하고 있는 경우는 서울, 대전, 충북 등에 불과하고 나머지 지방자치단체는 공무원들로만 구성되어 있어 전문성과 투명성 제고를 위해 구성요소의 개선이 시급한 실정이다(김종익, 2007).

다음은 한 광역자치단체의 심의위원 구성 내용이다. 위원장은 행정부지사, 부위원장은 건설재난관리국장, 위원에는 예산담당관, 건설소방관련 도의원, 농업정책과장, 해양항만과장, 도로 · 교통과장, 행복마을과장, 재난민방위과장, 복구지원과장 및 방재담당자로 구성되어 있다. 기금운용에 관하여 전문가가 아닌 사람들로 구성되어 있음을 볼 수 있다. 이와 같은 심의위원 구성은 궁극적으로 지자체장의 의도를 추종할 수밖에 없으며 투명성도 결여되는 한편 결국 기금운용의 효율성을 심각하게 저하시킬 수 있는 원인으로 작용한다. 즉, 심의위원들이 민간 중심으로 이루어져 있지 못하고 관련 공무원 중심으로만 구성되어 있기 때문에 보다 공격적이고 효과적인 대응을 어렵게 할 수 있다고 판단된다. 왜냐하면 공무원은 기금의 법정 요건에 충실하고자 하는 상황에 있고, 자치단체의 장도 지역 숙원사업에 자금을 투입할 유인(incentive)을 가지고 있기 때문이다.

2. 재난관리기금의 현황과 운용

1) 재난관리기금 현황

그렇다면 재난관리기금의 적립현황과 활용은 어떤가. 비교적 연간 자

의한다(지방자치단체 기금관리기본법 제13조2항).

료가 충분해 10년치를 살펴볼 수 있다. 관련 규정에 의해 의무적으로 적립하도록 되어 있으므로 당연히 그 규정을 준수해야 한다. 그러나 일부 자치단체를 제외하고는 대부분 규정을 준수하지 못하고 있는 실정이다.

사회적으로 재난관리기금의 활용과 그 효율성에 대한 지적이 빈번해지고 있다. 즉, 저조한 기금활용률, 효율적이지 못한 활용 등에 따라 사용범위의 확대가 요구되고, 피해가 워낙 대규모이다 보니 그 예방으로서 본 기금을 적극적으로 활용하자는 주장들이 잇따르고 있다. 이는 오금호(2007)가 언급한 바와 같이, 첫째, 사업목적이 명확하지 않기 때문에 예산사업과 기금사업이 실무선에서 혼란이 있기 때문이고 둘째, 재난관리기금의 규모가 상당히 커져 있어서 자원부족현상에 따른 활용을 재고해야 한다는 인식이 확산되기 때문이다.

<표 10-1>은 소방방재청이 2007년 국회 국정감사에 제출한 자료를

▶ **표 10-1** ◀ **1997년~2006년 재난관리기금 운용실적 총계** (단위: 천만원)

연도	법정 적립액 (A)	기금운용					
		확보액				사용액(E)	잔 액 (B−E)
		계 (B=C+D)	원금(C)	확보율	이자수입 (D)		
2006	263,182	205,892	199,105	75.7%	6,787	104,156	101,736
2005	247,178	247,219	198,404	80.3%	48,815	118,820	128,399
2004	215,211	237,056	209,167	97.2%	27,889	87,024	150,032
2003	187,693	214,735	182,574	97.3%	32,161	67,118	147,617
2002	173,481	196,580	172,243	99.3%	24,337	60,304	136,276
2001	163,845	196,201	165,890	101.2%	30,311	125,333	70,868
2000	162,992	182,026	161,167	98.9%	20,859	45,488	136,538
1999	152,146	138,658	125,379	82.4%	13,279	37,876	100,782
1998	131,639	138,658	125,379	95.2%	13,279	37,876	100,782
1997	86,952	72,362	71,142	81.8%	1,220	3,465	68,897

중심으로 재구성하였다. 법정적립금액은 1997년보다 2배나 커졌다. 그리고 법정적립금액 규모는 연평균 13.8%씩 증가해 왔음을 확인할 수 있다. 이는 지방세보통세 수입과 연계된 구조 때문이다. 지방세 규모가 커지면 법정적립금액의 규모도 커지는 구조라는 것이다. 지방세는 도세(道稅)로서 보통세(취득세, 등록세, 레저세, 면허세), 목적세(공동시설세, 지역개발세, 지방교육세)로 구성되고 시군(市君)세로서 보통세(주민세, 재산세, 자동차세, 농지세, 도축세, 담배소비세, 종합토지세, 주행세)와 목적세(도시계획세, 사업소세)로 구성되어 있다.

여기서 보는 바와 같이 보통세 수입이 증가하면 법정적립금도 증가하게 된다. 전체 GDP 규모가 확대되어 감에 따라 보통세의 세수입이 증가하고 이에 따라 자동적으로 증가하도록 설계되어 있다. 한 가지 지적할 것은 언제까지 이렇게 연동시킬 것인가 하는 문제이다. 물론 일반예산으로 재난예방을 하는 것이 한계가 있다는 점에서 이와 같이 설계했다고 볼 수 있지만 현행 지방정부의 법정적립금 채우기 현상을 고려함과 동시에 도시 지역과 농촌 지역의 격차를 감안해야 한다. 그리고 경제 규모가 확대되어 감에 따른 현실을 감안하여야 할 것으로 본다. 즉, 경제 규모의 확대는 보통세 수입이 증가할 수 있는 근원을 제공하는데 지방재정의 자립도가 높은 지역이나 이로써 재난대비가 상대적으로 잘 갖춰진 지역에 있어서는 재원의 비효율이 나타날 가능성이 크다. 따라서 이러한 법정적립제도가 유용하게 작동하려면 중앙 차원의 적정한 재분배 기능을 갖추는 것도 생각해 볼 수 있다. 그렇지 않다면 재정자립도에 의한 법정적립비율을 달리 하는 방안도 모색해야 할 것이다.

한편 법정적립금 대비 10년 평균 확보율은 90.9%로 매우 높게 나타나고 있다. 10년 평균 사용액은 6,874억원으로 실제 확보액 1조 8,293억원의 37.57%에 불과하며, 사용하지 않고 적립해 둔 규모도 10년 평균 1조 1,419억원으로 이는 확보액 대비 62.42%에 달하고 있다.

▶ 표 10-2 ◀ 재난관리기금 확보율 추이 (단위: %)

구분	1997	1998	1999	2000	2001	2001	2003	2004	2005	2006	평균
계	81.8	95.2	82.4	98.9	101.2	99.3	97.3	97.2	80.4	75.7	90.94
서울	99.2	109.9	100.0	100.4	100.0	100.0	100	100	100	100.0	100.95
부산	97.1	99.7	84.0	99.9	99.1	115.3	99.4	99.7	96.3	96.3	98.68
대구	24.2	19.1	17.9	53.7	65.8	71.6	59.1	48.7	28.4	43.6	43.21
인천	12.3	37.1	35.0	102.2	42.8	112.0	100	100	64.5	28.1	63.40
광주	53.5	57.6	43.6	77.1	43.4	62.1	34.0	72.3	25.4	18.8	48.78
대전	25.6	37.9	35.7	98.2	101.4	106.6	100	97.5	66.4	68.3	73.76
울산	100.0	137.7	100.4	100.0	100.0	24.2	24.3	20.8	19.2	28.1	65.47
경기	96.6	111.6	99.2	100.7	97.6	101.6	106	100	62.0	49.8	92.51
강원	101.3	117.0	101.5	99.7	106.6	100.8	106	101	100	97.7	103.16
충북	102.6	87.1	78.8	102.7	105.0	103.6	101	104	100	99.8	98.46
충남	55.0	105.6	99.0	103.2	100.9	101.1	100	100	99.8	81.2	94.58
전북	51.9	149.9	101.1	110.3	100	100	102	116	81.6	100.3	101.31
전남	94.2	73.3	67.1	100.5	173.0	100.6	100	103	98.7	103.1	101.35
경북	110.8	136.6	60.9	109.2	102.2	102.9	101	101	100	99.5	102.41
경남	74.0	68.9	59.1	104.4	196.3	108.2	109	115	91.1	88.7	101.47
제주	100.0	108.2	100.0	116.9	100.0	100.0	101	104	100	42.9	97.30

한편 10년간의 각 자치단체별 기금확보율 변동은 <표 10-2>와 같다. 확보율은 큰 의미가 없다고 볼 수 있겠지만 효과적으로 활용하고 있는가 하는 점이 관건일 것이다. 즉, 나타난 바와 같이 전국적으로 평균 90%를 적립하고 있으나 대구와 광주광역시는 50% 이하이다. 낮은 적립률도 문제이지만, 기금적립의 목적에 비추어 보면 기금적립에 대해서는 외면하고 있다는 평가가 나올 수밖에 없다. 그 결과 기금을 충분히 활용하여 예방대책을 세울 수 없을 뿐만 아니라, 기금을 잘 활용할 수 있는 기회를 상실하고 있다. 재난예방에 대한 범국가적인 예방 중심으로의 정책 선회라는 본래 의미를 따르고 있지 않다는 결론이다. 따라서

▶ 표 10-3 ◀ 1997~2006년 확보금액 대비 잔액비중 (단위: %)

구분	2006	2005	2004	2003	2002	2001	2000	1999	1998	1997
계	49	52	63	69	69	36	75	73	73	95
서울	28	77	52	56	50	−33	76	62	62	96
부산	19	21	49	39	78	69	69	46	46	96
대구	100	95	84	94	85	79	54	92	92	83
인천	90	34	95	100	97	97	98	99	99	96
광주	73	64	100	96	96	78	92	86	86	98
대전	98	99	84	99	95	94	100	100	100	100
울산	58	−10	29	5	83	97	100	98	98	100
경기	53	45	82	89	80	27	64	72	72	98
강원	88	−55	8	80	82	93	96	93	93	99
충북	59	65	75	76	78	63	80	85	85	88
충남	100	83	59	87	95	84	89	82	82	100
전북	97	−175	61	78	80	75	76	92	92	100
전남	43	53	48	54	57	86	83	83	83	74
경북	71	52	66	62	67	64	68	90	90	91
경남	61	46	47	35	53	72	70	86	86	97
제주	39	51	33	10	−23	96	59	71	71	100

이와 같은 지방자치단체에 대한 관계당국의 원인규명과 함께 대책이 필요하다.

대체적으로 2005년을 기점으로 하여 확보율이 하락하고 있다. 이는 최근 들어 재난관리기금의 적정한 활용에 대한 요구가 반영된 것으로 판단되지만 충분한 활용과 적립이 동시에 병행되어야 할 것이다. 그리고 기금활용도 측면에서 보면 일부 자치단체를 제외하고는 효과적으로 활용하고 있다고 보기에는 어렵다. 높은 적립률을 유지하는 지역에 있어서도 기금활용도가 낮아 기금의 적립 자체에 목적을 두고 있다는 평가를 면치 못할 것이다. 적정한 적립과 함께 재난예방을 위하여 효과적으로 활용하고자 하는 것이 기금의 본래 취지라는 점을 충분히 인식하고 있지 못하다.

특히 대구, 광주 및 울산의 경우 다른 자치단체보다 낮은 확보율을 나타내고 있다. 10년 평균을 보아도 그렇다. 그런데 박기춘(2007)에 의하여 조사된 최근 이들 지역의 지난 3년간 피해 및 복구내역을 보면, 대구가 735억원의 피해에 1,124억원의 복구비가 들었고, 광주가 416억의 피해에 626억원의 복구비가 들었으며, 울산은 1,387억원의 피해에 1,650억원의 복구비가 들었다는 것이다(2007, 국정감사). 따라서 이들 지역에 대한 재난관리에 대한 각별한 주의가 요망되고 있으며, 재난관리기금 등을 충분히 활용할 수 있도록 하기 위한 기금 적립에 대한 독려와 대책이 마련되어야 한다.

한편 <표 10-3>은 지난 10년간 실제 확보 금액에서 당해년도 집행액을 차감한 잔액비중을 나타낸 표이다. 차감한 잔액은 다음 연도에 활용할 수 있는 금액이다. 1997년 이후 평균적인 추세는 다음 연도 사용가능액 규모가 낮아지고 있다. 이것은 다음과 같은 이유에서이다. 첫째, 범정부적으로 2003년 이후 재난관리에 각별한 관심을 기울인데 따른 것이다. 2003년 대구 지하철 참사 이후 자연재난뿐만 아니라 인적 재난에 관한 대대적인 환경개선을 추진한 결과로 추정된다. 둘째, 이와 함께 재난관리기금의 활용도를 높일 것을 요구받은 결과라 할 수 있다. 대체적으로 재난관리기금은 적립되어 있으나, 각종 재난의 발생이 크게 감소하지 않고 있다는 평가들이 있었고, 이에 따라 재난관리기금의 활용도 제고가 논점으로 부각되었기 때문일 것이다.

다른 한편으로는 확보금액 대비 실제가용금액의 비중이 낮다는 것은 그만큼 재난관리기금을 활용하고 있다고 할 수 있겠다. 실제 활용 가능한 규모 측면에서 살펴보면 부산 19%, 서울 28%, 제주 39%, 전남 43%, 경기 53%, 울산 58% 등으로 낮게 나타난다. 이렇듯 활용을 충분히 하

▶ 표 10-4 ◀ 2006재난관리기금 운용현황 (단위: 천만원)

시·도	법정 적립액 (A)	기금운용					
		확보액				사용액 (E)	잔 액 (B−E)
		계 (B=C+D)	원금 (C)	확보율 (%)	이자수입 (D)		
계	263,182	205,892	199,105	75.7	6,787	104,156	101,736
서울	77,872	77,872	77,872	100.0	–	55,912	21,960
부산	16,924	18,177	16,292	96.3	1,885	14,779	3,398
대구	10,970	5,483	4,781	43.6	702	12	5,471
인천	12,334	3,471	3,471	28.1	–	348	3,123
광주	5,440	1,020	1,020	18.8	–	275	745
대전	7,024	4,864	4,800	68.3	64	93	4,771
울산	5,638	1,584	1,584	28.1	–	663	921
경기	65,214	33,260	32,480	49.8	780	15,495	17,765
강원	6,226	6,952	6,081	97.7	871	864	6,088
충북	5,930	5,921	5,921	99.8	–	2,420	3,501
충남	8,974	7,283	7,283	81.2	–	–	7,283
전북	7,294	7,650	7,314	100.3	336	202	7,448
전남	6,367	6,693	6,562	103.1	131	3,814	2,879
경북	10,247	11,842	10,196	99.5	1,646	3,489	8,353
경남	13,704	12,151	12,151	88.7	–	4,772	· 7,379
제주	3,024	1,669	1,297	42.9	372	1,018	651

자료: 소방방재청, 2007 국정감사 자료, 윤호중·홍미영 의원실.

고 있다는 기준을 어떻게 설정해야 하는 것이 타당할지는 그 기준이 없으나, 임의로 60%를 기준한다면 이 기준을 상회하는 지자체가 2006년 기준으로 하면 9개 지역이다. 문제는 법정확보율도 채우지 못하고, 확보율도 낮은 반면 실제 사용가능 금액 규모도 낮은 지자체가 문제라고 할 수 있다.

<표 10-3>부터 <표 10-13>까지는 2006년 이전의 각 연도 광역자치

▶ 표 10-5 ◀ **2005재난관리기금 운용 현황** (단위: 천만원)

시·도	법정 적립액 (A)	기금운용						
		확보액				사용액 (E)	잔 액 (B−E)
		계 (B=C+D)	원금 (C)	확보율 (%)	이자수입 (D)		
계	247,178	247,219	198,404	80.3	48,815	118,820	128,399
서울	72,992	97,600	72,992	100.0	24,608	22,814	74,786
부산	16,924	18,628	16,292	96.3	2,336	14,779	3,849
대구	10,189	3,979	2,893	28.4	1,086	182	3,797
인천	14,634	10,125	9,443	64.5	682	6,653	3,472
광주	5,134	1,816	1,305	25.4	511	646	1,170
대전	6,509	5,239	4,322	66.4	917	39	5,200
울산	5,018	1,412	964	19.2	448	1,558	−146
경기	60,535	46,461	37,504	62.0	8,957	25,699	20,762
강원	5,611	6,910	5,644	100.6	1,266	10,725	−3,815
충북	4,669	5,457	4,669	100.0	788	1,903	3,554
충남	8,579	9,520	8,562	99.8	958	1,629	7,891
전북	5,520	5,407	4,504	81.6	903	14,857	−9,450
전남	5,998	7,899	5,918	98.7	1,981	3,724	4,175
경북	9,486	10,904	9,485	100.0	1,419	5,264	5,640
경남	12,523	13,005	11,407	91.1	1,598	6,959	6,046
제주	2,857	2,857	2,500	87.5	357	1,389	1,468

자료: 소방방재청, 2007 국정감사 자료, 아래의 표는 모두 같다.

단체의 재난관리기금 운용현황이다. 각 연도의 특징을 간략하게 살펴보면, 2006년 재난관리기금 운용현황에서는 확보액 기준으로 광주 102억원인 반면, 서울은 7,787억원으로 무려 76배나 차이가 난다. 잔액 기준으로는 제주도가 65억원, 서울이 2,196억원으로 33배이다. 사용액기준으로 보면 충남 지역은 전혀 사용하지 않은 반면 서울은 5,591억원을 사용하였다. 물론 2007년도 국정감사를 대비하여 제출한 자료라는 점에서

▶ 표 10-6 ◀ 2004재난관리기금 운용현황 (단위: 천만원)

시·도	법정 적립액 (A)	기금운용					
		확보액				사용액 (E)	잔 액 (B-E)
		계 (B=C+D)	원금 (C)	확보율 (%)	이자수입 (D)		
계	215,211	237,056	209,167	97.2	27,889	87,024	150,032
서울	65,089	72,306	65,094	100.0	7,212	34,710	37,596
부산	14,111	16,626	14,072	99.7	2,554	8,429	8,197
대구	9,017	5,036	4,392	48.7	644	827	4,209
인천	10,542	11,560	10,542	100.0	1,018	541	11,019
광주	4,664	3,875	3,370	72.3	505	0	3,875
대전	5,748	6,182	5,603	97.5	579	966	5,216
울산	4,458	1,591	927	20.8	664	1,127	464
경기	52,373	59,061	52,705	100.6	6,356	10,784	48,277
강원	5,053	6,433	5,133	101.6	1,300	5,905	528
충북	4,762	5,736	4,966	104.3	770	1,426	4,310
충남	6,322	7,208	6,322	100.0	886	2,923	4,285
전북	5,014	6,956	5,826	116.2	1,130	2,734	4,222
전남	5,574	6,422	5,760	103.3	662	3,343	3,079
경북	8,980	10,559	9,104	101.4	1,455	3,572	6,987
경남	10,982	14,434	12,715	115.8	1,719	7,679	6,755
제주	2,522	3,071	2,636	104.5	435	2,058	1,013

최종집계가 아닐 수 있지만 그러나 2006년 12월 기준으로 작성한 것을 보면 정확한 것으로 보아야 한다. 아울러 이전의 모든 자료에서는 서울특별시를 논외로 하여야 할 것으로 본다. 인구도 많고, 지방세 중 보통세 수입도 월등히 높기 때문에 재난관리기금의 적립 규모와 비율이 클 수밖에 없다. 다만 서울시의 구체적인 사용용도를 파악해야 할 과제가 남는다.

▶ 표 10-7 ◀ 2003재난관리기금 운용현황 (단위: 천만원)

시·도	법정 적립액(A)	기금운용					
		확보액				사용액 (E)	잔 액 (B-E)
		계 (B=C+D)	원금 (C)	확보율 (%)	이자수입 (D)		
계	187,693	214,735	182,574	97.3	32,161	67,118	147,617
서울	56,360	63,732	56,365	100.0	7,367	27,810	35,922
부산	12,619	15,265	12,548	99.4	2,717	9,268	5,997
대구	8,751	5,653	5,170	59.1	483	362	5,291
인천	9,029	10,065	9,041	100.1	1,024	50	10,015
광주	4,188	1,647	1,426	34.0	221	66	1,581
대전	5,054	5,725	5,061	100.1	664	49	5,676
울산	3,806	1,638	923	24.3	715	1,553	85
경기	42,711	55,548	45,299	106.1	10,249	6,211	49,337
강원	4,558	6,115	4,838	106.1	1,277	1,201	4,914
충북	4,286	5,123	4,359	101.7	764	1,236	3,887
충남	5,802	6,752	5,802	100.0	950	860	5,892
전북	4,943	6,216	5,083	102.8	1,133	1,344	4,872
전남	5,106	6,439	5,152	100.9	1,287	2,934	3,505
경북	8,559	9,951	8,660	101.2	1,291	3,827	6,124
경남	9,702	12,317	10,603	109.3	1,714	8,041	4,276
제주	2,219	2,549	2,244	101.1	305	2,306	243

▶ 표 10-8 ◀ 2002재난관리기금 운용현황 (단위: 천만원)

시·도	법정 적립액(A)	기금운용					
		확보액				사용액 (E)	잔 액 (B-E)
		계 (B=C+D)	원금 (C)	확보율 (%)	이자수입 (D)		
계	173,481	196,580	172,243	99.3	24,337	60,304	136,276
서울	49,936	55,420	49,946	100.0	5,474	27,790	27,630
부산	15,783	21,689	18,200	115.3	3,489	4,718	16,971

대구	8,574	6,700	6,138	71.6	562	1,037	5,663
인천	8,205	10,608	9,193	112.0	1,415	277	10,331
광주	4,031	3,314	2,505	62.1	809	142	3,172
대전	4,526	5,373	4,823	106.6	550	288	5,085
울산	3,727	1,689	901	24.2	788	283	1,406
경기	36,420	40,787	37,020	101.6	3,767	8,333	32,454
강원	4,343	5,521	4,379	100.8	1,142	969	4,552
충북	3,978	4,964	4,122	103.6	842	1,090	3,874
충남	5,338	6,228	5,397	101.1	831	338	5,890
전북	4,695	5,667	4,696	100.0	971	1,137	4,530
전남	4,905	5,515	4,933	100.6	582	2,360	3,155
경북	7,927	9,165	8,153	102.9	1,012	3,057	6,108
경남	9,093	11,441	9,837	108.2	1,604	5,408	6,033
제주	2,000	2,499	2,000	100.0	499	3,077	-578

표 10-9 2001재난관리기금 운용현황 (단위: 천만원)

시·도	법정 적립액(A)	기금운용					
		확보액				사용액 (E)	잔 액 (B-E)
		계 (B=C+D)	원금 (C)	확보율 (%)	이자수입 (D)		
계	163,845	196,201	165,890	101.2	30,311	125,333	70,868
서울	47,291	54,196	47,295	100.0	6,901	71,828	-17,632
부산	12,373	15,409	12,263	99.1	3,146	4,746	10,663
대구	8,469	5,874	5,575	65.8	299	1,260	4,614
인천	8,012	4,145	3,432	42.8	713	144	4,001
광주	4,036	1,962	1,751	43.4	211	424	1,538
대전	4,320	4,844	4,381	101.4	463	311	4,533
울산	3,540	4,515	3,540	100.0	975	116	4,399
경기	34,281	44,053	33,473	97.6	10,580	32,159	11,894
강원	4,472	6,063	4,768	106.6	1,295	412	5,651
충북	3,924	4,838	4,119	105.0	719	1,802	3,036

충남	5,445	6,259	5,495	100.9	764	1,002	5,257
전북	4,453	5,556	4,454	100.0	1,102	1,406	4,150
전남	4,651	8,652	8,047	173.0	605	1,195	7,457
경북	7,810	8,887	7,990	102.2	897	3,229	5,658
경남	8,879	18,676	17,427	196.3	1,249	5,200	13,476
제주	1,880	2,272	1,880	100.0	392	99	2,173

▶ 표 10-10 ◀ **2000재난관리기금 운용현황** (단위: 천만원)

시·도	법정적립액(A)	기금운용					
		확보액				사용액(E)	잔 액(B−E)
		계(B=C+D)	원금(C)	확보율(%)	이자수입(D)		
계	162,992	182,026	161,167	98.9	20,859	45,488	136,538
서울	45,261	52,062	45,459	100.4	6,603	12,307	39,755
부산	13,391	14,016	13,380	99.9	636	4,393	9,623
대구	8,234	4,713	4,425	53.7	288	2,177	2,536
인천	7,962	8,377	8,135	102.2	242	136	8,241
광주	3,999	3,517	3,082	77.1	435	290	3,227
대전	4,218	4,439	4,142	98.2	297	0	4,439
울산	3,112	3,562	3,112	100.0	450	4	3,558
경기	33,299	39,878	33,524	100.7	6,354	14,398	25,480
강원	4,520	5,212	4,508	99.7	704	227	4,985
충북	3,951	4,941	4,058	102.7	883	985	3,956
충남	5,118	5,908	5,280	103.2	628	668	5,240
전북	6,571	7,918	7,249	110.3	669	1,914	6,004
전남	4,618	5,260	4,641	100.5	619	875	4,385
경북	7,958	9,328	8,693	109.2	635	2,958	6,370
경남	9,006	10,441	9,405	104.4	1,036	3,151	7,290
제주	1,774	2,454	2,074	116.9	380	1,005	1,449

▶ 표 10-11 ◀ 1999재난관리기금 운용현황

(단위: 천만원)

시·도	법정 적립액(A)	기금운용					
		확보액				사용액 (E)	잔 액 (B−E)
		계 (B=C+D)	원금 (C)	확보율 (%)	이자수입 (D)		
계	152,146	138,658	125,379	82.4	13,279	37,876	100,782
서울	43,466	49,993	43,468	100.0	6,525	18,766	31,227
부산	9,363	8,104	7,867	84.0	237	4,359	3,745
대구	8,013	1,595	1,437	17.9	158	128	1,467
인천	7,672	2,860	2,686	35.0	174	30	2,830
광주	3,781	1,731	1,650	43.6	81	242	1,489
대전	4,272	1,674	1,524	35.7	150	0	1,674
울산	2,788	3,149	2,800	100.4	349	56	3,093
경기	32,871	35,472	32,619	99.2	2,853	9,799	25,673
강원	4,270	5,023	4,334	101.5	689	333	4,690
충북	3,898	3,462	3,070	78.8	392	524	2,938
충남	4,900	5,021	4,849	99.0	172	888	4,133
전북	4,831	5,050	4,883	101.1	167	391	4,659
전남	4,432	3,339	2,974	67.1	365	553	2,786
경북	7,475	4,871	4,553	60.9	318	498	4,373
경남	8,443	5,559	4,994	59.1	565	802	4,757
제주	1,671	1,755	1,671	100.0	84	507	1,248

▶ 표 10-12 ◀ 1998재난관리기금 운용현황

(단위: 천만원)

시·도	법정 적립액(A)	기금운용					
		확보액				사용액 (E)	잔 액 (B−E)
		계 (B=C+D)	원금 (C)	확보율 (%)	이자수입 (D)		
계	131,639	138,658	125,379	95.2	13,279	37,876	100,782
서울	39,552	49,993	43,468	109.9	6,525	18,766	31,227

부산	7,892	8,104	7,867	99.7	237	4,359	3,745
대구	7,539	1,595	1,437	19.1	158	128	1,467
인천	7,244	2,860	2,686	37.1	174	30	2,830
광주	2,867	1,731	1,650	57.6	81	242	1,489
대전	4,017	1,674	1,524	37.9	150	0	1,674
울산	2,034	3,149	2,800	137.7	349	56	3,093
경기	29,235	35,472	32,619	111.6	2,853	9,799	25,673
강원	3,705	5,023	4,334	117.0	689	333	4,690
충북	3,523	3,462	3,070	87.1	392	524	2,938
충남	4,591	5,021	4,849	105.6	172	888	4,133
전북	3,257	5,050	4,883	149.9	167	391	4,659
전남	4,060	3,339	2,974	73.3	365	553	2,786
경북	3,333	4,871	4,553	136.6	318	498	4,373
경남	7,246	5,559	4,994	68.9	565	802	4,757
제주	1,544	1,755	1,671	108.2	84	507	1,248

▶ **표 10-13** ◀ **1997재난관리기금 운용현황** (단위: 천만원)

시·도	법정적립액(A)	기금운용					
		확보액				사용액(E)	잔 액(B−E)
		계(B=C+D)	원금(C)	확보율(%)	이자수입(D)		
계	86,952	72,362	71,142	81.8	1,220	3,465	68,897
서울	27,662	27,878	27,439	99.2	439	1,239	26,639
부산	2,288	2,235	2,221	97.1	14	94	2,141
대구	5,364	1,303	1,296	24.2	7	221	1,082
인천	4,740	624	584	12.3	40	25	599
광주	2,243	1,203	1,200	53.5	3	30	1,173
대전	2,942	810	754	25.6	56	–	810
울산	1,428	1,462	1,428	100.0	34	–	1,462
경기	19,601	19,160	18,935	96.6	225	469	18,691

강원	2,515	2,596	2,548	101.3	48	25	2,571
충북	2,380	2,471	2,443	102.6	28	288	2,183
충남	2,975	1,637	1,637	55.0	–	–	1,637
전북	1,886	983	978	51.9	5	–	983
전남	2,787	2,858	2,624	94.2	234	737	2,121
경북	2,049	2,306	2,271	110.8	35	211	2,095
경남	5,031	3,761	3,723	74.0	38	126	3,635
제주	1,061	1,075	1,061	100.0	14	–	1,075

이상의 각 연도를 분석하면 확보율이 100%를 넘는 지방자치단체도 있으나 많은 지방자치단체가 그렇지 못하다. 행자부는 이에 대해 기금 확보율을 높이기 위해 국고추가지원 차등 폭의 상향조정을 검토하고, 기금확보율이 낮은 자치단체에 대한 지속적인 행정지도를 강화할 계획이라고 언급하고 있다. 아울러 기금의 적립·운용·관리에 관한 자치단체 의견수렴과 불합리한 제도의 개선을 추진하고 있다(행자부, 2007). 다만, 확보율 못지않게 중요한 것은 예방을 위한 집행 실적이다. 따라서 확보율과 함께 집행내역도 평가하는 시스템이 구축되어야 한다.

각 지방자치단체에 적립되어 있는 법정기금은 충분한 이유없이 활용되지 못한 것으로 알려지고 있다. 그러나 이상에서 살펴본 바와 같이 최근 들어 이러한 추세가 변하고 있음을 확인할 수 있다. 보다 중요한 것은 매 연도에 있어서 각 지방자치단체가 재난관리기금을 어느 정도 집행했는지에 주목하여야 한다. 그동안 기금의 활용도가 낮은 이유로는, 첫째, 예방사업이라는 범위가 넓고 구체적으로 규정이 되지 않았기 때문이다. 예컨대 학술조사 및 연구도 예방일 수 있고, 재난구호 및 재난 관련 자원봉사들의 2차 피해를 최소화하기 위한 교육도 예방일 수 있으며, 현재 형훼(形毁)화 된 민방위교육도 예방교육일 수 있는 한편, 재난구조장비의 일상적인 정비, 하수관 점검, 하천유역 범람 가능성 조사, 인구사회학적으로 보아 계층별 교육, 교재발간, 위급시 대피훈련 등 예방의 범위가 매우 넓다. 따라서 관계법령에 따라 예방에 집중하고자 하여도 어느 것을 예방으로 할 것인지가 불분명해지면서 지자체의 공무원으로서는 법령을 살피기에 급급하여 예방 시기를 놓치거나 자의적인 해석을 할 수밖에 없는 여지가 남아 있다.

둘째, 재난관리기금의 비축이 어느 정도 달성되더라도 재정자립도가 열악한 지방자치단체에서는 우발적으로 발생하는 재난에 대비하여 기금을 추가적으로 적립할 유인이 떨어진다는 것이다. 그리고 무엇보다 재난이 발생하게 되면 그 규모가 큰 경우 특별재해지구로 선포되어 중앙 차원의 지원이 집중되므로 굳이 예방에 진력할 유인이 없다는 점이다.

한편, 기금운용 중에 특별히 이자수입에 대해서 2005년도를 기준으로 살펴보자. 2005년 말 전국 지방자치단체의 기금운용 이자수익률은 연평균 최고 3.87%에서 최저 0.6%로 그 차이가 6.45배나 차이가 난다. 그리고 전체 재난관리기금의 연평균 수익률은 1.88%이다. 2007년 6월 현재 이자수익률 평균은 1.26%, 최고 1.89%, 최저 0.91%이다. 금융기관 대출평균이자율은 2007년 6월 말 기준으로 7.13%(금융감독원, 2007.9.10)이며, 주요 은행 예금(6개월 목돈 운용의 경우)금리는 지방은행을 포함하여 16개의 금융기관 이자율은 4.94%이다. 이렇게 보면 재난관리기금의 이자율은 무려 3.9배 정도 낮게 운용되고 있는 것으로 볼 수 있다. 금융기관마다 이자율을 선정하는 데 있어서 차이가 있을 수 있지만, 지역 금융기관마다 큰 차이가 나는 것은 문제가 있다. 국민의 세금을 운용하는데 있어서 정기예금의 이자율보다 현저히 낮다는 것은 기금관리 운용주체의 관리 소홀이라 할 수 있으며, 금융기관의 배만 불리고 있는 것은 아닌지 따져 보아야 하는 것은 물론 운용관리 주체는 기금관리에 있어서 신중한 자세를 취해야 한다.

아울러 지방자치단체의 재난관리기금의 전용이 문제이기도 하다. 다음은 인천시와 경기도의 재난관리기금 전용을 문제삼은 기사이다.

> ① 인천의 경우, 인천시의회 기획행정위원회는 재난관리기금을 지하차도나 고가교 보수 · 보강 공사비로 전용해 집행하고 있다며 문제를 제기함으로써 논란이 일고 있다. 기획행정위에 따르면 작년에 재난관리기금 58억9천여만원을 동구 지하차도 보수공사, 월미 공원 사방공사, 부안고가교 보수공사 등 18곳에 전용해 썼다는 것이다. 종합건설 본부가 예산을 확보해 공사를 집행해야 함에도 재난관리기금에서 빼내 공사비에 충당했다니 실로 어처구니 없는 일이 아닐 수 없다.(중략) 인천시의 경우도 작년까지 적립된 재난관리기금은 442억2천5백만원으로 법정적립액의 68.8% 수준에 불과하다. 그럼에도 불구하고 재난관리기금을 다른 용도로 전용하는 것은 무책임하기 그지없다(인천신문, 2006.1.27).
>
> ② 경기도 내 9개 시군이 재난관리기금을 재난담당 공무원의 해외연수 비용으로 사용한 것으로 드러났다. 감사원은 홈 페이지를 통해 공개한 경기도에 대한 기관운영 감사결과에서 이같이 지적하고 주의를 촉구했다. 감사원에 따르면 경기도는 재난관리기금을 재난대비 피해시설의 정비와 복구 등에만 사용하도록 한 규정을 어기고, 2005년도 자연재해대책 분야 평가에서 우수기관으로 선정된 9개 시 · 군 공무원 40명의 국외연수비를 시상금에서 사용할 수 있도록 허가했다(연합뉴스, 2007.10.31).

요약하면 위에 언급한 공사들은 일반예산으로 충당해야 하는 것에 재난관리기금을 활용했다는 것으로서 지방자치단체에서 발생하고 있는 기금전용의 대표적인 예가 된다. 따라서 기금전용에 대한 전반적인 조사도 필요하다고 보겠다. 또 다른 사례는 기금을 시상금으로 활용하여 관계공무원의 해외연수경비에 활용했다는 것이다. 이러한 사례는 지방자치단체의 상황을 감안하면 충분히 가능한 일이라고 볼 수 있고 또한 다른 자치단체에서도 적지않게 발생할 수 있을 것으로 예측할 수 있으므로 이에 대한 관리도 필요하다. 전용을 방지하기 위한 사후처벌도 강화해야겠지만 보다 더 중요한 것은 앞서 언급한 관리기금 시행규칙의 세부적인 지침마련이 필요하다.

연구용역 사업도 광의의 예방사업이다. 여기서 중요한 것은 어떤 예방사업이라 할지라도 일상적이고 상식적인 수준의 예방이 아니라면 사안에 대해서는 충분한 검토와 연구가 필요하다. 즉, 연구용역이라는 의미가 학술적인 연구용역이 아닌 현장을 중심으로 그곳을 조사하고 모의실험(simulation) 등의 결과를 토대로 다음 단계인 시행에 돌입해야 함에도 불구하고, 각 지방자치단체의 내용을 분석한 결과에 의하면 사안에 대한 연구보다는 시행과 시공에 주력하고 있다. 그러므로 주먹구구식 복구가 되고 부실한 설계가 되며 결국 재난은 반복될 수 없다. 따라서 사안에 대한 철저한 연구가 선행되어야 한다.

또한 지역 현장에서 이루어지고 있는 담당공무원의 업무 및 재난예산, 그리고 재난관리기금에 대한 인식수준을 확인해 보면, 지방자치단체 장들의 인식수준에서 큰 결함이 발견되고 있다. 다음은 관계공무원들의 증언이다.

> ① 실질적으로 지방자치단체 장의 관심도가 부족하다. 예산편성에 있어서도 예산편성 지침서상에 발생하든지간에 이것의 재난관리예산의 구성비를 집어넣어야 한다. 그래야 장들이 관심을 가진다. 민선자치시대에 주민행사에 예산치중이 많다. 재난은 후순위이다. 추경예산의 경우 추경 자체에 반영되지 않는다. 항목별로 추경예산도 거의 (위에서) 내려온다. (추경을) 올려봤자 검토대상도 안된다. 전기 예산편성상 재난관련 10% 정도까지는 올려야 하고 예산편성에 집어넣어야 한다.(중략) (사업에 있어서도) 지금 배수펌프장 사업 하고 있는데 사업비를 5년간 나누어 주는데 이런 사업이 정상적으로 추진되는 걸 기대하기 어렵다. (그리고) 재해관련 사업비는 당해 연도에 단기적으로 끝낼 수 있도록 해야 한다.(중략) 또 자원봉사이기 때문에 지원할 수 있는 예산이 빈약한 문제가 있다. 시에서는 재난관련기금을 가지고 교통비, 식비 등을 지급하고 있으나 방재단의 의지가 있어 그나마 도움이 되고 있다(재난관리 현장토론회, 2008.8.1).

② 태풍나면 시설물 피해가 발생한다. (정부는) 예비비나 기금을 활용하고자 한다.(중략) 국가적인 제도개선이 있었으면 좋겠다. 안타까운 것은 수해가 발생하고, 최종 국무회의 심의까지 (단계를 거치다보면) 빨라야 12월에 결정이 난다. 그러면 3월에 공사를 하게 되고 공사하다 보면 또 다시 수해가 발생한다. 이것은 시공회사 먹여 살리는 것이다. 미국은 건설담당 공무원이 현장에 가서 집행하는데 우리는 직급별로 금액이 다르다. 미리 자치단체 자체적으로 선 처리하면 좋겠다. 피해액에 도달하지 못하면 (중앙)지원 규모에서 %가 깍여서 내려오고, 그러면 공사를 하고 싶어도 못하는 것이 현실이다. 이것은 주민참여 예산제도 등과 얽혀 있으나 도에서 일률적으로 정하지 말고 자치단체별로 자율성이 있어야 한다(재난관리 현장토론회, 2008.8.1).

아울러 복구공사에 대한 시기지연의 애로점을 언급하고 있으며, 기초자치단체에 대한 예산집행의 자율성을 달라는 것이라고 볼 수 있다. 이에 대해서 상급기관의 담당자는 기금의 사용은 "노후교량 안전진단결과, 응급복구비, 배수 전동화 사업, 하천 퇴적 준설 정비 사업 등에 하고 있으며, 특히 기금은 재난관련 직접관련 시설에 국한 사용되어야 한다."고 한다.

2) 재난관리기금의 집행내역과 분석

재난관리기금은 이제까지 법정 적립액 대비 확보율에 대한 분석에 초점을 맞추어 왔다. 따라서 적립률이 낮은데 대한 지방자치단체의 무성의함을 질타해 온 바 있다. 그리고 앞에서 살펴본 것처럼 재난관리기금의 활용도가 매우 낮다는 비판이 주를 이루어 왔다. 그러나 왜 활용도가 낮은지에 대해서는 심도 있는 논의가 이루어지지 못했다. 여기서는 재난 및 안전관리 기본법 시행령 제74조 각호와 관련하여 구체적으로 사용내역을 분석해 보고자 한다. 이를 통해 재난관리기금이 어느 항목에 활용되고 있는지? 그리고 어느 항목으로 활용되어야 근원적인 예방에 더 근접할 수 있는지를 생각해 볼 수 있을 것이다.

오금호(2007)는 "기금 활용도를 모색하다 보면 일반예산으로 추진될

부분까지도 기금으로 활용할 수 있는 우려가 있다"는 점을 강조하고 있다. 그럼에도 불구하고 기금의 본래 의미를 돌이켜 보면 기금은 예산의 경직성을 보완하는 성격도 있다. 재난예방에 대해서는 본 예산을 통해 하는 것이 원칙일 것이다. 현재 활용도를 보면 기금이 효과적으로 사용되고 있다고 보기는 어렵다. 특히 일반예산으로 다루어야 할 것이 분명함에도 예산제약에 따라 실행하고 있지 못할 때, 이러한 상황을 방치하고 있다는 것은 더 큰 재난피해를 불러 올 수 있으므로 기금 활용의 중요성이 더욱 강조되고 있다.

<표 10-14>는 2001년부터 6년간 2005년도 집행내역을 종합한 것이다. 여기서 시행령 제74조 각항 각호를 다시 한 번 보자.

▶ 표 10-14 ◀ 연도별 용도별 사용내역 현황 (단위: 천만원)

구 분	사용액 (B)	용도별(재난및안전관리기본법 시행령 제74조 관련)								
		제1항 1호	제1항 2호	제1항 3호	제1항 4호	제1항 5호	제1항 6호	제1항 7호	제2항	기타
2001	98,726	93,190	1,267	503	2,815	0	0	933	0	18
2002	39,805	34,757	298	2,090	2,026	0	0	434	0	200
2003	43,777	36,452	3,054	534	3,128	0	0	599	0	10
2004	60,434	48,044	7,305	1,233	2,984	0	0	500	0	368
2005	77,359	47,372	892	11,430	7,680	0	0	9,520	189	276
2006	84,885	67,673	1,618	177	5,134	0	0	10,200	36	47

제①항

1. 재난사전대비 점검결과 시급히 보수·정비를 요하는 사업

2. 재난예방이나 경감을 위하여 필요한 연구용역 사업

3. 제32조제2항의 규정에 의한 시설[6](지방자치단체가 소유 또는 관리하는 것에 한한다)의 안전진단 및 보수·보강사업

6) 특정관리대상시설

4. 재난피해시설의 응급복구 및 응급조치

5. 재난원인분석 및 침수흔적조사, 침수흔적도 작성·보존 등의 사업

6. 법 제40조 내지 법 제42조의 규정에 의한 대피 또는 퇴거명령을 이행하는 주민에 대한 임대주택으로의 이주지원 및 주택임차비용 융자

7. 그 밖에 행정자치부령이 정하는 재난관리에 필요한 사업[7)]

제②항 제1항제6호의 규정에 의한 이주지원 및 주택임차비용 융자에 필요한 사항은 당해 지방자치단체의 조례로 정한다.

먼저 분석기간 동안 우리나라는 제1조 5호와 6호의 집행은 전혀 이루어지지 못했다. 먼저 5호와 관련하여 재난이 반복적으로 발생하고 있음에도 불구하고 재난원인분석에 대한 충분한 조사와 연구가 이루어지지 못했음을 보여주는 근거이다. 따라서 재난의 재발방지를 위한 체계적인 조치가 취해질 수 없음은 물론이다. 단지 기상이변에 따라 발생할 뿐이라고 결론지을 수밖에 없는 현실인 것이다. 아울러 침수흔적도 작성과 보존이 모두 완료되었는지 확인할 수 없다. 설령 완성되었다 하더라도 대규모화되어 가는 수해에 대비해서 일간 강수량의 기준을 확대해서 작성할 필요가 있다. 이는 미래에 다가올 예견되는 재난의 피해를 최소화

---

7) 【시행규칙】

제20조(재난관리기금의 용도) 영 제74조제1항 제7호에서 "행정자치부령이 정하는 재난관리에 필요한 사업"이라 함은 다음 각호의 1에 해당하는 사업을 말한다.

1. 소하천 및 하천시설 중 제방·수문·배수관·유수지 및 수위 관측시설 등의 정비사업
2. 하수도시설(하수종말처리장을 제외한다)중 배수펌프장 및 하수관거의 정비사업
3. 농업생산기반시설중 배수장, 보, 용수로·배수로 및 방조제의 정비사업
4. 영 제32조제2항 각호의 규정에 의한 시설로서 지방자치단체가 관리하는 시설의 정비사업
5. 특별시·광역시·도 또는 시·군·구의 조례로 정하는 재난의 예방사업
6. 설해대비 제설용 자재구입
7. 긴급구조에 필요한 특수장비의 구입
8. 상습가뭄재해지역의 임시 용수확보대책사업

하는 가장 기본적인 조치라 할 수 있다.

다음으로는 제6호와 제②항이다. 재난발생시 인명피해를 최소화할 수 있는 조치로 볼 수 있는 대피 또는 퇴거명령 이행에 대한 이주지원도 전혀 이루어지지 못하고 있다. 상습적으로 발생하는 피해 지역은 하천공사와 함께 예상되는 피해 지역의 마을과 주민을 안전지대로 대피시키는 것이 필요하다. 물론 주민들의 입장에서는 그곳을 떠나 다른 마을로 이주를 하는 것이 쉽지 않겠지만 국가 차원에서 강제할 필요가 있고, 이와 관련해서는 충분한 지원이 있어야 한다. 따라서 가장 취약 지역부터 선정하여 순차적인 이주정책이 시급히 마련되어야 한다. 이렇게 된다면 기금의 활용도를 제고할 수 있음은 물론 재난으로부터의 인명피해도 최소화할 수 있을 것이다. 2005년과 2006년에 비로소 지방자치단체 조례에 의해 극히 일부가 시행되고 있음을 볼 수 있다.

그리고 제4호의 규정은 광의의 예방적 차원일 수 있지만 엄밀히 보면 재난발생시 피해시설에 대한 응급복구 및 조치라는 점에서 다소 차이가 있다. 2001년부터 각 연도별로 전체 사용액 중 비중을 보면 2.85%, 5.08%, 7.14%, 4.93%, 9.92%, 6.04%이다. 높은 비율은 아니지만 이 항목의 비용은 일반예산으로 투입하는 것이 타당하다. 긴급하게 사용될 경우 일정한 정도의 예산을 전용할 수 있도록 함으로써 목적을 달성할 수 있으며, 기금의 사용 후에는 반드시 보전하도록 하는 제도를 강구하면 될 것이고, 무엇보다도 재난피해시설의 응급복구 및 응급조치에 대한 활용액을 보다 더 근본적인 예방대책에 활용할 수 있을 것이다.

제1항 제3호 특정관리대상시설에 대한 안전진단 및 보수보강사업이다. 2001년부터 각 연도의 집행비중은 0.50%, 5.25%, 1.21%, 2.04%, 14.77%, 0.20%이다. 전체 집행액의 몇 %를 활용해야 하는지 기준은 없다. 그러나 사전적으로 안전진단 및 보수보강은 상식적으로 충분히 이루어져야 한다. 재난피해의 약 70%가 지방관리 시설에서 발생하고 있

다는 점을 보면 그 원인을 여기서 찾을 수 있다.

제1항 제2호는 재난예방이나 경감을 위하여 필요한 연구용역 사업에 투입한 항목이다. 복구공사를 하더라도 충분한 분석이 뒷받침된 이후에 이루어져야 하는 것이 기본이다. 분석기간인 2001년부터 2006년까지의 연구용역에 투입된 재원의 비율은 1.28%, 0.74%, 6.97%, 12.08%, 1.15%, 1.90%로서 평균적으로 예방사업에 직결되는 항목 가운데 가장 낮은 투입을 나타내고 있다. 이는 예방사업을 충분히 하고 있다고 볼 수 없을 것이다. 어느 경우든 사안에 대한 원인분석과 대안을 마련하고자 한다면 어느 정도의 기간이 소요되더라도 이 과정을 통해 보다 더 근본적인 재발방지책을 마련하여야 한다. 충분한 조사와 연구가 없이는 사상누각이 될 수밖에 없으며 임시방편의 대책일 뿐이다. 따라서 재난 피해가 커질 뿐만 아니라 예산 낭비를 초래할 수밖에 없을 것이다. 이는 사전 보수정비와도 연관이 되어 있다. 관계 공무원이 점검을 한 후 약간의 위험이 발생할 우려가 있다고 판단되는 지역에 대해서 충분한 공학적·환경적 검토없이 임기응변으로 공사를 발주하는 경우가 비일비재하여 결국 제1호에서의 보수정비에 대부분의 기금이 활용되고 있다. 특히 위험한 곳을 판단하고 보수공사를 결정하는 과정에서 그 기준이 모호하다. 예컨대 축대라고 한다면 건축 및 토목공학자의 보수의견이 제시되어야 하지만 그렇지 못하고 있는 실정이다. 이러한 예는 지방하천의 점검에서도 위험 지역 설정에서도 흔히 나타나고 있다. 소위 땜질식 예방이 될 수밖에 없는 이유가 여기서 발견된다. 결과적으로 2001년 이후 매년 재난관리기금 사용처는 이 부분에 투입되었다. 즉, 2001년 94.37%, 87.31%, 83.26%, 79.49%, 61.23%, 79.72%이다. 피해를 최소화하기 위한 사전적인 조치들이 없는 가운데 시급함만을 평가하여 비용을 투입하는 방식은 재고해야 한다.

한편 미국의 사례와 비교해 보면 다음과 같다. 먼저 위험경감 이주 지원 프로그램(Hazard Mitigation Grant Program)이다. 위금숙(2005)에 의하면 홍수 지역에 위치한 주택 소유자와 기업에게는 안전한 지역으로 집이나 사업장을 옮기거나 건물의 고도를 높이도록 재정적으로 지원하는 프로그램으로서 매우 현실적이고 구체적이다. 즉, 집 소유자나 기업이 자산 매각시 부동산의 시세에 따라 그 가격이 결정되면, 부수적으로 들어가는 비용(변호사 비용, 조사비용 등)은 지방정부가 부담하도록 되어 있다. 또 범람으로부터 안전하도록 건축물 자체의 고도를 높이는 데 따른 비용도 지원하도록 되어 있다. 이렇게 소요되는 비용의 75%를 FEMA가 지원하고 있다는 점에 비추어 볼 때, 우리나라의 법 제74조 제1항 제5호 및 제6호의 역할이 무용지물인 셈이다.

또한, 지역사회 안전을 위한 재해경감 인프라사업 추진에 있어서도 재난경감법(Disaster Mitigation Act)에 의거하여 지방정부에게 국토안보부(DHS) 기금인 국가재난경감기금(National Predisaster Mitigation Fund)을 사용하여 재난지도 작성 등 재난 전 위험 경감프로그램을 수립토록 권고하고 있다. 이 외에도 재난지도, 즉 자연재난(태풍, 호우, 지진 등)와 위험물질(독극물, 화학, 방사능 등)에 의한 피해가능 지역의 지도를 작성 유지 보수하고 있다. 아울러 홍수지도(Flood Map)는 매년 FEMA가 IT예산의 많은 부분을 투자하여 유지 보수되는 디지털맵으로서 미국 전역의 강, 범람원 등의 데이터와 토양정보, 지질정보, 다년간의 강수정보들을 보유하여, 강수량에 따라 범람원이 거주 지역이나 사업지구로 범람되는 시간을 산출 가능하게 설계되어 주정부나 지방정부의 홍수재난 대비계획에 지대한 도움을 주고 있다는 것이다.

<표 10-15>부터는 6개년간의 각 광역자치단체의 용도별 재난관리기금의 사용내역을 제시했다. 어떤 지역은 관리기금을 전혀 활용하지 않은 곳도 관찰된다. 이는 점검결과 예방 차원의 조치를 취할 지역이 없다고 판단할 수 있겠지만, 그러나 좀더 세밀하게 관측하지 못한 행정기관

의 미흡함도 함께 나타난다.

▶ 표 10-15 ◀ 2001년 용도별 사용내역 현황 (단위: 천만원)

구 분	사용액	용도별(재난및안전관리기본법 시행령 제74조 관련)								
		제1항 1호	제1항 2호	제1항 3호	제1항 4호	제1항 5호	제1항 6호	제1항 7호	제2항	기타
계	98,726	93,190	1,267	503	2,815	0	0	933	0	18
서울	63,067	60,132	200		2,735					
부산	4,320	3,843		477						
대구	1,139	899	240							
인천	0									
광주	424	398		26						
대전	311	311								
울산	0									
경기	24,321	24,321								
강원	18									18
충북	658							658		
충남	0									
전북	776	776								
전남	665	665								
경북	1,320	965			80			275		
경남	1,707	880	827							
제주	0									

▶ 표 10-16 ◀ 2002년 용도별 사용내역 현황 (단위: 천만원)

구 분	사용액	용도별(재난및안전관리기본법 시행령 제74조 관련)								
		제1항 1호	제1항 2호	제1항 3호	제1항 4호	제1항 5호	제1항 6호	제1항 7호	제2항	기타
계	39,805	34,757	298	2,090	2,026	0	0	434	0	200
서울	24,015	22,031	298		1,686					

부산	4,154	3,782		372						
대구	951	951								
인천	200									200
광주	70			70						
대전	200				200					
울산	0									
경기	3,203	3,203								
강원	0									
충북	434							434		
충남	0									
전북	735	735								
전남	1,427	1,427								
경북	1,068	928			140					
경남	1,648			1,648						
제주	1,700	1,700								

▶ 표 10-17 ◀ 2003년 용도별 사용내역 현황 (단위: 천만원)

구 분	사용액	용도별(재난및안전관리기본법 시행령 제74조 관련)								
		제1항 1호	제1항 2호	제1항 3호	제1항 4호	제1항 5호	제1항 6호	제1항 7호	제2항	기타
계	43,777	36,452	3,054	534	3,128	0	0	599	0	10
서울	23,166	22,229	637		300					
부산	7,834	7,300		534						
대구	10									10
인천	0									
광주	0									
대전	0									
울산	1,029	900	129							
경기	3,202	3,202								
강원	188		188							
충북	400							400		

충남	0									
전북	761	761								
전남	726				726					
경북	1,059	860						199		
경남	4,202		2,100		2,102					
제주	1,200	1,200								

▶ 표 10-18 ◀ 2004년 용도별 사용내역 현황 (단위: 천만원)

구 분	사용액	용도별(재난및안전관리기본법 시행령 제74조 관련)								
		제1항 1호	제1항 2호	제1항 3호	제1항 4호	제1항 5호	제1항 6호	제1항 7호	제2항	기타
계	60,434	48,044	7,305	1,233	2,984	0	0	500	0	368
서울	31,094	29,187	743		1,164					
부산	7,105	5,900		1,205						
대구	29									29
인천	339									339
광주	0									
대전	0									
울산	931	687	244							
경기	5,996	5,996								
강원	5,361		5,333	28						
충북	500							500		
충남	2,015	2,015								
전북	761	761								
전남	570				570					
경북	1,200	1,200								
경남	3,283	2,298	985							
제주	1,250				1,250					

▶ 표 10-19 ◀ 2005년 용도별 사용내역 현황

(천만원)

구 분	사용액	용도별(재난및안전관리기본법 시행령 제74조 관련)								
		제1항 1호	제1항 2호	제1항 3호	제1항 4호	제1항 5호	제1항 6호	제1항 7호	제2항	기타
계	77,359	47,372	892	11,430	7,680	0	0	9,520	189	276
서울	18,969	17,802	635		532					
부산	10,610	6,560		2,642				1,408		
대구	150	150								
인천	5,891	741		3,800				1,294		56
광주	300	100						200		
대전	0									
울산	784	615	127						42	
경기	18,647	2,994	44	4,988	4,854			5,767		
강원	8,147	6,947			1,200					
충북	851							851		
충남	0									
전북	6,424	6,424								
전남	2,087	2,087								
경북	1,886	1,800	86							
경남	2,237	1,100			990				147	
제주	376	52			104					220

▶ 표 10-20 ◀ 2006년 용도별 사용내역 현황

(천만원)

구 분	사용액	용도별(재난및안전관리기본법 시행령 제74조 관련)								
		제1항 1호	제1항 2호	제1항 3호	제1항 4호	제1항 5호	제1항 6호	제1항 7호	제2항	기타
계	84,885	67,673	1,618	177	5,134	0	0	10,200	36	47
서울	49,510	44,235	738		4,537					
부산	11,504	11,076			428					
대구	0									

인천	208	140						21		47
광주	265	265								
대전	93	93								
울산	561	561								
경기	13,125	4,815		166				8,144		
강원	854	854								
충북	1,000							1,000		
충남	0									
전북	202	202								
전남	2,186	2,186								
경북	3,443	3,189						254		
경남	916		880						36	
제주	1,018	57		11	169			781		

여기서 중요한 것은 각 사용 항목에 관한 내부 감사가 필요하다는 점이다. 지출 항목에 대한 기초지방자치단체의 정밀한 외부 실사가 이루어 지지 않기 때문에 기금관련 용처를 충분히 파악할 수 없는 맹점이 있다. 이 부분에 대한 외부감사를 실시하여 과연 제대로 된 예방조치들이 취해졌는지를 확인해야 한다. 이는 감사 차원에서 접근해야 한다.

다음으로 특별한 사례를 살펴보자. 광역지자체 산하 A[8] 구(區)의 2006년에 작성된 2007년 재난관리기금 집행계획에 관한 내역이다. 확인한 바에 따르면 다른 기초자치단체도 대동소이하였다.

[설치목적은 자연재난 및 인적재난의 사전예방과 복구사업, 재난위험시설의 보수 보강사업에 관한 지원을 목적으로 하고 있다.

지출계획에서는 장・관・항・목으로 따지면 경제개발비/국토자원보존개발비/치수 및 재해대책비/재해대책비를 총 10억2567만7천원으로 계상하고 있다. 이 가운데 경상예산-경상적 경비 1천만원(일반운영비 5백만원, 재료비

8) 익명으로 할 것을 전제로 함에 따라 구체적으로 명시하지 않았다.

5백만원)이다.

사업예산-자체사업비는 2억3천만원(시설비 및 부대비 2억원, 융자금 3천만원)이다.

그리고 예비비 등-기타에 7억8천5백67만7천원(예치금 8천28만7천원, 기타내부거래 7억5백39만원)으로 계상되었다. 기타내부거래는 적립금으로 산출내역을 적시해 두었다.]

여기서 지적할 수 있는 문제점으로는 첫째, 재난관리기금으로 어떤 사업을 구체적으로 수행하고자 하는지 확인할 수 없다. 둘째, 재난에 대응하기 위해 지출예산을 수립하고 있으나 예비비 및 기타 항목에 활용하고자 하는 예산액의 70% 이상을 배정하고 있다. 이는 우발적인 사태에 대비하기 위해서 예비비로 적립해 두고 있다는 의미이다.

기금의 본래 목적이 본 예산에서 다루지 못한 특수한 목적의 수행을 위해서 적립한 것이라면, 기금활용 계획에서부터 구체적인 활용계획서가 수립되어야 함에도 불구하고 본 예산에서 활용하고 있는 '예비비' 형태로 기금을 적립해 두고 있다. 다시 말하면 재난에 대응하여 재난발생 전에 재난예방 차원에서 지역의 재난 취약지구와 그 개선점을 충분히 파악하고, 그에 대한 자금의 용도를 확정지어야 함에도 불구하고 그렇지 못하고 있는 기초자치단체의 실상을 나타내는 것이다.

따라서 각 지방자치단체의 기금활용이 비효율적이라는 원인이 여기에 있다고 하겠다. 아울러 활용이 충분하지 못하다는 비판을 받을 수밖에 없는 현상을 해결하고자 한다면 기초자치단체의 활용을 구체화해야 한다. 즉, 현장에서는 재난관리에 대해서 연중 점검을 하고 그에 대한 대비책을 수립해야 하며 이를 위해 기금이 활용되어야 하는데 그렇지 못하다는 것이다. 우발적인 사태에 대비하기 위한 기금의 적립이라면 이는 기금취지를 이해하지 못하는 것이다.

따라서 이를 해결하기 위해서는 우선 관계 공무원과 전문가의 현장방문 조사가 수시로 이루어지는 체계를 구축해야 한다. 최소 월 1회 정도는 재난취약지구를 찾아 전수조사 형식으로 이루어져야 한다. 이러한 기초 조사 자료를 근거로 하여 전문가들의 의견을 반영하고 현지 주민의 의견을 충분히 반영한 예방계획을 1년 전에 수립해야 한다. 이는 재난예방의 기본이다. 둘째, 민간을 활용해야 한다. 이러한 작업을 진행시키고자 한다면 시간과 인력이 부족하다는 말을 들을 수 있다. 예컨대 고흥군에서 실시하는 '우편엽서신고제도'의 확대 실시이다. 군에서 집배원 및 운전기사 등에게 재난예상 혹은 위험지구를 목격하는 즉시 장소 등을 기입하여 군청으로 회신하도록 함으로써 재난예방에 큰 성과를 보고 있다(고흥군, 2007.8.2). 또 민간네트워크를 구성하고 매 분기마다 자율적으로 조사하여 지자체에 보고하는 시스템을 구상해 볼 수 있겠다. 구체적으로는 읍면동 단위로 주민들이 자발적으로 보고할 수 있게 하는 것으로써 행정적으로 읍면동장의 업무에 재난취약지구 조사 신고(보고)를 의무화하고, 신고시 있을시 지자체장은 지체없이 이를 조사하여 재난예방을 수립하는 체계이다.

이상으로 재난관리기금을 살펴보았다. 재난관리기금은 지자체의 재난예방투자를 위한 매우 유용한 재원이다. 그런 점에서 적립을 독려해야 함은 물론 그 활용도를 높여야 한다. 충분하지 못한 적립에 대해서는 조성에 대한 독려를, 법정적립에 목표를 두고 활용하지 않은 자치단체에 대해서는 적극적인 활용을 독려하는 대책이 강구되어야 한다. 이를 위해서 재난관리기금이 본래의 취지를 살릴 수 있도록 기금운용방안을 마련해야 하고 이를 위해 기금운용위원회를 적극 활성화시켜야 한다. 물론 사전적으로 일반예산으로 예방사업을 실행하여야 한다. 본 예산은 예방에 충분히 투입하지 않는 반면 자체사업을 기금에 의존하는 것은 마찬가지로 행정편의주의라 할 수 있고, 시민의 부담을 가중시킬 우려가 있다. 따라서 예산의 활용에 관한 철저한 사전심의와 효과분석 및 성과평가를 통해 낭비요소를 제거해야 함은 물론 효과적으로 활용해야 한다.

제2절 재해구호기금 분석

1. 재해구호기금의 법적 근거

우리나라의 재해구호(救護)는 1961년 전국수해대책협의회를 통해서 제도화되었다. 물론 역사적으로 살펴보면 재난과 재해에 대해서는 국가에서 지원을 해오고 있었으나, 국가의 재정이 충분하지 못한 관계로 민간 차원의 상호부조가 더 활발하게 이루어져 왔다. 조선 초기에는 호조에서 기근 등에 대비하여 백성을 구제하였고, 세종 조에는 구체적으로 구황청(救荒廳)을 두어 구제하였다. 민간 영역에서는 농경문화 이후 발전되어 온 '두레'라는 공동체적 가치가 중심이 된 사회관습과 삼한시대로 거슬러 올라간 계(契) 등이 있으며 공동체적 협업과 경제단위, 상호부조의 성격도 함께 갖고 있다. 따라서 많은 학자들은 총체적으로 민족의 고유한 미풍양속이라고 규정한다.

아무튼 이러한 오랜 전통 속에 이루어져 온 상호부조의 정신은 근대로 접어들면서 분화되었고, 사회통합의 목적과 구호의 민간 영역 활성화를 통한 재정부담의 회피 등에 의해 정부의 지원이 이루어진다고 보인다. 재해의 구호는 공공부조적 성격이 매우 강하다. 이는 국가가 주체가 되어야 함을 의미한다. 이런 점에서 사회복지 측면으로 접근하는 것이 원칙이지만, 재해구호의 업무가 재난관련 부서로 일원화되면서 복지적 관점보다는 재난관리 관점에서 접근하고 있음을 볼 수 있다. 즉, 재해구호에 관한 행정체계가 소방방재청을 중심으로 이루어지고 있다. 그러나 한편으로는 지방자치단체를 포함하는 재해구호기관은 사회복지소관 업무를 담당하는 부서에서 진행하고 있는 관계로 복지업무와 재난업무간의 간극이 발생하므로 업무협조의 비효율이 발생할 소지가 크다. 아울러 민간조직과 공조직간의 공조체계의 비효율도 발생하고 있는 것이 현실이다.

재해구호기금의 법적 근거는 『재해구호법』 제14조에 근거하고 있다. 적립과 운영 주체는 시・도이며, 동법 제15조에 적립의 기준 등이 명시되어 있다. 각 연도 최저적립액은 최근 3년 동안의 지방세법에 따른 보통세 수입 결산 액의 연평균액의 1천분의 5에 해당하는 금액으로 한다. 다만, 특별시의 경우에는 1천분의 2.5에 해당하는 금액으로 한다. 아울러 기금관리에 필요한 사항은 시도의 조례로 정하며, 목적과 용도는 재해구호물자 구입과 보관창고의 운영 설치, 이재민에 대한 응급구호보상금 및 위로금 지급 등등으로 규정되어 있다. 다음은 본 연구와 관련된 재해구호법과 시행령 가운데 일부 조항들이다.

『재해구호법』

제3조(구호의 대상) 이 법에 따른 구호는 이재민과 일시 대피자를 대상으로 한다.

제4조(구호의 종류 등)

① 구호의 종류는 다음 각호와 같다.

1. 임시주거시설의 제공
2. 급식 또는 식품・의류・침구 그 밖의 생활필수품의 제공
3. 의료서비스의 제공
4. 전염병 예방 및 방역활동
5. 위생지도

6. 장사(葬事)의 지원
7. 그 밖에 대통령령이 정하는 사항

② 구호기관은 필요하다고 인정하는 경우에는 이재민에게 현금을 지급해 구호할 수 있다.

③ 제1항의 규정에 따른 구호의 한도·방법 및 기간에 관하여 필요한 사항은 대통령령으로 정한다.

제13조(구호비용의 부담) ① 제4조의 규정에 따른 구호에 필요한 비용은 구호기관이 부담한다.

② 정부는 구호기관이 재해구호를 위하여 부담한 비용의 전부 또는 일부를 대통령령이 정하는 바에 따라 국고 등으로 보조할 수 있다.

제14조(재해구호기금의 적립 등) ① 시·도지사는 제13조제1항의 규정에 따른 구호비용을 부담하기 위하여 매년 재해구호기금을 적립하여야 한다.

② 재해구호기금은 이재민의 구호 등 대통령령이 정하는 용도 외에는 사용할 수 없다.

③ 재해구호기금의 운용 및 관리에 관하여 필요한 사항은 대통령령으로 정한다.

제15조(재해구호기금의 최저적립액) ① 제14조 제1항의 규정에 따른 재해구호기금의 매년도 최저적립액은 최근 3년 동안의 「지방세법」에 따른 보통세의 수입결산액의 연평균액의 1천분의 5에 해당하는 금액으로 한다. 다만, 특별시의 경우에는 1천분의 2.5에 해당하는 금액으로 한다.

② 시·도지사는 제1항의 규정에 따라 적립된 재해구호기금의 누적 집행잔액이 최근 3년 동안의 「지방세법」에 따른 보통세의 수입결산액의 연평균액의 1천분의 30을 초과하는 경우에는 제1항의 규정에 불구하고 해당 연도의 최저적립액 이하로 적립할 수 있다.

제6조(수입금의 편입) 시·도지사는 재해구호기금의 운용으로 인하여 수입이 생긴 때에는 그 전액을 재해구호기금으로 적립하여야 한다.

『시행령』

제11조(재해구호기금의 용도) 법 제14조 제2항의 규정에 의하여 재해기금을 사용할 수 있는 용도는 다음과 같다

1. 법 제5조 제1항 및 제4항에 의한 재해구호물자의 구입 및 보관창고의 설치 운영
2. 법 제6조의 규정에 의한 응급구호
3. 법 제7조 제3항 및 제9조 제2항의 규정에 의한 보상
4. 재난구호 및 재해복구비용부담기준 등에 관한 규정 별표1의 규정에 의한 재해복구비용등에 대한 부담기준 중 다음 각목에 해당하는 지원에 필요한 비용의 사전 집행. 이 경우 국가등이 부담하여야 하는 금액은 동 표의 부담률에 따라 사후에 정산한다.
   가. 사망자의 유족, 실종자의 가족 및 부상자에 대한 위로금 및 생계보존
   나. 이재민에 대한 응급구호 및 장기구호
   다. 주택침수에 대한 보조
   라. 세입자 보조
5. 재해구호 물자의 조달 및 운송
6. 재해구호에 참여하는 자원봉사자 등 구호관계자에 대한 재해구호 교육 및 급식
7. 그 밖에 시도지사가 재해구호를 위하여 특히 필요하다고 인정되는 사업에 소요되는 비용의 지급

제12조(재해구호기금의 관리) ① 시도지사는 재해구호기금의 적립계좌를 별도로 설정하고 재해구호기금을 적립해야 한다.

② 이 영에서 정하는 사항 외에 재해구호기금의 관리에 관하여 필요한 사항은 시도의 조례로 정한다.

이외에 재해구호사업지침에 주관주체, 적립에 관한 사항 및 관리운영에 관한 사항들이 규정되어 있다.

2. 기금 현황과 집행 실태

최근 약 2년간의 재해구호기금의 적립현황 및 지출현황은 <표 10-21>과 같다. 2006년 7월 현재 재해구호기금의 적립액은 5,821억원이며, 이보다 약 1년 뒤인 2007년 6월 현재 재해구호기금 적립잔액은 6,552억원이다. 전년 대비 12.5% 증가한 금액이다. 적립률도 103%에서 114%로 높아졌다. 2006년의 법정적립액은 561억원이지만 실제 적립액은 72억원에 그쳤고, 2007년은 다소 사정이 나아지기는 했으나 법정적립액 566억원의 절반 정도인 284억원만 실제 적립하였다. 이는 당장 적립의 필요성을 느끼지 못한 측면과 함께 과거에 지속적으로 적립해 왔기 때문이기도 하겠으나 재해구호기금의 활용이 그만큼 이루어지지 못하고 있는 것을 보여주고 있는 것이다. 한편 집행의 경우 전국적으로 2006년은 120억원을 집행했고 2007년 6월 현재는 19억원이 사용되었다. 아울러 집행 액수에 있어서도 이자 및 기타수입액보다도 훨씬 못 미치는 것으로 나타나고 있다.

재난이 발생하지 않아 이와 같은 기금이 활용되지 않았다면 더 이상 바랄 것이 없다. 구호기금이 사용되지 않았다는 의미는 기금의 목적을 정확히 이해하지 못한 측면도 있을 것이다. 즉, 재해구호기금도 광의로 보면 예방 차원으로 생각될 수 있다. 평소에 재해구호기금을 활용하여 긴급사태에 대비하여야 하는 것이다. 예컨대 시행령안의 용도와 관련해서 각 지자체의 비축물자에 대한 보관 상태를 충분히 점검하여 노후 및 망실된 비품 등은 교체해 두어야 한다.

▶ 표 10-21 ◀ 최근 2년 재해구호기금 적립 및 집행현황 (단위: 억원)

구분		수입(a)				지출(b)	기금 잔액 a-b	적립률 c/d(%)	법정 적립액	3년평균보통 세액의 30/1000(d)
		소계	전년 이월액	적립액	기타 수입	집행액				
계	2006	5,941	5,670	72	198	120	5,821	103	561	5,631
	2007	6,572	6,202	284	83	19	6,552	114	566	5,772
서울	2006	1,770	1,740	–	30	2	1,768	85	174	2,083
	2007	2,147	1,972	175	–	–	2,147	102	175	2,103
부산	2006	970	947	–	23	3	967	213	–	454
	2007	1,033	985	–	48	–	1,033	238	–	434
대구	2006	60	59	–	1	0.1	60	21	476	285
	2007	71	66	5	–	–	71	23	51	306
인천	2006	292	289	–	3	–	292	91	54	322
	2007	329	309	13	7	–	329	101	54	324
광주	2006	135	134	–	1	0.3	135	90	25	151
	2007	149	139	5	5	–	149	96	26	154
대전	2006	180	169	10	0.6	0.2	180	94	32	191
	2007	197	187	10	–	–	197	100	33	196
울산	2006	66	59	5	2	0.1	66	46	24	143
	2007	86	69	17	–	–	86	58	25	149
경기	2006	1,082	1,032	50	–	–	1,082	88	206	1,235
	2007	1,221	1,166	54	–	–	1,221	100	203	1,218
강원	2006	191	109	–	82	59	132	162	–	81
	2007	117	114	3	–	–	117	128	–	92
충북	2006	114	104	–	10	0.4	114	138	–	83
	2007	116	114	–	2	0.4	116	140	–	83
충남	2006	198	195	2	0.1	7	191	161	–	189
	2007	218	207	–	11	0.5	217	133	–	163

전북	2006	113	84	-	30	38	76	102	-	74
	2007	85	85	-	-	0.8	85	110	-	77
전남	2006	209	201	2	5	1	208	309	-	67
	2007	215	213	2	-	-	215	303	-	71
경북	2006	151	150	-	0.9	3	148	119	-	125
	2007	156	153	-	3	0.4	155	119	-	130
경남	2006	317	310	3	3	3	313	189	-	166
	2007	325	322	-	3	3	322	147	-	219
제주	2006	91	88	-	2	2	89	173	-	51
	2007	107	104	-	3	14	93	178	-	52

주: 천만원에서 반올림.
주: 2006년 7. 25일 현재와 2007년 6. 20일 현재.
주: 전년도 이월액이 3년 평균세액의 1천분의 30을 초과하는 경우 적립 불필요.
자료: 소방방재청 2006년 국감요청자료와 오금호(2007)를 재구성.

아울러 이재민에 대한 장기구호는 문제가 없는지를 살펴야 하고, 자원봉사자 등 구호관계자에 대한 재해구호교육을 상시적으로 실시하여 긴급사태에 대비해야 한다. 또한 주택침수 및 세입자 지원에 대해서도 그것이 타당한 것인지에 대한 조사를 통해 합리적으로 지원해야 한다.

특별히 재해구호기금의 지원은 해당 연도에 한해서 지원이 이루어지고 있으나, 재난의 피해가 그 해에 그치지 않고 지속된다는 점에서 보면 이에 대한 대책 마련이 필요하다. 즉, 일시에 충분한 지원이 되지 못하고 있는 상황에서 이 기금을 활용하여 최소 몇 년간은 지속적으로 지원할 필요가 있다.

아울러 전국적인 재해구호에 대하여 그 책임은 물론 일차적으로 자치단체에 있지만, 한 지역의 집중피해를 해당 지자체가 감당할 수 없을 경우에는 문제가 발생한다. 이러한 것은 과거 대규모의 재난이 발생했을 경우에 나타난 문제이기도 하지만, 향후 재난의 대규모화가 예상되고 있는 상황에서는 이러한 문제를 해소할 수 있는 대책 마련이 필요하다.

기금의 규모면에서 본다면 각 지방자치단체별 재해구호기금의 운용에는 큰 문제는 없어 보인다. 그러나 일시적인 재해구호기금 부족현상을 보완할 수 있어야 한다. 이에 대해서는 지역간 재해구호기금의 전용이 필요하지만, 이를 총괄하기 위해 소방방재청에 조정권한을 부여할 필요가 있다는 판단이다.

재해구호기금의 적절한 활용은 사후 보완적인 의미가 아니라, 재해발생 이후는 물론 이전일지라도 관련된 부분에 충분히 활용되어야 한다. 대규모 재난이 발생하였을 경우 모든 국민이 동참하는 재해의연금 모집과 같은 일이 일상화되어서는 곤란하다. 이웃의 어려움을 함께 나누고자 하는 측면에서 커다란 의미가 있지만, 문제는 재해구호기금이라는 엄연한 국민의 세금으로 조성된 자원이 있음에도 불구하고 모금에 나선다는 것은 행정편의주의가 아닐 수 없다. 재해구호기금은 활용되어야 하고, 소진되고 부족한 경우에 한하여 국민성금이 필요한 것이며 절차일 것이다. 따라서 재해구호기금의 적극적인 활용과 이에 따른 효과적인 방안을 모색해야 한다.

3. 미국의 운용 사례[9)]

미국에서 재해구호기금의 경우 연방정부나 대부분의 주정부에서는 기존의 자선기관을 통해 재해구호기금을 분배하는 것을 적극 권장하고 있다(Park, 2005.9.1). 특히, 연방정부(FEMA)에서는 재해구호기금 분배에 절대 개입을 하지 않고 있다.[10)]

---

9) 이재은의 “E-아름다운기금 평가 및 사업 방향에 관한 제언(2007)”을 요약하였다.

10) 주정부가 성금을 모집하는 경우, FEMA에 등재된 이재민 숫자에 따라서 지방정부에 의연금을 나눠주고 있다. 그 후 지방정부 자체의 배분위원회에서 구체적인 용도를 결정하게 된다. 대부분의 주가 성금을 자체에서 걷지 않지만, North Carolina, Florida 등 일부 주에서만 주정부가 직접 성금을 모금하고 있다. 이는 주지사가 명망이 높고

미국은 재해구호 기금품 관리에 있어서 지니고 있는 운영원칙 또는 운영개념으로 다음과 같은 다섯 가지가 있다. 첫째, 주지사의 공공정보 캠페인이다. 재난발생시 주지사는 이런 물품이 필요하니 보내 달라, 혹은 이런 물품은 불필요하니 보내지 마라 등의 내용을 주지사가 직접 하거나 주지사 공보관이 TV, 라디오, 신문 등에 캠페인을 한다. 또 재해의연금은 주정부로 보내오지 말고 적십자 등으로 보내라는 등의 캠페인을 한다. 주지사는 정치적 영향력이 크기 때문에 주지사가 TV에서 시민에게 재해구호 기금품을 보내줄 것을 호소하는 경우, 이에 대한 시민이나 기업의 호응이 크다. 그리고 이를 통한 의연금품이 주정부로 모이면 이것을 주정부에서 관리하기 어렵기 때문에 NGO, 예를 들면 North Carolina주에서는 ACS(Adventists Community Services)에 보내서 관리하도록 하고 있다.[11] 이에 소요되는 비용은 주정부에서 부담하고 있으며 실제 활동은 NGO에서 하고 있다. 이러한 공공정보 캠페인의 목적은 주정부의 의연금품 정책(donation policy), 조직, 서비스 내용 등을 시민에게 알려주기 위한 것으로서, 허리케인 플로이드 당시에는 주정부의 이러한 캠페인이나 시스템이 없었으나, 2003년도에 설치되어 효과적

신뢰할 수 있는 경우 주정부가 돈을 걷는 것으로서, 주지사가 TV에서 구호지원을 국민에게 호소하고 보좌관들이 기업에게 기부를 당부한다. 중요한 것은, 주지사가 주정부에서 모은 성금은 연방정부 프로그램이나 자선기관 단체에서 충족시킬 수 없는 이재민들의 수요(need)를 충족시키는 데 사용되기 때문에 주로 Gap Funding이라고도 불린다. 예를 들면, 연방정부의 지원 자격요건이 안되는데 지원이 꼭 필요한 피해자나 용도 등에 제공된다. 가령, 연방정부에서 나오는 돈이 한정되어 있는데, 피해자에게 제공되는 돈은 최대 2만불로 한정되어 있기 때문에 이보다 훨씬 더 필요한 경우나 저소득 계층에 추가적인 지원금이 제공된다. 일반적으로 의연금은 이재민만을 위해서 사용되고 공공시설 복구에는 사용되지 않는다(Park, 2005.9.1).

11) North Carolina주의 경우 적십자는 주정부와 대피소 운영에 대한 MOU를 맺어 활동을 하고 있고, ACS는 주정부와 의연품 관리에 대한 MOU를 맺었으며, 구세군(Salvation Army)은 주정부와 임시 음식제공에 대한 MOU를 체결하여 재난관리 활동을 수행하고 있다. 그리고 재해의연금 관리에 있어서는 United Way가 주정부와 MOU를 맺고 있다(Latham, 2005.8.31).

으로 수행되고 있다. 특히, 주지사의 대중 연설이 의연금품의 관리에서 가장 효과적인 수단인 것으로 입증되고 있다. 주지사는 대중연설을 통해 자원봉사서비스, 물품(기저귀, 분유 등)을 구체적으로 제시하고, 불필요한 것을 시민에게 알려주는 한편, 재해구호기금과 관련된 주정부의 정책을 시민에게 설명해 주고 있다. 그리고 상황실이 운용되면 재해구호 기금과 관련된 사항이 접수되고, 그러면 연락관이 주지사에게 보고를 하게 된다.[12)]

둘째, 의연금품 관리를 위한 Hotline(Governor's Information Hotline)을 운영한다. 물리적 공간 개념으로서의 Hotline에서는 적십자사(Red Cross), United Way, 시민, 자원봉사자 등과의 연락창구 역할을 수행한다. Hotline은 현재 15대의 전화기와 컴퓨터가 있고, 자원봉사자가 의연금품 및 자원봉사 접수를 받는 곳으로서, 물리적인 공간의 이름이다. 이곳에서는 주에서 발생하는 재난에 관한 모든 사항, 예를 들면 민원상담을 포함한 모든 사항을 전화할 수 있다. 이곳에서는 상담 내용을 컴퓨터에 입력하고(상황실에서도 볼 수 있음), 일 처리를 신속하게 수행할 수 있다. 자세히 접수된 상황을 ACS에 정보를 보내주면 의연품을 언제, 어떻게, 누구에게 주는가를 조정하게 된다. Hotline은 일반시민 및 재난피해자를 위한 One-Stop 센터로 볼 수 있으며, 의연금품 기증자에게 어디로 돈이나 물품을 보내는지도 알려주고, 재난피해자 역시 필요한 물품이나 서비스를 요청할 수 있다.

셋째, 주정부에 있는 EOC(Emergency Operation Center) 내에 의연금품 관리 조정팀을 운영한다. North Carolina주의 경우에 의연금품 관리에 있어서 다음과 같은 세 가지 문제점이 제기되고 있다. ① 불필요한

12) 상황실(EOC)의 정보시스템을 통해 보고가 들어오고, 적십자(대피소 관리)에서 올라오는 내용을 연락관이 주지사에게 보고한다. 주지사는 안전수칙 등과 같은 사항에 대해 언급도 하지만 의연금품이 중요하기 때문에 이 부분에 대해서도 발표를 하고 있다(Faye, 2005.8.31).

물품의 기증, ② 무작위하게 출처를 알 수 없는 곳에서 쏟아져 나오는 것을 물류창고에서 관리하는 데 있어서의 어려움, ③ 주정부에서 관리할 사람도 없고 노하우의 축적도 없음 등이 그것이다(Latham, 2005.8.31).

넷째, 의연품 관리 불류창고를 제공한다. 다만, 주정부가 관리창고를 지어주고, 의연금품도 보내주지만 운영은 NGO에서 운영하고 있다. 주정부는 창구 역할만 수행하고, 주정부와 ACS가 함께 운영하는 것이다. 민간에서 모집된 의연품 물류창고만으로는 부족할 수 있기 때문에 주정부에서도 긴급구호물품 등 필수물품을 관리할 창고를 갖고 있다.

마지막으로, 지역 재난봉사자협회(VOLAD: Volunteer Organizations Active in Disaster)가 분배센터를 지원한다.

North Carolina 주의 경우에는 의연금 배분을 위한 배분위원회가 있다. 주지사 사무실에 정책자문위원회가 있는데, 주지사가 직접 모금한 재해구호 기금은 여기에 있는 사람들이 각 지역의 피해상황을 확인한 후에 지방정부에 재해구호기금을 지원해 주고 있다. 그러나 중요한 것은 FEMA나 EMI가 권고하는 것은 다음과 같다. 첫째, NGO에 재해구호기금 배분권을 주는 것이 원칙이다. 둘째, 정부는 재해구호기금 모집 및 배분에 관여하지 말라는 것이 원칙이다(Faye, 2005.8.31). North Carolina주의 주지사가 재해구호기금 모집 및 배분에 개입하는 것은 주지사의 정치적 의지인 것이다. 이는 주지사 사무실 모금은 정치적 영향력이 있기 때문에, 비록 기업인이나 일반인이 대가를 바라는 것은 아니지만 재해구호기금 모금액이 커진다.

제11장

재난관리 관련예산의 효율적 운용

국가는 한정된 자원을 효율적으로 배분해야 한다. 특히 재난관리에 투입되어야 하는 예산은 미래에 나타날 수 있는 피해에 대한 사전적인 투입이라는 점에서 가시적이지 않고, 현실적이지도 않기 때문에 국가 자원배분에 있어서 항상 후순위로 다루어졌다. 이런 경향에 의하여 재난이 발생하면 대부분 그 피해 규모가 증가해 왔고 발생한 피해를 복구하기 위한 예산의 투입이 지속적으로 증가해 왔다. 즉, 사전 예방보다는 사후 복구에 치중해 왔다.

그러므로 이러한 정책 방향을 전환하고자 한다면 ① 재난피해와 예방에 관한 심도있는 연구와 조사가 필요하며 ② 국가 재난관련 예산투입에 관한 이론적 틀의 정착이 이루어져야 하고 이에 근거한 실증적인 분석이 보다 더 활발해야 한다. 이를 위해 정부는 재난관리 총비용 최소화의 원칙과 재난관리수요자 만족 극대화 원칙을 목표로 해야 한다. 관련한 이론적 분석은 추가적으로 더욱 발전시키고 객관화시키며 실증분석을 해야 할 과제들이 남아 있다.

아울러 ③ 재난관리 각 단계별 의사결정과정 혹은 사업추진 · 심의 과정에서 경제성 분석을 중요 항목으로 다루어야 하며 이를 위한 법령 개정이 필요하다.

그리고 ④ 신축적인 예산운용을 위한 제도 개선과 함께 재난관련 예산활용의 용처를 자연과 인적 재난 등으로 명백하게 구분하여야 한다. 재난은 대부분 전혀 예기치 못한 사태가 돌발적으로 발생하여 상황판단이 어려운 상황에 놓이게 되는 경우가 많다. 이에 신축적인 예산집행을 위해 구체적인 항목으로 제한하기 보다는 융통성 있게 준포괄적(quasi-inclusive)으로 규정하고 총액으로 계상할 필요가 있다. 특히 집행과정에서 신축성과 융통성을 보장하는 장치가 필요하다. 예비비나 기금으로 운용되는 이유가 여기에 있다.

또한 지금까지는 예산의 효율화를 위하여 예산운용의 통합체제화하는 방향으로 진행되어 왔으나, 집행에 따른 구분이 구체적으로 이루어지지 못한 관계로 예산집행의 효과분석을 저해하는 요인으로 작용되어 왔다. 아울러 ⑤ 예산정책처는 재난예방의 효과를 극대화하기 위해 재난예산을 기금화하는 것을 제언한 바 있다. 이는 살펴본 바와 같이 미국 연방정부의 사례를 원용한 것으로 볼 수 있으나, 우리나라의 현재와 같은 기금활용과 운용에 대한 관리 상태에서는 더 비효율적인 대처가 될 수 있음을 간과한 것이다. 따라서 심도 있는 관련연구가 필요하다.

⑥ 국가예산제도에 있어서 복식회계제도를 시급하게 도입·확산해야 한다. 이를 통해 정부예산의 효율성을 높여야 하며, 특히 재난관련 복구사업과 예방사업 등에 대해서 일정금액 이상은 비용편익분석(benefit-cost analysis)을 의무화해야 한다. 물론 재난관련 투자비는 재난의 특성상 예측이 어려워 한계가 있을 것이다. 그러나 피해가 발생하면 그 규모가 천문학적으로 발생하고 반복되고 있다는 점에서 무엇보다 필요한 영역이라 아니할 수 없다. 이러한 제도가 완비된다면 재난복구비 집행에 대한 총괄관리와 분석이 가능할 것이다. 재난복구비 집행과 관련해

서도 재난복구사업은 12개 부처별로 집행이 이루어지고 있지만, 실제 집행실적에 대한 전체적인 관리는 이루어지지 못하고 있다.

⑦ 균특회계의 문제점을 보완해야 한다. 2005년도부터 국가균형 발전법에 의한 국가균형발전특별회계 사업으로 재해위험지구 정비사업이 편입되었다. 이에 대한 문제점으로는 자치단체장의 자율성이 커지게 되므로, 사업선정과 추진은 지자체장의 선호에 따라 사업의 기본계획에 문제가 발생할 수 있으며 후순위가 되거나 사업의 범위가 축소될 가능성을 내포하고 있다. 현실적으로 지방의 재정자립도가 낮고, 평소 주민들의 재난예방에 대한 관심이 지역숙원사업보다 낮으며(간혹 숙원사업과 재난예방시설이 동일할 수 있음), 따라서 임기가 있는 선출직 단체장의 입장에서는 재선(再選)을 감안하지 않을 수 없다. 이로써 자치단체는 재난예방사업보다는 지역숙원사업에 우선적으로 예산을 투입하는 경향을 보이고 있다. 그러므로 재난예방이 중요하다는 점을 인식한다면 일반회계 국고보조사업으로 전환하거나 균특회계에 있어서 재해위험지구 사업을 지정하는 방법도 생각해 보아야 한다.

한편, 지금까지 살펴본 바에 의해 재난관리기금의 효과적인 관리와 활용 측면에서 다음과 같은 시사점을 얻을 수 있다.

첫째, 재난관리기금의 활용을 보다 근본적인 항목에 활용토록 해야 한다. 살펴본 바와 같이 재난 및 안전관리 기본법 시행령 제74조 1항의 5호와 6호 및 제2항의 활용 측면을 보면 전혀 집행되지 못했음을 확인하였다. 위험지구의 재산피해와 인명피해를 최소화할 수 있는 대책인 반면 지난 6년간 재난관리기금의 활용이 전혀 이루어지지 못한 것은 근본적인 원인을 제거하는 데 소홀했다고 볼 수밖에 없다. 미국의 FEMA에서는 위험경감 이주지원 프로그램(Hazard Mitigation Grant Program)을 통해 여기에 소요되는 비용의 75%를 매년 지원하고 있음에 비추어 보면 재난관리기금의 용처를 더욱 적극적으로 활용할 수 있는 여력은 충분하다고 볼 수 있다.

둘째, 기초 자치단체에서의 기금활용 계획을 구체적으로 수립해야 한다. 살펴본 바와 같이 응급시에 대한 예비자금 형식으로 유보한다는 것은 지역현장에서의 실질적인 예방이 이루어질 수 없다는 것을 뜻한다. 이는 현장에서 기금활용에 대한 가이드라인이 설정되지 않고 있기 때문으로 보인다. 따라서 재난 전문가를 동원하여 지역 전체에 대한 전수조사를 통해 예상되는 재난에 관한 준비를 기금 활용 범위 내에서 충분히 수립해야 한다. 이에 대한 구체적인 계획이 수립되지 않은 상황에서는 기금활용을 제고할 수 없을 뿐더러 재난예방이 이루어질 수 없다. 아울러 재난관리에 대한 현장의 집행능력을 제고해야 한다. 특히 서류상으로만 집행내역을 확인하여서는 예산의 낭비뿐만 아니라 재난예방에 관한 원천적인 문제를 해결할 수 없을 것이다. 사업에 관한 사후평가가 제대로 이루어져야 한다는 의미이다.

셋째, 기금운용에 관한 자치단체장의 권한을 확대하고 외부통제가 가능하도록 해야 한다. 이와 함께 지방자치단체 장에 대한 모니터 시스템을 구축할 필요가 있다. 재난관리기금을 관장하는 심의위원의 전문성 제고가 매우 절실하다. 이를 위해 각급 자치단체에 민간전문 심의위원의 구성비율의 의무화가 필요하며, 기금심의위원회 활동의 책임성을 강화하기 위해서 회의록 등을 인터넷을 통해 공개하는 것이 바람직하다. 지방자치단체 기금관리기본법에 따르면 지방자치단체는 기금의 관리·운용에 관한 중요한 사항을 심의하기 위하여 기금별로 기금운용심의위원회를 설치·운영하여야 한다. 그리고 기금의 효율적인 운용을 위하여 필요한 경우에는 심의위원회를 통합하여 설치·운영할 수 있다(§13①). 한편 동법 동조 제2항은 심의위원회가 심의를 해야 할 사항을 규정하고 있는데 기금운용계획의 수립 및 결산보고서의 작성, 동법 제14조의 규정에 의한 기금운용의 성과분석을 하도록 되어 있다. 따라서 내부인사들로 구성된 기금운용의 성과분석이 공정하고 객관적인 관점에서 이루어지고 있다고 볼 수 없다. 그러므로 운용성과에 대한 평가와 분석을 외부전문가로 구성하여 할 수 있도록 강제할 필요성이 있다.

넷째, 총괄기관의 역할 강화가 필요하다. 재난관리기금에 관한 운용에 관하여 자치단체로 하여금 관리하도록 되어 있으나 전국적이고 총괄적인 관리와 운용 방향에 대해서는 그 궁극적인 책임은 소방방재청에 있다고 보아야 한다. 즉, 재난관리기금의 적립률을 제고할 수 있는 엄격한 관리가 필요하다. 지방자치단체는 법정적립 규모와 적립비율에 목적을 두고 있으며 그 기금의 활용에 대해서는 큰 관심을 두고 있지 않다는 판단이다. 형식적인 관리에 지나지 않는다는 현실을 고려할 때, 활용과 적립에 관한 인센티브 제공과 동시에 법정 적립률을 충분히 적립하지 못하고 있는 지방자치단체에 대한 감독이 필요하다. 구체적으로는 기관평가나 인사평가에서 더 높은 가중치를 두어야 한다. 이와 함께 관련 공무원에 대한 정책실명제를 도입하는 한편 신상필벌을 명확히 할 필요가 있다. 한편 재정자립도가 높은 광역시의 재난관리기금을 그렇지 못한 지방자치단체로의 지원 방법을 모색할 필요가 있다.

다섯째, 지방자치단체 재정자립도를 고려한 현실적인 대안모색이 필요하다. 열악한 지방재정자립도를 감안하면 재난을 예방함에 있어서 재원 부족이 현실적으로 나타난다. 따라서 일반회계에 반드시 일정비율을 재난예방사업으로 활용하도록 하는 기준을 제시하고, 동시에 재난관리기금을 활용할 수 있도록 융통성을 줄 필요가 있다. 예산에 비율을 정하고자 한다면 매년 지방자치단체의 예산 수립과정에서 해당 지자체의 재난에 관한 사전적인 연구조사와 분석을 통해 가장 취약한 지역에 대한 한두 개의 사업을 상정하는 방식도 고려해야 한다. 이런 연후 예산으로 포괄되지 못한 부분에 대해서 기금을 활용토록 함으로써 기금의 예산 보완적인 성격을 달성할 수 있으며 예방에 관한 기금설치의 목적을 달성할 수 있을 것이다.

마지막으로 연구조사기능을 더욱 강화해야 한다. 살펴본 바와 같이 기금활용에 있어서 전체적으로 연구조사에 지원되고 있는 비율이 매우 낮다. 대부분의 재난에 대한 사후 조사보고를 보면 주먹구구식 예방과 복구대책으로 인해 피해와 사건들이 재발 혹은 커지고 있다는 것이다. 이는 피해복구를 하기 전에 있어서 평상시 재난발생 이전에 충분한 연구조사와 그에 대한 대비가 이루어지지 못하고 있음을 뜻한다. 그러므로 지역별로 특성에 맞는 재난예방 및 대응방안 수립을 위한 조사·연구 사업이 활발하게 진행되어야 한다. 위에 언급한 문제점들의 핵심은 재난발생에 따른 신속한 복구를 중시한 측면이 강하여 이 부분에 대한 예산을 투입하는 경향이 있음을 알 수 있다. 그러므로 제언들이 실행되기 위해서는 무엇보다 각 지자체에 있어서 재난관리 관점에서 모든 사안들을 전문가들의 사전적인 연구조사가 충분히 이루어질 수 있도록 하고 그에 대한 대안이 수립될 때 비로소 피해가 최소화되며 장기적으로 예산과 기금의 낭비요소를 제거할 수 있다.

〈부록〉

재난 및 안전관리 기본법

[일부개정 2006.2.21 법률 제7849호]

제1장 총 칙

제1조(목적) 이 법은 각종 재난으로부터 국토를 보존하고 국민의 생명·신체 및 재산을 보호하기 위하여 국가 및 지방자치단체의 재난 및 안전관리체제를 확립하고, 재난의 예방·대비·대응·복구 그 밖에 재난 및 안전관리에 관하여 필요한 사항을 규정함을 목적으로 한다.

제2조(기본이념) 이 법은 재난을 예방하고 재난이 발생하는 경우 그 피해를 최소한으로 줄이는 것이 국가 및 지방자치단체의 기본적 의무임을 확인하고, 모든 국민과 국가·지방자치단체가 국민의 생명 및 신체의 안전과 재산보호에 관련된 행위를 하는 때에는 안전을 우선적으로 고려함으로써 국민이 재난으로부터 안전한 사회에서 생활할 수 있도록 함을 기본이념으로 한다.

제3조(정의) 이 법에서 사용하는 용어의 정의는 다음과 같다.

1. "재난"이라 함은 국민의 생명·신체 및 재산과 국가에 피해를 주거나 줄 수 있는 것으로서 다음 각목의 것을 말한다.
   가. 태풍·홍수·호우(호우)·폭풍·해일(해일)·폭설·가뭄·지진·황사(황사)·적조 그 밖에 이에 준하는 자연현상으로 인하여 발생하는 재해
   나. 화재·붕괴·폭발·교통사고·화생방사고·환경오염사고 그 밖에 이와 유사한 사고로 대통령령이 정하는 규모 이상의 피해
   다. 에너지·통신·교통·금융·의료·수도 등 국가기반체계의 마비와 전염병 확산 등으로 인한 피해
2. "해외재난"이라 함은 대한민국의 영역 밖에서 대한민국 국민의 생명·신체 및 재산에 피해를 주거나 줄 수 있는 재난으로서 정부차원의 대처가 필요한 재난을 말한다.
3. "재난관리"라 함은 재난의 예방·대비·대응 및 복구를 위하여 행하는 모든 활동을 말한다.
4. "안전관리"라 함은 시설 및 물질 등으로부터 사람의 생명·신체 및 재산의 안

전을 확보하기 위하여 행하는 모든 활동을 말한다.

5. "재난관리책임기관"이라 함은 재난관리업무를 행하는 다음 각목의 기관을 말한다.
   가. 중앙행정기관 및 지방자치단체
   나. 지방행정기관 · 공공기관 · 공공단체(공공기관 및 공공단체의 지부 등 지방조직을 포함한다) 및 재난관리의 대상이 되는 중요시설의 관리기관 등으로서 대통령령이 정하는 기관
6. "긴급구조"라 함은 재난이 발생할 우려가 현저하거나 재난이 발생한 때에 국민의 생명 · 신체 및 재산의 보호를 위하여 제7호의 규정에 의한 긴급구조기관과 제8호의 규정에 의한 긴급구조지원기관이 행하는 인명구조 · 응급처치 그 밖에 필요한 모든 긴급한 조치를 말한다.
7. "긴급구조기관"이라 함은 소방방재청 · 소방본부 및 소방서를 말한다. 다만, 해양에서의 재난의 경우에는 해양경찰청 및 해양경찰서를 말한다.
8. "긴급구조지원기관"이라 함은 긴급구조에 필요한 인력 · 시설 및 장비를 갖춘 기관 또는 단체로서 대통령령이 정하는 기관 및 단체를 말한다.

제4조(국가 등의 책무) ① 국가 및 지방자치단체는 재난으로부터 국민의 생명 · 신체 및 재산을 보호할 책무를 지고, 재난의 예방과 피해경감을 위하여 노력하여야 하며, 발생한 재난을 신속히 대응 · 복구하기 위한 계획을 수립 · 시행하여야 한다.
② 제3조제5호 나목의 규정에 의한 재난관리책임기관의 장은 소관업무와 관련된 안전관리에 관한 계획을 수립하고 이를 시행하여야 하며, 그 소재지를 관할하는 특별시 · 광역시 · 도(이하 "시 · 도"라 한다) 및 시 · 군 · 구(자치구를 말한다. 이하 같다)의 재난 및 안전관리업무에 협조하여야 한다.

제5조(국민의 책무) 국민은 국가 및 지방자치단체의 재난 및 안전관리업무 수행에 최대한 협조하여야 하고, 자기가 소유하거나 사용하는 건물 · 시설 등으로부터 재난이 발생하지 아니하도록 노력하여야 한다.

제6조(안전점검의 날 등) 국가는 대통령령이 정하는 바에 따라 국민의 안전의식 수준을 높이기 위하여 안전점검의 날 및 방재의 날을 정하여 필요한 행사 등을 할 수 있다.

제7조(안전관리헌장) ① 제9조제2항의 규정에 의한 중앙안전관리위원회위원장은 재난을 예방하고 재난이 발생하는 경우 그 피해를 최소한으로 줄이기 위하여 재난 및 안전관리업무에 종사하는 자가 지켜야 할 사항 등을 포함하는 안전관리헌장을 제정 · 고시하여야 한다.

② 재난관리책임기관의 장은 제1항의 규정에 의한 안전관리헌장을 재난관리업무와 관련된 시설이나 지역에 상시 게시할 수 있다.

제8조(다른 법률과의 관계 등) ① 재난 및 안전관리에 관하여 다른 법률을 제정하거나 개정하는 경우에는 이 법의 목적과 기본이념에 부합되도록 하여야 한다.

② 제3조제1호 가목의 규정에 해당하는 재난의 예방·복구에 관하여는 자연재해대책법이 정하는 바에 의한다.

③ 제3조제1호 다목의 규정에 해당하는 재난에 대하여는 제18조·제30조·제31조·제67조·제68조 및 제76조의 규정을 적용하지 아니한다.

제 2 장 안전관리기구 및 기능

제9조(중앙안전관리위원회) ① 안전관리에 관한 중요정책의 심의 및 총괄·조정, 안전관리를 위한 관계부처간의 협의·조정 그 밖에 이 법이 정하는 안전관리에 필요한 사항을 시행하기 위하여 국무총리소속하에 중앙안전관리위원회(이하 "중앙위원회"라 한다)를 둔다.

② 중앙위원회의 위원장은 국무총리가 되고, 위원은 대통령령이 정하는 중앙행정기관 또는 관계 기관·단체의 장이 된다.

③ 중앙위원회에 부의될 의안의 검토, 재난의 대비·대응·복구(이하 "수습"이라 한다)를 위한 관계부처간의 협의·조정사항중 대통령령이 정하는 경미한 사항의 협의·조정 등을 위하여 중앙위원회에 행정자치부장관을 위원장으로 하는 조정위원회(이하 "조정위원회"라 한다)를 둔다. 이 경우 조정위원회의 협의·조정을 거친 재난의 수습은 중앙위원회의 협의·조정을 거친 것으로 본다.

④ 중앙위원회 및 조정위원회에 각각 간사위원 1인을 두되, 간사위원은 소방방재청장이 된다.

⑤ 중앙위원회업무의 효율적 운영을 위하여 필요한 경우 분과위원회를 둘 수 있다.

⑥ 중앙위원회·조정위원회 및 분과위원회의 구성·운영 등에 관하여 필요한 사항은 대통령령으로 정한다.

제10조(중앙위원회의 기능 등) ① 중앙위원회는 다음 각호의 사무를 행한다. 이 경우 국가안전보장과 관련된 사무의 경우에는 국가안전보장회의와 협의하여야 한다.

1. 안전관리에 관한 중요정책의 심의 및 총괄·조정
2. 국가안전관리기본계획안 및 집행계획안의 심의
3. 중앙행정기관이 수행하는 재난 및 안전관리업무의 협의·조정
4. 재난사태선포 건의사항과 특별재난지역선포 건의사항의 심의

5. 다른 법령에 의하여 중앙위원회의 권한에 속하는 사항의 처리
6. 그 밖에 위원장이 부의하는 사항의 심의

② 중앙위원회는 그 소관사무에 관하여 재난관리책임기관의 장이나 관계인에 대하여 자료의 제출, 의견의 진술 그 밖의 필요한 사항에 대하여 협조를 요청할 수 있다. 이 경우 요청을 받은 자는 특별한 사유가 없는 한 이에 응하여야 한다.

제11조(지역위원회) ① 지역별 안전관리에 관한 중요정책의 심의 및 총괄 · 조정, 지역별 안전관리업무의 협의 · 조정 그 밖에 이 법이 정하는 지역별 안전관리에 필요한 사항을 시행하기 위하여 특별시장 · 광역시장 · 도지사(이하 "시 · 도지사"라 한다)소속하에 시 · 도안전관리위원회(이하 "시 · 도위원회"라 한다)를, 시장 · 군수 · 구청장(자치구의 구청장을 말한다. 이하 같다)소속하에 시 · 군 · 구안전관리위원회(이하 "시 · 군 · 구위원회"라 한다)를 둔다.

② 시 · 도위원회의 위원장은 시 · 도지사가 되고, 시 · 군 · 구위원회의 위원장은 시장 · 군수 · 구청장이 된다.

③ 시 · 도위원회 및 시 · 군 · 구위원회(이하 "지역위원회"라 한다)에 부의되는 의안을 검토하고, 관계기관간의 협조사항을 정리하는 등 지역위원회의 효율적인 운영을 도모하기 위하여 지역위원회에 실무위원회를 둘 수 있다.

④ 지역위원회 및 실무위원회의 구성 및 운영에 관하여 필요한 사항은 당해 지방자치단체의 조례로 정한다.

제12조(지역위원회의 기능) 지역위원회는 다음 각호의 사무를 행한다.

1. 당해 지역에 있어서의 안전관리정책의 심의 및 총괄 · 조정
2. 당해 지역에 있어서의 안전관리계획안의 심의
3. 당해 지역에 소재하는 재난관리책임기관(중앙행정기관 및 상급지방자치단체를 제외한다)이 수행하는 안전관리업무의 협의 · 조정
4. 다른 법령 또는 조례에 의하여 당해 지역위원회의 권한에 속하는 사항의 처리
5. 그 밖에 지역위원회의 위원장이 부의하는 사항의 심의

제13조(지역위원회 등에 대한 지원 및 지도) 소방방재청장은 시 · 도위원회의 운영과 지방자치단체의 안전관리업무에 대하여, 시 · 도지사는 관할구역안의 시 · 군 · 구위원회의 운영과 시 · 군 · 구의 안전관리업무에 대하여 필요한 지원 및 지도를 할 수 있다.

제14조(중앙재난안전대책본부 등) ① 대통령령이 정하는 대규모 재난의 예방 · 대비 · 대응 · 복구 등에 관한 사항을 총괄 · 조정하고 필요한 조치를 하기 위하여 행정자치부에 중앙재난안전대책본부(이하 "중앙대책본부"라 한다)를 둔다.

② 중앙대책본부의 본부장(이하 "중앙본부장"이라 한다)은 행정자치부장관이 되며, 중앙본부장은 중앙대책본부의 업무를 총괄하고 필요하다고 인정하는 경우에는 중앙재난안전대책본부회의를 소집할 수 있다.

③ 제1항의 규정에 의한 대규모 재난으로 인하여 중앙대책본부를 두는 때에는 주무부처의 장소속하에 중앙사고수습본부(이하 "수습본부"라 한다)를 둔다. 다만, 해외재난이 발생한 경우에는 외교통상부에 수습본부를 둔다.

④ 중앙본부장은 해외재난이 발생한 경우 필요하다고 인정하는 때에는 관계 중앙행정기관 및 관계 기관·단체의 임직원과 재난관리에 관한 전문가 등으로 정부합동 해외재난대책지원단을 구성하여 해외재난이 발생한 국가에 파견할 수 있다.

⑤ 제1항의 규정에 의한 중앙대책본부, 제2항의 규정에 의한 중앙재난안전대책본부회의 및 제4항의 규정에 의한 정부합동 해외재난대책지원단의 구성 및 운영에 관하여 필요한 사항은 대통령령으로 정한다.

第15조(중앙본부장의 권한 등) ① 중앙본부장은 재난의 효율적인 수습을 위하여 관계 재난관리책임기관의 장에게 행정 및 재정상의 조치와 소속직원의 파견 그 밖의 필요한 지원을 요청할 수 있다. 이 경우 요청을 받은 관계 재난관리책임기관의 장은 특별한 사유가 없는 한 이에 응하여야 한다.

② 제1항의 규정에 의하여 파견된 직원은 재난의 수습에 필요한 소속기관의 업무를 성실히 수행하여야 하며, 재난의 수습이 종료될 때까지 중앙대책본부에서 상근하여야 한다.

③ 중앙본부장은 당해 재난의 수습에 필요한 범위안에서 제16조의 규정에 의한 지역본부장을 지휘할 수 있다.

④ 중앙본부장은 재난의 효율적인 수습을 위하여 중앙수습지원단을 구성하고, 필요하다고 인정하는 경우에는 중앙수습지원단을 현지에 파견할 수 있다.

⑤ 중앙대책본부가 설치되지 아니한 재난의 경우에는 제1항·제3항 및 제4항의 규정에 의한 중앙본부장의 권한은 주무부처의 장이 이를 행사한다.

第16조(지역재난안전대책본부) ① 해당 관할구역안에서 재난의 예방·대비·대응·복구 등에 관한 사항을 총괄·조정하고 필요한 조치를 하기 위하여 시·도지사는 시·도재난안전대책본부(이하 "시·도대책본부"라 한다)를, 시장·군수·구청장은 시·군·구재난안전대책본부(이하 "시·군·구대책본부"라 한다)를 각각 둘 수 있다. 다만, 당해 재난과 관련하여 제14조의 규정에 의하여 중앙대책본부를 두는 경우에는 시·도지사 또는 시장·군수·구청장은 시·도대책본부 또는 시·군·구대책본부(이하 "지역대책본부"라 한다)를 두어야 한다.

② 지역대책본부의 본부장(이하 "지역본부장"이라 한다)은 시 · 도지사 또는 시장 · 군수 · 구청장이 된다.

③ 지역대책본부의 구성 및 운영에 관하여 필요한 사항은 당해 지방자치단체의 조례로 정한다.

第17조(지역본부장의 권한 등) ① 지역본부장은 재난의 수습이 효율적으로 이루어질 수 있게 하기 위하여 당해 시 · 도 또는 시 · 군 · 구를 관할구역으로 하는 제3조제5호 나목의 규정에 의한 재난관리책임기관의 장에게 행정 및 재정상의 조치나 그 밖의 필요한 업무협조를 요청할 수 있다. 이 경우 요청을 받은 재난관리책임기관의 장은 특별한 사유가 없는 한 이에 응하여야 한다.

② 지역본부장은 재난의 수습을 위하여 필요하다고 인정하는 때에는 당해 시 · 도 또는 시 · 군 · 구의 전부 또는 일부를 관할구역으로 하는 제3조제5호 나목의 규정에 의한 재난관리책임기관의 장에게 소속직원의 파견을 요청할 수 있다. 이 경우 요청을 받은 재난관리책임기관의 장은 특별한 사유가 없는 한 즉시 이에 응하여야 한다.

③ 제2항의 규정에 의하여 파견된 직원은 지역본부장의 지휘에 따라 재난의 수습에 필요한 소속기관의 업무를 성실히 수행하여야 하며, 재난의 수습이 종료될 때까지 지역대책본부에서 상근하여야 한다.

第18조(재난의 신고) ① 누구든지 재난의 발생이나 재난이 발생할 징후를 발견하는 때에는 즉시 그 사실을 시장 · 군수 · 구청장 · 긴급구조기관 그 밖의 관계 행정기관에 신고하여야 한다.

② 제1항의 규정에 의한 신고를 받은 시장 · 군수 · 구청장과 그 밖의 관계 행정기관의 장은 관할 긴급구조기관의 장에게, 긴급구조기관의 장은 그 소재지 관할 시장 · 군수 · 구청장에게 통보하여 응급대처방안을 강구할 수 있도록 조치하여야 한다.

第19조(종합상황실 등의 설치 · 운영) 소방방재청장, 시 · 도지사, 시장 · 군수 · 구청장 및 소방서장은 재난정보의 수집 · 전파, 신속한 지휘 및 상황관리를 위하여 상시 종합상황실을 설치 · 운영하여야 하고, 행정자치부장관은 제3조제1호 다목의 규정에 의한 재난의 상황을 관리하기 위하여 재난상황실을 설치 · 운영하여야 한다.

第20조(재난상황의 보고) ① 시장 · 군수 · 구청장은 그 관할구역안에서 재난이 발생하거나 발생할 우려가 있는 때에는 대통령령이 정하는 바에 의하여 즉시 그 재난의 상황과 응급조치 및 수습의 내용을 시 · 도지사에게 보고하여야 하며, 시 ·

도지사는 이를 소방방재청장 및 관계 중앙행정기관의 장에게 보고하여야 한다. 다만, 대통령령이 정하는 사항에 대하여는 긴급구조기관의 장 또는 시장·군수·구청장이 소방방재청장에게 직접 보고하여야 한다.

② 해양경찰서장은 해양에서 재난이 발생하거나 발생할 우려가 있는 때에는 대통령령이 정하는 바에 의하여 즉시 그 재난의 상황과 응급조치 및 수습의 내용을 해양경찰청장에게 보고하여야 하고, 해양경찰청장은 대통령령이 정하는 재난에 한하여 관계 중앙행정기관의 장 및 소방방재청장에게 통보하여야 한다.

③ 제3조제5호 나목의 규정에 의한 재난관리책임기관의 장은 소관업무에 관계되는 재난이 발생한 때에는 대통령령이 정하는 바에 의하여 즉시 그 재난의 상황과 응급조치 및 수습의 내용을 관계 중앙행정기관의 장 및 시장·군수·구청장에게 보고 또는 통보하여야 하고, 시장·군수·구청장은 보고 또는 통보를 받은 사항 중 대통령령이 정하는 사항에 관하여는 시·도지사를 거쳐 소방방재청장에게 보고하여야 한다.

④ 시장·군수·구청장 또는 소방서장은 재난이 발생한 때 또는 재난발생을 신고받거나 통보받은 때에는 즉시 이를 관계 재난관리책임기관의 장에게 통보하여야 한다.

제21조(해외재난상황의 관리) ① 재외공관의 장은 관할구역안에서 해외재난이 발생하거나 발생할 우려가 있는 때에는 즉시 그 상황을 외교통상부장관에게 보고하여야 한다.

② 제1항의 규정에 의한 보고를 받은 외교통상부장관은 즉시 그 상황을 소방방재청장 및 관계 중앙행정기관의 장에게 통보하여야 한다.

제 3 장 안전관리계획

제22조(국가안전관리기본계획의 수립 등) ① 국무총리는 대통령령이 정하는 바에 의하여 국가의 안전관리업무에 관한 기본계획(이하 "국가안전관리기본계획"이라 한다)의 수립지침을 작성하여 이를 관계 중앙행정기관의 장에게 시달하여야 한다.

② 제1항의 규정에 의한 수립지침에는 부처별로 중점적으로 추진할 안전관리기본계획의 수립에 관한 사항과 국가재난관리체계의 기본방향이 포함되어야 한다.

③ 관계 중앙행정기관의 장은 제1항의 규정에 의한 수립지침에 따라 그 소관에 속하는 안전관리업무에 관한 기본계획을 작성한 후 국무총리에게 제출하여야 한다.

④ 국무총리는 제3항의 규정에 의하여 관계 중앙행정기관의 장이 제출한 기본계획을 종합하여 국가안전관리기본계획을 작성하여 중앙위원회의 심의를 거쳐 확

정한 후 이를 관계 중앙행정기관의 장에게 시달하여야 한다.

⑤ 중앙행정기관의 장은 제4항의 규정에 의하여 확정된 국가안전관리기본계획중 그 소관에 관한 사항을 관계 재난관리책임기관(중앙행정기관 및 지방자치단체를 제외한다)의 장에게 시달하여야 한다.

⑥ 제1항 내지 제5항의 규정은 국가안전관리기본계획을 변경하는 경우에 이를 준용한다.

⑦ 이 조의 국가안전관리기본계획과 제23조의 집행계획, 제24조의 시·도안전관리계획 및 제25조의 시·군·구안전관리계획은 민방위기본법에 의한 민방위계획중 재난관리분야의 계획으로 본다.

⑧ 국가안전관리기본계획의 구체적 내용에 관하여 필요한 사항은 대통령령으로 정한다.

제23조(집행계획) ① 관계 중앙행정기관의 장은 제22조제4항의 규정에 의하여 시달받은 국가안전관리기본계획에 따라 그 소관업무에 관한 집행계획을 작성하여 행정자치부장관과 협의한 후 국무총리의 승인을 얻어 이를 확정한다.

② 관계 중앙행정기관의 장은 확정된 집행계획을 행정자치부장관에게 통보하고, 시·도지사 및 제3조제5호 나목의 규정에 의한 재난관리책임기관의 장에게 시달하여야 한다.

③ 제3조제5호 나목의 규정에 의한 재난관리책임기관의 장은 제2항의 규정에 의하여 시달받은 집행계획에 따라 세부집행계획을 작성하여 관할 시·도지사와 협의한 후 소속중앙행정기관의 장의 승인을 얻어 이를 확정하고 행정자치부장관에게 통보하여야 한다.

제24조(시·도안전관리계획의 수립) ① 행정자치부장관은 소방방재청장의 의견을 들어 제22조제4항의 규정에 의한 국가안전관리기본계획과 제23조제1항의 규정에 의한 집행계획에 따라 시·도의 안전관리업무에 관한 계획(이하 "시·도안전관리계획"이라 한다)의 수립지침을 작성하여 이를 소방방재청장을 경유하여 시·도지사에게 시달하여야 한다.

② 시·도의 전부 또는 일부를 관할구역으로 하는 제3조제5호 나목의 규정에 의한 재난관리책임기관의 장은 그 소관에 속하는 안전관리업무에 관한 계획을 작성하여 관할 시·도지사에게 제출하여야 한다.

③ 시·도지사는 제1항의 규정에 의하여 시달받은 수립지침과 제2항의 규정에 의하여 제출받은 안전관리업무에 관한 계획을 종합하여 시·도안전관리계획을 작성하고 시·도위원회의 심의를 거쳐 이를 확정한다.

④ 시·도지사는 제3항의 규정에 의하여 확정된 시·도안전관리계획을 소방방재청장을 거쳐 행정자치부장관에게 보고하고, 제2항의 규정에 의한 재난관리책임기관의 장에게 통보하여야 한다.

第25條(시·군·구안전관리계획의 수립) ① 시·도지사는 제24조제3항의 규정에 의하여 확정된 시·도안전관리계획에 따라 시·군·구의 안전관리업무에 관한 계획(이하 "시·군·구안전관리계획"이라 한다)의 수립지침을 작성하여 이를 시장·군수·구청장에게 시달하여야 한다.

② 시·군·구의 전부 또는 일부를 관할구역으로 하는 제3조제5호 나목의 규정에 의한 재난관리책임기관의 장은 그 소관에 속하는 안전관리업무에 관한 계획을 작성하여 시장·군수·구청장에게 제출하여야 한다.

③ 시장·군수·구청장은 제1항의 규정에 의하여 시달받은 수립지침과 제2항의 규정에 의하여 제출받은 안전관리업무에 관한 계획을 종합하여 시·군·구안전관리계획을 작성하고 시·군·구위원회의 심의를 거쳐 이를 확정한다.

④ 시장·군수·구청장은 제3항의 규정에 의하여 확정된 시·군·구안전관리계획을 시·도지사에게 보고하고, 제2항의 규정에 의한 재난관리책임기관의 장에게 통보하여야 한다.

제4장 재난의 예방

第26條(재난관리책임기관의 장의 재난예방조치) ① 재난관리책임기관의 장은 소관관리대상업무의 분야에서 재난의 발생을 사전에 방지하기 위하여 다음 각호의 조치를 하여야 한다.

1. 재난에 대응할 조직의 구성 및 정비
2. 재난의 예측과 정보전달체계의 구축
3. 재난발생에 대비한 교육·훈련과 재난관리예방에 관한 홍보
4. 재난발생의 위험이 높은 분야에 대한 안전관리체계의 구축 및 안전관리규정의 제정
5. 재난발생의 위험이 높거나 재난예방을 위하여 계속적으로 관리할 필요가 있다고 인정되는 시설(이하 "특정관리대상시설"이라 한다)의 지정·관리 및 정비
6. 제35조의 규정에 의한 물자 및 자재의 비축, 재난방지시설의 정비와 장비 및 인력의 지정
7. 그 밖에 재난의 예방을 위하여 필요하다고 인정되는 사항

② 재난관리책임기관의 장은 제1항의 규정에 의한 재난예방조치를 효율적으로

시행하기 위하여 필요한 사업비를 확보하여야 한다.

③ 재난관리책임기관의 장은 다른 재난관리책임기관에서 시행하는 재난예방대책에 적극 협조하여야 한다. 이 경우 다른 재난관리책임기관의 장은 특별한 사유가 없는 한 이에 응하여야 한다.

④ 재난관리책임기관의 장은 재난관리의 실효성이 확보될 수 있도록 제1항제4호의 규정에 의한 안전관리체계 및 안전관리규정을 정비 · 보완하여야 한다.

⑤ 재난관리책임기관의 장은 제1항제5호의 규정에 의한 조치결과를 대통령령이 정하는 바에 의하여 소방방재청장에게 보고 또는 통보하여야 한다.

⑥ 제1항제5호의 규정에 의한 특정관리대상시설의 지정기준 · 절차 · 방법 등에 관하여 필요한 사항은 대통령령으로 정한다.

제27조(특정관리대상시설의 관리 등) ① 재난관리책임기관의 장은 제26조제1항제5호의 규정에 의하여 특정관리대상시설을 지정하는 때에는 대통령령이 정하는 바에 의하여 다음 각호의 조치를 하여야 한다.

1. 특정관리대상시설로부터 재난발생의 위험성을 제거하기 위한 장 · 단기계획의 수립 · 시행
2. 특정관리대상시설에 대한 안전점검 또는 정밀안전진단. 이 경우 안전점검 또는 정밀안전진단은 다른 법령에 의한 안전점검 또는 정밀안전진단에 관한 기준에 의하되, 다른 법령의 적용을 받지 아니하는 시설에 대하여는 행정자치부령이 정하는 기준에 의한다.

② 소방방재청장은 제26조제5항의 규정에 의하여 보고 또는 통보받은 사항을 대통령령이 정하는 바에 의하여 정기 또는 수시로 중앙위원회 위원장에게 보고하여야 한다.

③ 중앙위원회 위원장은 제2항의 규정에 의하여 보고를 받은 사항중 재난의 예방을 위하여 필요하다고 인정하는 사항에 대하여는 관계 재난관리책임기관의 장에게 시정조치나 보완을 요구할 수 있다.

제28조(지방자치단체에 대한 지원 등) 소방방재청장은 지방자치단체가 제27조의 규정에 의하여 시행하는 재난의 예방을 위한 조치 등에 필요한 지원 및 지도를 할 수 있고, 관계 중앙행정기관의 장에게 협조를 요청할 수 있다.

제29조(재난관리체계 등의 정비 · 평가) ① 소방방재청장은 대통령령이 정하는 바에 의하여 다음 각호의 사항을 정기적으로 평가할 수 있다.

1. 제14조제1항의 규정에 의한 대규모의 재난발생에 대비한 단계별 예방 · 대응 및 복구과정

2. 제26조제1항제1호의 규정에 의한 재난관리책임기관의 재난대응 조직의 구성 및 정비 실태
3. 제26조제4항의 규정에 의한 안전관리체계 및 안전관리규정

② 소방방재청장은 제1항의 규정에 의한 평가결과를 중앙위원회에 보고하고, 필요하다고 인정하는 경우에는 당해 재난관리책임기관의 장에게 시정조치나 보완을 요구할 수 있다.

제30조(재난예방을 위한 긴급안전점검 등) ① 소방방재청장과 재난관리책임기관(행정기관에 한한다. 이하 이 조, 제31조 및 제32조에서 같다)의 장은 대통령령이 정하는 시설 및 지역에 재난의 발생이 우려되는 등 대통령령이 정하는 긴급한 사유가 있는 때에는 소속공무원으로 하여금 긴급안전점검을 실시하게 하거나 소방방재청장의 경우에는 다른 재난관리책임기관의 장에게 긴급안전점검을 실시하도록 요구할 수 있다.

② 제1항에 규정에 의하여 긴급안전점검을 실시하는 자는 관계인에게 필요한 질문을 하거나 관계서류 등을 열람할 수 있다.

③ 제1항의 규정에 의한 긴급안전점검의 절차 및 방법, 긴급안전점검결과의 기록·유지 등에 관하여 필요한 사항은 대통령령으로 정한다.

④ 제1항의 규정에 의하여 긴급안전점검을 실시하는 공무원은 그 권한을 표시하는 증표를 지니고 이를 관계인에게 내보여야 한다.

⑤ 소방방재청장은 제1항의 규정에 의하여 긴급안전점검을 실시한 경우에는 그 결과를 당해 재난관리책임기관의 장에게 통보하여야 한다.

제31조(재난예방을 위한 긴급안전조치) ① 소방방재청장과 재난관리책임기관의 장은 제30조의 규정에 의한 긴급안전점검결과 재난발생의 위험이 높다고 인정되는 시설 또는 지역에 대하여는 대통령령이 정하는 바에 의하여 그 소유자·관리자 또는 점유자에게 다음 각호의 안전조치를 취할 것을 명할 수 있다.

1. 정밀안전진단의 실시(시설에 한한다). 이 경우 정밀안전진단은 다른 법령에 의한 정밀안전진단에 관한 기준에 의하되, 다른 법령의 적용을 받지 아니하는 시설에 대하여는 행정자치부령이 정하는 기준에 의한다.
2. 보수 또는 보강 등 정비
3. 재난을 발생시킬 위험요인의 제거

② 제1항의 규정에 의한 안전조치명령을 받은 소유자·관리자 또는 점유자는 안전조치를 실시하고, 행정자치부령이 정하는 바에 의하여 그 결과를 소방방재청장 및 재난관리책임기관의 장에게 통보하여야 한다.

③ 소방방재청장 및 재난관리책임기관의 장은 제1항의 규정에 의한 안전조치명령을 받은 자가 그 명령을 이행하지 아니하거나 이행할 수 없는 상태에 있고, 재난의 예방을 위하여 긴급하다고 판단하는 때에는 당해 시설 또는 지역에 대하여 사용을 제한하거나 금지시킬 수 있다. 이 경우 그 제한 또는 금지하는 내용을 보기 쉬운 곳에 게시하여야 한다.

④ 소방방재청장 및 재난관리책임기관의 장은 제1항제2호 또는 제3호의 규정에 의한 안전조치명령을 받아 이를 이행하여야 하는 자가 그 명령을 이행하지 아니하거나 이행할 수 없는 상태에 있고, 재난의 예방을 위하여 긴급하다고 판단하는 때에는 그 명령을 받아 이를 이행하여야 할 자에 갈음하여 필요한 안전조치를 할 수 있다. 이 경우 행정대집행법의 규정을 준용한다.

⑤ 소방방재청장 및 재난관리책임기관의 장은 제3항의 규정에 의한 안전조치를 함에 있어서는 미리 당해 소유자 · 관리자·또는 점유자에게 서면으로 이를 알려주어야 한다.

제32조(특정관리대상시설 등의 실명관리) 재난관리책임기관의 장은 제27조제1항제2호 및 제30조제1항의 규정에 의하여 안전점검 또는 긴급안전점검을 하는 경우에는 안전점검 또는 긴급안전점검을 행한 소속공무원의 실명을 유지 · 관리하여야 한다.

제33조(안전관리전문기관에 대한 자료요구 등) ① 소방방재청장은 재난의 예방을 효율적으로 추진하기 위하여 대통령령이 정하는 안전관리전문기관에 대하여 안전점검결과, 주요시설물의 설계도서 등 대통령령이 정하는 안전관리에 관하여 필요한 자료를 요구할 수 있다.

② 제1항의 규정에 의하여 자료의 요구를 받은 안전관리전문기관의 장은 특별한 사유가 없는 한 이에 응하여야 한다.

제34조(재난예방교육 · 홍보) 소방방재청장은 대통령령이 정하는 바에 의하여 재난의 예방을 위한 교육 · 홍보를 정기 또는 수시로 실시하여야 한다. 다만, 다른 법령에 재난의 예방교육 및 홍보에 관하여 특별한 규정이 있는 경우에는 그 법령에 의하여 실시할 수 있다.

제 5 장 응급대책

제35조(물자 · 자재의 비축 등) ① 재난관리책임기관의 장은 관계법령 또는 제3장의 안전관리계획이 정하는 바에 의하여 소관업무와 관계되는 재난응급대책을 수립 · 시행하고 재난복구에 필요한 물자 및 자재를 비축하며 대통령령이 정하는

재난방지시설을 정비하여야 한다.

② 시장 · 군수 · 구청장은 재난의 발생에 대비하여 관계기관 · 소유자 또는 지정대상이 되는 자와 협의하여 제39조의 규정에 의하여 응급조치에 일시사용할 장비 및 인력을 지정할 수 있다.

제36조(재난사태 선포) ① 중앙본부장은 대통령령이 정하는 재난이 발생하거나 발생할 우려로 인하여 사람의 생명 · 신체 및 재산에 미치는 중대한 영향 또는 피해를 경감하기 위하여 긴급한 조치가 필요하다고 인정하는 경우에는 중앙위원회의 심의를 거쳐 다음 각호의 구분에 따라 국무총리에게 재난사태를 선포할 것을 건의하거나 직접 선포할 수 있다.

1. 재난사태 선포 대상지역이 3개 시 · 도 이상인 경우: 국무총리에게 선포 건의
2. 재난사태 선포 대상지역이 2개 시 · 도 이하인 경우: 중앙본부장이 선포

② 제1항의 규정에 의하여 건의를 받은 국무총리는 당해 지역에 대하여 재난사태를 선포할 수 있다.

③ 중앙본부장 및 지역본부장은 제2항의 규정에 의하여 재난사태가 선포된 지역에 대하여 다음 각호의 조치를 취할 수 있다.

1. 재난경보의 발령, 인력 · 장비 및 물자의 동원, 위험구역 설정, 대피명령, 응원 등 이 법에 의한 응급조치
2. 당해 지역에 소재하는 행정기관 소속공무원의 비상소집
3. 당해 지역에 대한 여행 자제 권고
4. 그 밖에 재난예방에 필요한 조치

④ 중앙본부장은 재난이 추가적으로 발생할 우려가 해소된 경우에는 제2항의 규정에 의하여 선포된 재난사태를 즉시 해제하여야 한다.

제37조(응급조치) ① 제50조제2항의 규정에 의한 시 · 도긴급구조통제단 및 시 · 군 · 구긴급구조통제단의 단장(이하 "지역통제단장"이라 한다)과 시장 · 군수 · 구청장은 재난이 발생할 우려가 있거나 재난이 발생한 때에는 즉시 관계법령이나 시 · 도 또는 시 · 군 · 구의 안전관리계획이 정하는 바에 의하여 수방(수방) · 진화 · 구조 및 구난(구난) 그 밖에 재난의 발생을 예방하거나 피해를 경감하기 위하여 필요한 다음 각호의 응급조치를 실시하여야 한다. 다만, 지역통제단장의 경우에는 제2호중 진화에 관한 응급조치와 제4호 및 제6호의 응급조치에 한한다.

1. 경보의 발령 또는 전달이나 피난의 권고 또는 지시
2. 진화 · 수방 · 지진방재 그 밖의 응급조치와 구호
3. 피해시설의 응급복구 및 방역과 방범 그 밖의 질서의 유지

4. 긴급수송 및 구조 수단의 확보
5. 급수수단의 확보, 긴급피난처 및 구호품의 확보
6. 현장지휘통신체계의 확보
7. 그 밖에 재난의 발생을 예방하거나 경감하기 위하여 필요한 사항

② 시 · 군 · 구의 관할구역안에 소재하는 재난관리책임기관의 장은 시장 · 군수 · 구청장 또는 지역통제단장의 요청이 있는 때에는 관계법령 또는 시 · 군 · 구 안전관리계획이 정하는 바에 의하여 시장 · 군수 · 구청장 또는 지역통제단장의 지휘 또는 조정하에 그 소관업무에 관계되는 응급조치를 실시하거나 시장 · 군수 · 구청장 또는 지역통제단장이 실시하는 응급조치에 협력하여야 한다.

第38조(재난 예보 · 경보의 발령 등) ① 중앙본부장 및 지역본부장은 대통령령이 정하는 재난으로 인하여 사람의 생명 · 신체 및 재산에 대한 피해가 예상되는 때에는 그 피해를 예방하거나 경감하기 위하여 재난에 관한 예보 또는 경보를 실시할 수 있다. 다만, 다른 법령에 특별한 규정이 있는 때에는 그러하지 아니하다.

② 중앙본부장 및 지역본부장은 재난에 관한 예보 · 경보 · 통지나 응급조치를 실시하기 위하여 필요한 때에는 전기통신시설의 우선사용을 요청하거나 방송법 제2조제3호의 규정에 의한 방송사업자에 대하여 필요한 정보의 신속한 방송을 요청할 수 있다. 다만, 다른 법령에 특별한 규정이 있는 때에는 그러하지 아니하다.

③ 제2항의 규정에 의한 요청을 받은 전기통신시설의 소유자 또는 관리자와 방송사업자는 특별한 사유가 없는 한 이에 응하여야 한다.

第39조(동원명령 등) ① 중앙본부장 및 지역본부장은 재난이 발생하거나 발생할 우려가 있다고 인정하는 때에는 다음 각호의 조치를 할 수 있다.

1. 민방위기본법 제22조의 규정에 의한 민방위대의 동원
2. 재난관리책임기관의 장에게 응급조치를 위하여 관계직원의 출동 또는 제35조의 규정에 의한 물자 및 지정된 장비 · 인력 등의 동원 등 필요한 조치를 취하여 주도록 요청
3. 국방부장관에게 군부대의 지원 요청

② 제1항의 규정에 의하여 필요한 조치의 요청을 받은 기관의 장은 특별한 사유가 없는 한 이에 응하여야 한다.

第40조(대피명령) ① 시장 · 군수 · 구청장과 지역통제단장(대통령령이 정하는 권한을 행사하는 경우에 한한다. 이하 제41조 내지 제43조 및 제45조에서 같다)은 재난이 발생하거나 발생할 우려가 있는 경우에 사람의 생명 또는 신체에 대한 위해를 방지하기 위하여 필요한 때에는 당해 지역안의 주민이나 당해 지역안에 있는

자에게 대피할 것을 명할 수 있다.

② 제1항의 규정에 의한 대피명령을 받은 자는 즉시 이에 응하여야 한다.

제41조(위험구역의 설정) ① 시장·군수·구청장 및 지역통제단장은 재난이 발생하거나 발생할 우려가 있는 경우에 사람의 생명 또는 신체에 대한 위해의 방지 또는 질서의 유지를 위하여 필요한 때에는 위험구역을 설정하고, 응급조치에 종사하는 자외의 자에 대하여 다음 각호의 조치를 명할 수 있다.

1. 위험구역에의 출입 그 밖의 행위의 금지 또는 제한
2. 위험구역에서의 퇴거 또는 대피

② 시장·군수·구청장 및 지역통제단장은 제1항의 규정에 의하여 위험구역을 설정하는 때에는 그 구역의 범위와 제1항제1호의 규정에 의하여 금지 또는 제한되는 행위의 내용 그 밖에 필요한 사항을 보기 쉬운 곳에 게시하여야 한다.

제42조(강제대피조치) 시장·군수·구청장 및 지역통제단장은 제40조제1항의 규정에 의한 대피명령을 받은 자 또는 제41조제1항제2호의 규정에 의한 위험구역에서의 퇴거나 대피명령을 받은 자가 그 명령을 이행하지 아니하여 위급하다고 판단되는 때에는 당해 지역 또는 위험구역안의 주민이나 당해 지역 또는 위험구역안에 있는 자를 강제대피시키거나 강제퇴거시킬 수 있다.

제43조(통행제한 등) ① 시장·군수·구청장 및 지역통제단장은 응급조치의 실시에 필요한 물자를 긴급히 수송하거나 진화·구조 등을 위하여 필요한 때에는 대통령령이 정하는 바에 의하여 국가경찰관서의 장에게 도로의 구간을 지정하여 당해 긴급수송 등을 행하는 차량외의 차량의 통행을 금지하거나 제한하도록 요청할 수 있다. <개정 2006.2.21>

② 제1항의 규정에 의한 요청을 받은 국가경찰관서의 장은 특별한 사유가 없는 한 이에 응하여야 한다. <개정 2006.2.21>

제44조(응원) ① 시장·군수·구청장은 응급조치를 위하여 필요한 때에는 다른 시·군·구 또는 관할구역안에 있는 군부대 및 관계 행정기관의 장에게 소속공무원 등의 파견 등 필요한 응원을 요청할 수 있다. 이 경우 응원의 요청을 받은 군부대의 장 및 관계 행정기관의 장은 특별한 사유가 없는 한 이에 응하여야 한다.

② 제1항의 규정에 의하여 응원에 종사하는 자는 그 응원을 요청한 시장·군수·구청장의 지휘에 따라 응급조치에 종사하여야 한다.

제45조(응급부담) 시장·군수·구청장 및 지역통제단장은 그 관할 구역안에서 재난이 발생하거나 발생할 우려가 있어 응급조치를 하여야 할 급박한 사정이 있는 때에는 당해 재난현장에 있는 자 또는 인근에 거주하는 자에게 응급조치에 종사

하게 하거나 대통령령이 정하는 바에 의하여 다른 사람의 토지 · 건축물 · 공작물 그 밖의 소유물을 일시사용할 수 있으며, 장애물을 변경 또는 제거할 수 있다.

제46조(시 · 도지사가 실시하는 응급조치 등) ① 시 · 도지사는 그 관할구역안에서 재난이 발생하거나 발생할 우려가 있는 경우로서 대통령령이 정하는 경우와 둘 이상의 시 · 군 · 구에 걸쳐 재난이 발생하거나 발생할 우려가 있는 경우에는 제40조 내지 제45조의 규정에 의한 응급조치를 할 수 있다.

② 시 · 도지사는 제1항의 규정에 의한 응급조치의 실시를 위하여 필요한 때에는 이 장의 규정에 의하여 응급조치를 하여야 할 시장 · 군수 · 구청장에게 필요한 지시를 하거나 다른 시장 · 군수 · 구청장에게 응원을 명할 수 있다.

제47조(재난관리책임기관의 장의 응급조치) 제3조제5호 나목의 규정에 의한 재난관리책임기관의 장은 재난이 발생하거나 발생할 우려가 있는 때에는 즉시 그 소관업무에 관하여 필요한 응급조치를 하고, 이 장의 규정에 의하여 시 · 도지사, 시장 · 군수 · 구청장 또는 지역통제단장이 실시하는 응급조치가 원활히 수행될 수 있도록 필요한 협조를 하여야 한다.

제48조(지역통제단장의 응급조치 등) ① 지역통제단장은 긴급구조를 위하여 필요한 경우 중앙본부장, 지역본부장 또는 시장 · 군수 · 구청장에게 제37조 내지 제39조 및 제44조의 규정에 의한 응급대책을 요청할 수 있고, 중앙본부장, 지역본부장 또는 시장 · 군수 · 구청장은 특별한 사유가 없는 한 이에 응하여야 한다.

② 지역통제단장이 제37조의 규정에 의한 응급조치와 제40조 내지 제43조 및 제45조의 규정에 의한 응급대책을 실시한 때에는 이를 즉시 해당 시장 · 군수 · 구청장에게 통보하여야 한다.

제 6 장 긴급구조

제49조(중앙긴급구조통제단) ① 긴급구조에 관한 사항의 총괄 · 조정, 긴급구조기관 및 긴급구조지원기관이 행하는 긴급구조활동의 역할분담 및 지휘통제를 위하여 소방방재청에 중앙긴급구조통제단(이하 "중앙통제단"이라 한다)을 둔다.

② 중앙통제단에는 단장 1인을 두되, 단장은 소방방재청장이 된다.

③ 긴급구조에 관한 사항을 심의하기 위하여 중앙통제단에 위원장을 포함하여 15인 이상 20인 이내의 위원으로 구성되는 운영위원회를 두되, 운영위원회의 위원장은 위원중에서 중앙통제단장이 지명하고, 위원은 국방부 · 보건복지부 · 경찰청 · 해양경찰청 그 밖에 단장이 필요하다고 인정하는 관계기관의 장이 추천하는 소속공무원과 긴급구조에 관한 학식과 경험이 풍부한 자 중에서 단장이 위촉하

는 자가 된다.

④ 중앙통제단장은 긴급구조를 위하여 필요한 경우에는 긴급구조지원기관간의 공조체제를 유지하기 위하여 관계 기관·단체의 장에게 소속직원의 파견을 요청할 수 있다. 이 경우 요청을 받은 기관·단체의 장은 특별한 사유가 없는 한 이에 응하여야 한다.

⑤ 중앙통제단 및 운영위원회의 구성·기능 및 운영에 관하여 필요한 사항은 대통령령으로 정한다.

第50조(지역긴급구조통제단) ① 지역별 긴급구조에 관한 사항의 총괄·조정, 당해 지역에 소재하는 긴급구조기관 및 긴급구조지원기관간의 역할분담과 재난현장에서의 지휘·통제를 위하여 시·도의 소방본부에 시·도긴급구조통제단을 두고, 시·군·구의 소방서에 시·군·구긴급구조통제단을 둔다.

② 시·도긴급구조통제단 및 시·군·구긴급구조통제단(이하 "지역통제단"이라 한다)에는 각각 단장 1인을 두되, 단장은 시·도긴급구조통제단의 경우에는 소방본부장이 되고 시·군·구긴급구조통제단의 경우에는 소방서장이 된다.

③ 지역통제단장은 긴급구조를 위하여 필요한 경우에는 긴급구조지원기관간의 공조체제를 유지하기 위하여 관계 기관·단체의 장에게 소속직원의 파견을 요청할 수 있다. 이 경우 요청을 받은 기관·단체의 장은 특별한 사유가 없는 한 이에 응하여야 한다.

④ 지역통제단의 기능 및 운영에 관하여 필요한 사항은 대통령령으로 정한다.

第51조(긴급구조) ① 지역통제단장은 재난이 발생한 때에는 소속 긴급구조요원을 당해 재난현장에 신속히 출동시켜 필요한 긴급구조활동을 하게 하여야 한다.

② 지역통제단장은 긴급구조를 위하여 필요한 경우에는 긴급구조지원기관의 장에게 소속 긴급구조지원요원을 현장에 출동시키는 등 긴급구조활동을 지원할 것을 요청할 수 있다. 이 경우 요청을 받은 기관의 장은 특별한 사유가 없는 한 즉시 이에 응하여야 한다.

③ 제2항의 규정에 의한 요청에 따라 긴급구조활동에 참여한 민간 긴급구조지원기관에 대하여는 대통령령이 정하는 바에 의하여 그 경비의 전부 또는 일부를 지원할 수 있다.

④ 긴급구조활동을 위하여 회전익항공기(이하 이 항에서 "헬기"라 한다)의 운항이 필요한 경우에는 긴급구조기관의 장이 당해 헬기의 운항과 관련되는 사항을 헬기운항통제기관에 통보하고 헬기를 운항할 수 있다. 이 경우 관계법령에 의하여 당해 헬기의 운항이 승인된 것으로 본다.

제52조(현장지휘) ① 재난현장에서의 긴급구조활동의 지휘는 시 · 군 · 구긴급구조통제단장이 행한다. 다만, 치안활동과 관련된 사항에 대하여는 관할경찰관서의 장과 협의하여야 한다.

② 제1항의 규정에 의한 현장지휘는 다음 각호의 사항에 관하여 행한다.

1. 재난현장에서의 인명의 탐색 · 구조
2. 긴급구조기관 및 긴급구조지원기관의 인력 및 장비의 배치와 운용
3. 추가 재난의 방지를 위한 응급조치
4. 긴급구조지원기관 및 자원봉사자 등에 대한 임무의 부여
5. 사상자의 응급처치 및 의료기관으로의 이송
6. 긴급구조에 필요한 물자의 관리
7. 현장접근 통제, 현장주변의 교통정리 그 밖에 효율적인 긴급구조활동을 위하여 필요한 사항

③ 시 · 도긴급구조통제단장은 필요하다고 인정하는 경우에는 제1항의 규정에 불구하고 직접 현장지휘를 할 수 있다.

④ 중앙통제단장은 대통령령이 정하는 대규모의 재난이 발생하거나 그 밖에 필요하다고 인정하는 경우에는 제1항 및 제3항의 규정에 불구하고 직접 현장지휘를 할 수 있다.

⑤ 재난현장에서 긴급구조활동에 임하는 긴급구조요원은 제1항 · 제3항 및 제4항의 규정에 의하여 현장지휘를 하는 각급 통제단장의 지휘 · 통제에 따라야 한다.

⑥ 중앙통제단장 및 지역통제단장은 재난현장의 긴급구조 등 현장지휘를 효과적으로 수행하기 위하여 재난현장에 현장지휘소를 설치 · 운영할 수 있다. 이 경우 긴급구조활동에 참여하는 긴급구조지원기관의 현장지휘자는 현장지휘소에 대통령령이 정하는 바에 의하여 연락관을 파견하여야 한다.

제53조(긴급구조활동에 대한 평가) ① 중앙통제단장 및 지역통제단장은 대통령령이 정하는 바에 의하여 재난상황이 종료된 후 긴급구조지원기관의 활동에 대하여 종합평가를 실시하여야 한다.

② 제1항의 규정에 의한 종합평가결과를 시 · 군 · 구긴급구조통제단장은 시 · 도긴급구조통제단장 및 시장 · 군수 · 구청장에게, 시 · 도긴급구조통제단장은 소방방재청장에게 보고 또는 통보하여야 한다.

제54조(긴급구조대응계획의 수립) 긴급구조기관의 장은 재난이 발생하는 경우 긴급구조기관 및 긴급구조지원기관이 신속하고 효율적으로 긴급구조를 수행할 수 있도록 대통령령이 정하는 바에 의하여 재난의 규모 및 유형에 따른 긴급구조대

응계획을 수립·시행하여야 한다.

第55조(재난대비능력 보강) ① 국가 및 지방자치단체는 재난관리에 필요한 인력·장비·시설의 확충, 통신망의 설치·정비 등 긴급구조능력을 보강하기 위하여 노력하고, 이를 위하여 필요한 재정상의 조치를 강구하여야 한다.

② 긴급구조기관의 장은 신속하고 효과적인 긴급구조활동을 수행할 수 있도록 긴급구조지휘대 등 긴급구조체제를 구축하고, 상시 소속 긴급구조요원 및 장비의 출동태세를 유지하여야 한다.

③ 긴급구조업무 및 재난관리책임기관(행정기관외의 기관에 한한다)의 재난관리업무에 종사하는 자는 대통령령이 정하는 바에 의하여 긴급구조에 관한 교육을 받아야 한다. 다만, 다른 법령에 의하여 긴급구조에 관한 교육을 받은 경우에는 이 법에 의한 교육을 받은 것으로 본다.

④ 소방방재청장은 제3항의 규정에 의한 교육을 담당할 교육기관을 지정할 수 있다.

第56조(해상에서의 긴급구조) ① 해양경찰청장은 해상에서의 선박 또는 항공기 등의 조난사고가 발생한 때에는 수난구호법 등 관계법령에 의하여 긴급구조활동을 수행하여야 한다.

② 해양경찰청장은 효율적인 긴급구조를 위하여 필요하다고 인정하는 때에는 중앙행정기관의 장 또는 소방방재청장에게 구조대의 지원 그 밖의 필요한 협조를 요청할 수 있다. 이 경우 요청을 받은 중앙행정기관의 장 또는 소방방재청장은 특별한 사유가 없는 한 이에 응하여야 한다.

第57조(항공기 등 조난사고시의 긴급구조 등) ① 국방부장관은 항공기 또는 선박의 조난사고가 발생한 때에는 관계법령에 의하여 긴급구조업무에 책임이 있는 기관의 긴급구조활동에 대한 군의 지원을 신속하게 할 수 있도록 다음 각호의 조치를 취하여야 한다.

1. 탐색구조본부의 설치·운영
2. 탐색구조부대의 지정 및 출동대기태세의 유지

② 제1항제1호의 규정에 의한 탐색구조본부의 구성 및 운영에 관하여 필요한 사항은 국방부령으로 정한다.

第58조(해외재난 등의 발생시 긴급구조) ① 소방방재청장은 해외재난이 발생하여 대한민국 국민을 구조하는 경우와 다른 나라의 대형재난으로 인한 인명구조를 위하여 필요한 경우에는 외교통상부장관과 협의하여 해외긴급구조대를 구성하여 현지에 파견할 수 있다.

② 해외긴급구조대의 편성에 관하여 필요한 사항은 대통령령으로 정한다.

제7장 특별재난지역의 선포 및 복구

제59조(특별재난지역의 선포 건의) 중앙본부장은 대통령령이 정하는 재난의 발생으로 인하여 국가의 안녕 및 사회질서의 유지에 중대한 영향을 미치거나 당해 재난으로 인한 피해의 효과적인 수습 및 복구를 위하여 특별한 조치가 필요하다고 인정되는 경우에는 중앙위원회의 심의를 거쳐 당해 지역을 특별재난지역으로 선포할 것을 대통령에게 건의할 수 있다.

제60조(특별재난지역의 선포 등) ① 제59조의 규정에 의하여 특별재난지역의 선포를 건의받은 대통령은 당해 지역을 특별재난지역으로 선포할 수 있다.

② 재난관리책임기관의 장은 제1항의 규정에 의하여 특별재난지역이 선포되는 경우에는 재난복구계획을 수립 · 시행할 수 있다.

제61조(특별재난지역에 대한 지원) 국가 또는 지방자치단체는 제60조의 규정에 의하여 특별재난지역으로 선포된 지역에 대하여는 대통령령이 정하는 바에 의하여 응급대책 및 재난구호와 복구에 필요한 행정 · 재정 · 금융 · 의료상의 특별지원을 할 수 있다.

제8장 재정 및 보상 등

제62조(비용의 부담) ① 재난관리에 필요한 비용은 이 법 또는 다른 법령에 특별한 규정이 있는 경우를 제외하고는 이 법 또는 제3장의 안전관리계획이 정하는 바에 의하여 그 시행의 책임이 있는 자의 부담으로 하고, 제46조의 규정에 의하여 시 · 도지사 또는 시장 · 군수 · 구청장이 다른 재난관리책임기관이 시행할 재난의 응급조치를 시행한 경우 그에 소요되는 비용은 그 응급조치를 시행할 책임이 있는 재난관리책임기관의 부담으로 한다.

② 제1항 후단의 규정에 의한 비용은 관계기관이 협의하여 이를 정산한다.

제63조(응급지원에 필요한 비용) ① 제44조제1항의 규정에 의하여 응원을 받은 자는 그 응원에 소요되는 비용을 부담하여야 한다.

② 제1항의 경우 당해 응급조치로 인하여 다른 지방자치단체가 이익을 받은 때에는 그 수익의 범위안에서 이익을 받은 당해 지방자치단체가 그 비용의 일부를 분담하여야 한다.

③ 제62조제2항의 규정은 제1항 및 제2항의 규정에 의한 비용의 정산에 관하여

이를 준용한다.

제64조(손실보상) ① 국가 또는 지방자치단체는 제39조 및 제45조(제46조의 규정에 의하여 시·도지사가 행하는 경우를 포함한다)의 규정에 의한 조치로 인하여 손실이 발생한 때에는 보상하여야 한다.

② 제1항의 규정에 의한 손실의 보상에 관하여는 손실을 받은 자와 그 조치를 행한 중앙행정기관의 장, 시·도지사 또는 시장·군수·구청장이 협의하여야 한다.

③ 제2항의 규정에 의한 협의가 성립되지 아니한 때에는 대통령령이 정하는 바에 의하여 공익사업을위한토지등의취득및보상에관한법률 제51조의 규정에 의한 관할 토지수용위원회에 재결을 신청할 수 있다.

④ 공익사업을위한토지등의취득및보상에관한법률 제83조 내지 제86조의 규정은 제3항의 규정에 의한 재결에 관하여 이를 준용한다.

제65조(치료 및 보상) ① 재난발생시 긴급구조활동 및 응급대책·복구 등에 참여한 자원봉사자, 제45조의 규정에 의한 응급조치 종사명령을 받은 자 및 제51조제2항의 규정에 의하여 긴급구조활동에 참여한 민간 긴급구조지원기관의 긴급구조지원요원이 응급조치 또는 긴급구조 종사중 부상을 입은 때에는 치료를 실시하고, 사망(부상으로 인하여 사망한 경우를 포함한다)하거나 신체에 장애를 입은 때에는 그 유족 또는 장애를 입은 자에게 보상금을 지급한다. 다만, 다른 법령에 의하여 국가 또는 지방자치단체의 부담으로 같은 종류의 보상금을 지급받은 자에 대하여는 그 보상금에 상당하는 금액은 이를 지급하지 아니한다.

② 재난의 응급대책·복구 및 긴급구조 등에 참여한 자원봉사자의 장비 등이 응급대책·복구 또는 긴급구조와 관련하여 고장 또는 파손된 경우에는 수리비용을 그 자원봉사자에게 보상할 수 있다.

③ 제1항의 규정에 의한 치료 및 보상금은 국가 또는 지방자치단체의 부담으로 하며, 그 기준 및 절차 등에 관하여 필요한 사항은 대통령령으로 정한다.

제66조(국고보조 등) ① 국가는 재난관리의 원활한 실시를 위하여 필요한 때에는 대통령령이 정하는 바에 의하여 그 비용(제65조제1항의 규정에 의한 보상금을 포함한다)의 전부 또는 일부를 국고에서 부담하거나 지방자치단체 그 밖의 재난관리책임자에게 보조할 수 있다. 다만, 제39조제1항(제46조제1항의 시·도지사가 행하는 경우를 포함한다) 또는 제40조제1항의 대피명령을 방해하거나 위반하여 발생한 피해에 대하여는 그러하지 아니하다.

② 제1항의 규정에 의한 재난복구사업의 재원은 대통령령이 정하는 재난의 구호 및 재난의 복구비용 부담기준에 따라 국고의 부담금 또는 보조금과 지방자치단

체의 부담금 · 의연금 등으로 충당하되, 지방자치단체의 부담금중 시 · 도 및 시 · 군 · 구가 부담하는 기준은 행정자치부령으로 정한다.

③ 국가 및 지방자치단체는 이재민의 생계안정을 위하여 다음 각호의 지원을 할 수 있다.

1. 이재민의 구호
2. 중학생 및 고등학생의 학자금 면제
3. 농림어업자금의 상환기한 연기 및 그 이자의 감면
4. 정부양곡의 무상지급
5. 그 밖에 중앙재난안전대책본부회의에서 결정한 사항

第67條(재난관리기금의 적립) ① 지방자치단체는 재난관리에 소요되는 비용에 충당하기 위하여 매년 재난관리기금을 적립하여야 한다.

② 제1항의 규정에 의한 재난관리기금의 매년도 최저적립액은 최근 3년 동안의 지방세법에 의한 보통세의 수입결산액의 평균연액의 100분의 1에 해당하는 금액으로 한다.

第68條(재난관리기금의 운용 등) ① 재난관리기금에서 생기는 수입은 그 전액을 재난관리기금에 편입하여야 한다.

② 재난관리기금의 용도 · 운용 및 관리에 관하여 필요한 사항은 대통령령으로 정한다.

제9장 보 칙

第69條(재난상황의 기록관리) ① 재난관리책임기관의 장은 소관시설 · 재산 등에 관한 피해상황 등을 기록하고, 이를 보관하여야 한다. 이 경우 시장 · 군수 · 구청장을 제외한 재난관리책임기관의 장은 그 기록사항을 시장 · 군수 · 구청장에게 통보하여야 한다.

② 재난상황의 작성 · 보관 및 관리에 관하여 필요한 사항은 대통령령으로 정한다.

第70條(안전문화활동의 육성 · 지원) ① 국가 및 지방자치단체는 국민의 안전의식을 높이고 안전문화를 창달하기 위하여 노력하여야 한다.

② 소방방재청장은 국민이 안전문화활동과 응급상황시 구조 · 구호활동에 참여하고 일상생활에서 안전문화를 실천할 수 있도록 안전관련 자원봉사기관 및 주민자치활동을 육성 · 지원할 수 있다.

③ 국가 및 지방자치단체는 국민이 안전을 지키기 위한 활동에 참여하고 일상생활에서 안전문화를 실천할 수 있도록 안전체험에 관한 시설을 설치 · 운영할 수

있다.

제71조(안전관리에 필요한 과학기술의 진흥 등) ① 정부는 재난의 예방·원인조사 등을 위한 실험·조사·연구·기술개발 및 전문인력 양성 등 안전관리에 필요한 과학기술의 진흥시책을 강구하여야 한다.

② 정부는 제1항의 규정에 의하여 안전관리에 필요한 학술조사·연구 및 기술개발에 필요한 지원을 할 수 있다.

제72조(안전관련산업의 육성 및 지원 등) ① 정부는 안전관련산업의 건전한 발전과 육성을 위하여 필요한 시책을 마련하고 이를 시행하여야 한다.

② 소방방재청장은 중소기업기본법 제2조의 규정에 의한 중소기업의 안전관리 등과 관련된 기술의 개발·사업화에 대하여 필요한 지원을 할 수 있다.

③ 소방방재청장은 제2항의 규정에 의하여 개발한 기술을 사업화하여 매출이 발생한 경우에는 그 사업자로부터 기술료를 받을 수 있다. 이 경우 기술료의 납부기준·납부절차·용도 등에 관하여 필요한 사항은 대통령령으로 정한다.

제73조(재난대비훈련) ① 시·도지사, 시장·군수·구청장 및 긴급구조기관의 장은 대통령령이 정하는 바에 의하여 정기 또는 수시로 재난관리책임기관·긴급구조지원기관 및 군부대 등 관계기관과 합동으로 재난대비훈련을 실시할 수 있다.

② 제1항의 규정에 의한 재난대비훈련에 참여를 요청받은 기관의 장은 특별한 사유가 없는 한 이에 응하여야 한다.

③ 제1항의 규정에 의하여 재난대비훈련을 실시하는 때에는 제54조의 규정에 의한 긴급구조대응계획과 제74조의 규정에 의한 표준화된 재난관리에 관한 사항이 포함되어야 한다.

④ 시장·군수·구청장 및 긴급구조기관의 장은 제1항의 규정에 의한 훈련을 실시한 후에는 그 훈련결과를 대통령령이 정하는 바에 의하여 평가하여 재난관리책임기관의 장 및 관계 긴급구조지원기관의 장에게 이를 통보하여야 한다.

제74조(재난관리의 표준화 등) ① 소방방재청장은 재난관리업무의 효율적 수행을 위하여 대통령령이 정하는 바에 의하여 재난관리에 단계별로 적용할 수 있는 표준화된 지원프로그램을 개발·보급할 수 있다.

② 제3조제5호의 규정에 의한 재난관리책임기관과 동조제7호 및 제8호의 규정에 의한 긴급구조기관·긴급구조지원기관은 재난의 예방·대비·대응·복구 등의 재난관리업무를 효율적으로 추진하기 위하여 정보통신체계를 구축할 수 있다.

제75조(안전관리자문단의 구성·운영) ① 지방자치단체의 장은 재난 및 안전관리 업무의 기술적 자문을 위하여 민간전문가로 구성된 안전관리자문단을 구성·운

영할 수 있다.

② 제1항의 규정에 의한 안전관리자문단의 구성·운영에 관하여는 당해 지방자치단체의 조례로 정한다.

第76조(재난관련 보험 등의 개발·보급) ① 국가는 국민과 지방자치단체가 자기의 책임과 노력으로 재난에 대비할 수 있도록 재난관련 보험·공제의 개발·보급을 위하여 노력하여야 한다.

② 국가는 예산의 범위안에서 대통령령이 정하는 바에 의하여 보험료와 공제회비의 일부와 보험 및 공제의 운영 및 관리 등에 필요한 비용의 일부를 지원할 수 있다.

第77조(재난관리에 대한 문책요구 등) ① 소방방재청장, 시·도지사 및 시장·군수·구청장은 재난응급대책·안전점검·재난상황관리 등의 업무를 수행함에 있어서 지시를 위반하거나 부과된 임무를 게을리한 공무원 또는 직원의 명단을 그 소속기관 또는 단체의 장에게 통보할 수 있다.

② 중앙통제단장 및 지역통제단장은 제52조제5항의 규정에 의한 현장지휘에 불응하거나 부과된 임무를 게을리 한 긴급구조요원의 명단을 그 소속기관 또는 단체의 장에게 통보할 수 있다.

③ 제1항 및 제2항의 규정에 의하여 통보를 받은 소속기관의 장 또는 단체의 장은 해당 공무원 또는 직원에 대한 문책 등 적절한 조치를 취하고 그 결과를 해당 기관의 장에게 통보하여야 한다.

第78조(권한의 위임 및 위탁) ① 소방방재청장은 이 법에 의한 권한의 일부를 대통령령이 정하는 바에 의하여 시·도지사에게 위임할 수 있다.

② 소방방재청장은 제29조의 규정에 의한 평가 등의 업무의 일부와 제72조의 규정에 의한 안전관련산업의 육성 및 지원에 관한 업무를 대통령령이 정하는 바에 의하여 전문기관 등에 위탁할 수 있다.

제10장 벌 칙

第79조(벌칙) 다음 각호의 1에 해당하는 자는 1년 이하의 징역 또는 500만원 이하의 벌금에 처한다.

1. 정당한 사유없이 제30조제1항의 규정에 의한 긴급안전점검을 거부 또는 기피하거나 방해한 자
2. 제31조제1항의 규정에 의한 안전조치명령을 받고 이를 이행하지 아니한 자
3. 정당한 사유없이 제41조제1항제1호(제46조제1항의 규정에 의한 경우를 포함

한다)의 규정에 의한 위험구역에의 출입 그 밖의 행위의 금지 또는 제한명령을 위반한 자

제80조(벌칙) 다음 각호의 1에 해당하는 자는 200만원 이하의 벌금에 처한다.

1. 제40조제1항(제46조제1항의 규정에 의한 경우를 포함한다)의 규정에 의한 대피명령을 위반한 자
2. 제41조제1항제2호(제46조제1항의 규정에 의한 경우를 포함한다)의 규정에 의한 위험구역에서의 퇴거 또는 대피명령을 위반한 자
3. 정당한 사유없이 제45조(제46조제1항의 규정에 의한 경우를 포함한다)의 규정에 의한 토지 · 건축물 · 공작물 그 밖의 소유물의 일시사용 또는 장애물의 변경이나 제거를 거부 또는 방해한 자

제81조(양벌규정) 법인의 대표자나 법인 또는 개인의 대리인 · 사용인 그 밖의 종업원이 그 법인 또는 개인의 업무에 관하여 제79조 또는 제80조의 위반행위를 한 때에는 행위자를 벌하는 외에 그 법인 또는 개인에 대하여도 각 해당 조의 벌금형을 과한다.

부칙 〈제7188호, 2004.3.11〉

제1조(시행일) 이 법은 공포한 날부터 3월을 넘지 아니하는 범위에서 대통령령이 정하는 날부터 시행한다.

제2조(다른 법률의 폐지) 재난관리법은 이를 폐지한다.

제3조(처분 등에 관한 경과조치) 이 법 시행 당시 종전의 재난관리법에 의하여 행하여진 처분 · 조치 그 밖의 행정기관의 행위 또는 행정기관에 대한 행위는 이 법에 의한 행정기관의 행위 또는 행정기관에 대한 행위로 본다.

제4조(지역위원회의 구성 등에 관한 경과조치) 제11조제4항의 규정에 의한 지역위원회 및 실무위원회의 구성 · 운영에 관하여 필요한 사항은 이 법 시행일부터 6월 이내의 범위에서 해당 시 · 도 및 시 · 군 · 구의 조례가 제정될 때까지는 종전의 재난관리법 제9조제4항의 규정에 의한 대통령령이 정한 바에 의한다.

제5조(안전관리계획에 관한 경과조치) 이 법 시행 당시 종전의 재난관리법에 의한 국가재난관리계획, 시 · 도재난관리계획 및 시 · 군 · 구재난관리계획은 각각 이 법에 의한 국가안전관리계획, 시 · 도안전관리계획 및 시 · 군 · 구안전관리계획으로 본다.

제6조(지역위원회의 권한에 속하는 사항의 처리에 관한 경과조치) 지역위원회가 제12조제4호의 규정에 의한 조례에 의하여 당해 지역위원회의 권한에 속하는 사항

의 처리를 함에 있어서 이 법 시행일부터 6월 이내의 범위에서 종전의 재난관리법 제10조제1항제3호의 규정에 의한 해당 시 · 도 및 시 · 군 · 구의 조례가 제정 또는 개정될 때까지는 종전의 조례에 의한다.

제7조(지역대책본부의 구성 등에 관한 경과조치) 제16조제3항의 규정에 의한 지역대책본부의 구성 및 운영에 관하여 필요한 사항은 이 법 시행일부터 6월 이내의 범위에서 해당 시 · 도 및 시 · 군 · 구의 조례가 제정될 때까지는 종전의 재난관리법 제43조제3항의 규정에 의한 대통령령이 정한 바에 의한다.

제8조(특별재난지역에 관한 경과조치) 이 법 시행 당시 종전의 재난관리법 제51조의 규정에 의하여 선포된 특별재난지역은 이 법 제60조의 규정에 의하여 선포된 특별재난지역으로 본다.

제9조(재난관리기금에 관한 경과조치) 이 법 시행 당시 종전의 재난관리법 제56조의 규정에 의한 재난관리기금 및 종전의 자연재해대책법 제63조의 규정에 의한 재해대책기금은 이 법 제67조의 규정에 의한 재난관리기금으로 본다.

제10조(다른 법률의 개정) ① 전기사업법중 다음과 같이 개정한다.

제75조제2호중 "재난관리법"을 "재난및안전관리기본법"으로 한다.

② 전기통신기본법중 다음과 같이 개정한다.

제44조의3제1항 전단중 "재난관리법"을 "재난및안전관리기본법"으로 하고, 같은 항 후단중"재난관리법 제12조의 규정에 의한 국가재난관리계획"을 "재난및안전관리기본법 제22조의 규정에 의한 국가안전관리계획"으로 한다.

③ 방송법중 다음과 같이 개정한다.

제75조제1항중 "재난관리법 제2조"를 "재난및안전관리기본법 제3조"로 한다.

④ 원자력손해배상법중 다음과 같이 개정한다.

제2조제2호 나목중 "재난관리법"을 "재난및안전관리기본법"으로 한다.

⑤ 자연재해대책법중 다음과 같이 개정한다.

제63조를 삭제한다.

제11조(다른 법령과의 관계) 이 법 시행 당시 다른 법령에서 종전의 재난관리법 또는 그 규정을 인용하고 있는 경우 이 법 중 그에 해당하는 규정이 있는 때에는 종전의 규정에 갈음하여 이 법 또는 이 법의 해당 규정을 인용한 것으로 본다.

부칙(제주특별자치도 설치 및 국제자유도시 조성을 위한 특별법) 〈제7849호, 2006.2.21〉

제1조(시행일) 이 법은 2006년 7월 1일부터 시행한다. <단서 생략>

제2조 내지 제39조 생략

제40조(다른 법령의 개정) ① 내지 <23>생략

<24>재난 및 안전관리 기본법 일부를 다음과 같이 개정한다.

제43조제1항 및 제2항 중 "경찰관서"를 각각 "국가경찰관서"로 한다.

<25>내지 <47>생략

제41조 생략

참고 문헌

1. 국내 문헌

강경근, 1990. 현대국가에서의 국가안전의 본질과 의미, 「고시연구」.

강용석, 2004. 우리나라 재난관리에 대한 소고, 「지방의회연구」, 제13권: 147-163.

경제정의실천시민연합, 2002. 21세기, 한국지방자치의 비전을 말한다, 시민의신문사.

권태호, 2004. 「정부지원복구비의 지역경제파급효과 분석을 위한 기초연구」, 방재연구소.

국가안전보장회의사무처, 2006. 「국제적 대형재난발생시 우리정부의 전략적 대응방향」.

국무총리실, 2001. 「2001년 국가재난관리계획」.

국회 법제실, 2006. 「법률안 심사 사례」, 국회 사무처.

광주광역시, 2006. 「2006년 안전관리계획」.

김남진, 1996. 「행정법의 기본문제」, 법문사.

———, 2000. 「행정법(하)」, 법문사.

김대식 · 노영기 · 안국신, 2006. 「현대경제학원론」, 제5판.

김보수, 2003. 「태풍 매미로 인한 산업피해와 과제」, 전경련.

김명재, 1999. 독일 헌법상 보호청구권, 「법률행정논총」, 전남대학교 법률행정연구소.

김영평, 최병선, 소영진, 정익재, 1995. 한국인의 위험인지와 정책적 함의, 「한국행정학보」, 29(3): 935-954.

김영평, 1994. 현대사회와 위험의 문제, 「한국행정연구」, 3(4).

김용달, 2003. 재난위험관리와 보험, 제8회 방재안전세미나, 소방방재청.

김종익, 2007. 재난관리기금의 운용의 문제점과 바람직한 활용방안, 재난관리연구소 하계세미나, 희망제작소 .

김태윤, 2004. 우리나라의 국가재해 관리체계의 모색.

———, 2000.「국가 재해관리체계 구축 방안 연구」, 한국행정연구원 연구보고서.

김춘환, 2004.「행정법강의 1」, 조선대학교 출판부.

———, 2004.「특별행정법」, 조선대학교 출판부.

김향기, 2005.「행정법개론」, 삼영사.

김형렬, 1987. 정책집행에 있어서 위기관리에 관한 연구,「사회과학논집」18. 연세대학교 사회과학연구소, pp. 65-87.

문현철, 2001. 방재행정법의 체계화에 관한 연구, 조선대학교 대학원 박사학위 청구논문.

———, 2002. 국가인명구조행정작용에 대한 방재행정법학적 검토, 금촌육종수 박사 정년기념논문집.

문현철 외 공저, 2003.「재해유형별 상황대처를 위한 매뉴얼 작성」, 행정자치부・국립방재연구소.

문현철 외 공저, 2003.「방재과학개론」, 시그마프레스사.

문현철, 2006. 2005첨단무기개발과 군항공, 우주법 세미나자료집,「공군법률논집」, 통권 제27호, 공군본부.

———, 2007. 군사행정법상 민방위사태에 있어서 민관군 통합방위체제에 대한 연구,「남부대 경찰법률논총」, 남부대학교, 경찰법률연구소, 2007. 3.

———, 2007.「재난및안전관리기본법 해설」, 전라남도 공무원교육원 자료집.

———, 2007. 안전복지실현을 위한 풀뿌리 민간단체의 역할, 소방방재청, 제3회 민관합동 안전문화혁신 연찬회 자료집.

박석희・노화준・안대승, 2004. 재난관리 행정에 대한 네트워크 분석,「행정논총」, 42(1): 103-132.

박영옥, 2001.「전・평시 비상대비 및 재난재해의 효율적인 관리방안 연구」, 비상기획위원회.

박윤흔, 1990.「최신 행정법강의(하)」, 국민서관.

박재희, 2000.「정책결정시스템과 정책조정」, 한국행정연구원.

석종현, 1988.「일반행정법(하)」, 삼영사.

———, 2003.「일반행정법(상)」, 삼영사.

소방방재청, 2008.「풍수해 Press Kit」.

———, 2007. 국감자료(홍미영의원실).

———, 2007. 국감자료(윤호중의원실).

———, 2006. 국감자료(국회행정자치위원회).

심재옥, 2007. 지방교부세 개선 토론회, 민주노동당, 전국공무원노동조합.

심재현 · 오금호, 2005. 지역방재역량강화와 NGO의 역할, 제10회 방재안전세미나, 소방방재청.

위금숙, 2005.「재해대비 민간 투자 및 참여실태 분석과 제도미련 연구보고서」, 소방방재청 · 한국비시피협회.

오금호, 2007. 지방자치단체 재난관리 관련기금 운용과 예방사업의 활성화 방안, 재난관리연구소 하계세미나, 희망제작소.

오준수, 1993. 국방법령상의 용어의 정의,「군사법논문집」, 공군본부, 1993.4.

유진식, 2002. 대통령,권력분립,국가행정조직법,「공법연구」, 한국공법학회.

이상철, 1999. 국가위기관리 법령의 문제점과 개선방안,「육군사관학교논문집」, 제55집 제1호.

이순태, 2006.「일본의 재해지원물자 등의 비축 및 물류에 관한 법제연구」, 한국법제연구원.

이승우, 1994.「국가의 기본권보호의무」, 양승두교수 화갑기념논문집.

———, 1993. 기본권보호의무와 공권이론,「고시연구」.

이원희, 2007. 재난관련 재정운영의 과제, 재난관리연구소 하계세미나, 희망제작소.

이재은 외, 2006.「재난관리론」, 대영문화사.

이재은 외 6, 2007. E-아름다운기금 평가 및 사업방향 제언에 관한 연구, 희망제작소 재난관리연구소.

이재은, 2006. 포괄적 안보개념하에서의 국가위관리 법제화 방안에 관한 연구,「한국위기관리논집」.

———, 2006.「국가위기관리에 관한 법제화 방향」, 국가안전보장회의 사무처.

이종렬 외, 2007.「참여정부 국가재난관리시스템 사례분석」, 국가재난관리시스템구축 사례분석 TF.

이종열 · 박광국 · 조경호 · 김옥일, 2004. 국가위기관리 통합적 체계 구축에 관한연구,「한국사회와 행정연구」, 15(2): 347-367.

이준구, 2006.「재정학」, 제3판, 다산출판사.

이창림 · 나아정, 2006. 재난관리기금, 민간으로부터 모금한 재해의연금의 관리, 집행상의 문제점 및 개선방안, 예산정책처.

이호동, 2007. Haman Security를 위한 일본 NPO의 역할, 희망제작소 부설 재난관리연구소 창립 심포지움 자료집, 희망제작소.
임영현, 2004. 법률과 예산의 연계성실태 및 강화방안 연구, 예산정책처.
재난 및 안전관리 기본법(제정2004.3.11, 법률 재7188호).
전광석, 2005. 「한국헌법론」, 법문사.
전라남도, 2007. 「2007년 안전관리계획」, 전라남도.
정부혁신지방분권위원회, 2007. 「국가재난관리시스템」.
정태호, 1997. 기본권 보호의무, 「인권과 정의」, 통권 제252호.
정하중, 2005. 「행정법총론」, 법문사.
조연홍, 2003. 「행정법원론(상)」, 형설출판사.
———, 2003. 「행정법원론(하)」, 형설출판사.
채연하, 2007. 재난관리에 관한 각 분야별 예산 현황 및 문제점, 희망제작소 세미나.
천우정 · 나아정, 2005. 「재난관리 예산분석」, 예산정책처.
최병선, 1994. 위험문제의 특성과 전략적 대응, 「한국행정연구」, 제3권(4): 27-49.
충북대 국가위기관리연구소, 2007. 국가위기관리에서의 핵심기반 보호와 대테러정책, 세미나 자료집.
행정자차부, 2003. 「국가위기관리시스템 구축 방안」.
홍정선, 2000. 「행정법원론(하)」, 박영사.
행정자치부, 2007. 「지방자치단체 기금운용기준」, 행정자치부.

2. 외국 문헌

Drabeck, Thomas E., 1991. *The Evolution of Emergency Management*, 3-29, Washington D.C. ICMA.
Godschalk, David R., 1991. *Disaster Mitigation and Hazard Management*, 131-160, Washington D.C. ICMA.
Heclo, Hugh, 1978. Issue Networks and the Executive Establishment, in D. C. McCool ed., *Public Policy Theories, Models, and Concepts*, Prentice Hall, 262-287.
K. Hesse, 1999. "*Die verfassungsgerichtliche Kontolle der Wahrnehmung grundrechtliche Schutzpflichten des Gesetzgebers*", Ernst Gottfried Marenholz.

Perrow, C., 1984. *Normal Accidents: Living with High Risk Systems*, Basic Books, New York.

Petak, William J., 1985. Emergency Management: A Challenge for Public Administration, *Public Administration Review*, Vol. 45.

Rhodes, R. A. W., 1990. Policy Networks: A British Perspective, *Journal of Theoretical Politics*, Vol. 2, No. 3.

Rijpma, Jos A., 1997. Complexity, Tight-Coupling and Reliability: Connecting Normal Accidents Theory and High Reliability Theory, *Journal of Contingencies and Crisis Management*, Vol. 5, No. 1.

Roberts, K. H., "Introduction". Roberts (ed.), 1993. *New Challenges to Understand Organizations, Macmillan*, New York.

Sorht, Jame F., Rosa, Eugene A., 1998. Organizations, Disasters, Risk Analysis and Risk: Historical and Contemporary Contexts, *Journal of Contingencies and Crisis Management*, Vol.6, No.2.

The World Bank, 2006. *Hazards of Nature, Risks to Development*. pp. 3-5.

風間規男(1998).「日本の防災政策ー政策ネットワークの失敗構造」. 日本公共政策學會年報.

副大臣會議(2001).「新官邸を契機とした防災・危機管理についてー中間提言ー」.

「防災白書」2005~2007.

http://www.nema.go.kr/include/go_print.jsp

http://www.bousai.go.jp/index.html

http://www.bousai.go.jp/chubou/chubou.html

http://www.bousai.go.jp/hakusho/hakusho.html

http://wwwsoc.nii.ac.jp/jsnds/

http://www.fdma.go.jp/

http://www.mlit.go.jp/bosai/disaster/shien/top.htm

http://www.index.go.kr/

http://www.fss.or.kr/

http://www.fema.gov/

찾아보기

ㅅ

ㅇ

ㅈ

ㅊ

ㅋ

ㅌ

ㅍ

저자 약력

이호동
일본 게이오대학교(법학 박사 수료)
현, 안양대학교 도시행정학과 교수

문현철
조선대학교(법학 박사)
현, 초당대학교 경찰행정학과 교수

이종열
미국 City University of New York(행정학 박사)
현, 인천대학교 행정학과 교수

위평량
중앙대학교(경제학 박사)
현, 희망제작소 연구위원

재난관리 법과 예산 · 기금구조

- 원칙과 실상 -

펴낸날 / 제1판 제1쇄 2009년 2월 20일

지은이 / 이호동 · 문현철 · 이종열 · 위평량

펴낸이 / 임춘환

펴낸곳 / 도서출판 대영문화사

주소 / 서울 용산구 청파동 1가 178-2 ㊇ 140-869

등록 / 1975년 12월 26일 제3-16호

전화 / (02)716-3883, (02)714-3062

팩시밀리 / (02)703-3839

우체국 온라인 / 011353-02-009106

ISBN 978-89-7644-302-1

978-89-7644-300-7(전5권)

〔값 13,000원〕

* 이 연구는 POSCO 후원으로 수행되었습니다.